EL ATENEO CIENTIFICO, LITERARIO Y ARTISTICO DE MADRID (1835-1885)

ANTONIO RUIZ SALVADOR

EL ATENEO CIENTIFICO, LITERARIO Y ARTISTICO DE MADRID (1835 - 1885)

TAMESIS BOOKS LIMITED
LONDON

Colección Támesis

SERIE A — MONOGRAFIAS. XXV

Depósito Legal: M. 22.431.—1971.

Printed in Spain by Imprenta Aguirre

for

TAMESIS BOOKS LIMITED

LONDON

A Juan Marichal.

INTRODUCCION

La actividad del Ateneo científico, literario y artístico de Madrid es tan compleja como su nombre; la cátedra, sobre todo a partir de la creación de la Escuela de estudios superiores en 1896, le da un perfil universitario; las secciones lo convierten en sociedad de debates, las exposiciones en galería de arte, las veladas musicales en sala de conciertos. Sucedáneo universitario en ciertas épocas, antesala del Congreso en todas, el Ateneo fue siempre, y sobre todo, el hogar espiritual de las minorías intelectuales españolas. Desde su fundación en 1835, al Ateneo se ha ido a leer el periódico, a estudiar, a pronunciar un discurso, a escucharlo, a atacarlo o a defenderlo, a divagar en las tertulias, a alborotar en la Cacharrería y a charlar por los pasillos.

En el Ateneo han hablado todos y se ha hablado de todo lo divino y lo humano: el cesante, de economía; el ministro, de poesía; el poeta, de política; el economista, de medicina; el médico, de literatura; etc. Se ha hablado amistosamente y a gritos, sentado y de pie. Refiriéndose a la famosa Cacharrería en un artículo («El Ateneo de Madrid», Revista de España, 75 (1880), pp. 63-64), escribía Conrado Solsona que «las conversaciones son batallas, altercados, disputas; no se habla, se perora; no se acciona, se gesticula; no se razona, se hiere, y en las tormentas diarias que allí se producen y en los motivos que estallan, momentos hay en que las miradas provocativas echan fuego, los brazos extendidos amenazan y los ánimos exaltados riñen». El tono llega a ser violento en ocasiones y el choque de las ideas opuestas a enemistar a los contendientes —contra todos los principios de tolerancia ateneísta, por ejemplo, Navarro Ledesma llegó a agredir a «Clarín»—, pero éste es sólo el Ateneo público, el de la cátedra y la sección, el reseñado en la columna de prensa. Junto a él coexiste el Ateneo íntimo del salón de conversación —ya no debate— y de los pasillos. En ambos Ateneos, el de la guerra santa y el de la convivencia, reaparece a diario el viejo factor hispánico de frontera.

El Ateneo de Madrid es una institución mixta: academia, biblioteca, sala *de conferencias, de conciertos, universidad. Los trámites de presentación de nuevos socios, el pago de las cuotas y otros puntos del Reglamento configuran al Ateneo como un club. Y, sin embargo, muchos ateneístas de solera que iban por la casa no eran socios. Al Ateneo, como hogar espiritual que es, se pertenece independientemente de lo que digan los Estatutos, y no deja de ser significativo que al salir Valle Inclán elegido presidente de la casa, se descubriera que ni siquiera era socio, requisito que otros muchos ateneístas parecían considerar secundario al hecho de ir por el Ateneo. Pero es que la «docta casa» es más que lo que rezan sus Estatutos o se anuncia en su programa de actividades. Más que un centro cultural, el Ateneo es una parada —en algunas épocas, la principal— como lo son el café favorito, la rebotica, la tahona de los Baroja o, años más tarde, la colina de los chopos. Por el Ateneo se deja caer uno para ver qué se dice, se va como se pasa por tal o cual sitio por si ha habido algo. Y esta expresión de «ir por el Ateneo» nos parece encerrar toda la complejidad del hogar ateneísta, porque aunque algunas veces se vaya a algo concreto —una conferencia, un debate, una exposición, una junta general—, el ir por el Ateneo es parte del quehacer cotidiano. El ateneísmo es actividad tan noble como rutinaria y, en este sentido, al ateneísta de corazón, sea o no socio, le sobra el tablón de anuncios.*

Tal vez sea José Moreno Nieto el mejor ejemplo de este ateneísmo oral de que venimos hablando: estudia mucho, discute de todo y contra todos y escribe poco o casi nada. El diálogo es el supremo ejercicio ateneísta y, posiblemente, el gran responsable de la falta de memorias en España, hecho que no carece de importancia. Del diálogo surge la amistad, y no hace falta recordar que de la convivencia ateneísta, y a pesar de la guerra santa, surgen grandes amistades. En este sentido, algún día habrá que estudiar bien el impacto de los amigos ateneístas en figuras como la de Ortega, Unamuno, Azaña y tantos otros. Es el lado humano del Ateneo y, por tanto, el más difícil de comprobar porque, entre otras razones, la anécdota ateneísta es a menudo tan tentadora como falsa. La influencia de ateneístas como Soltura, Navarro Ledesma, Rodríguez Carracido y el propio Moreno Nieto en los jóvenes, sin embargo, no puede ser desdeñada, porque estos y otros grandes habladores y consumidores de cultura, aunque se murieron sin coger la pluma, dejaron escritas sus mejores páginas en las trayectorias vitales de sus amigos.

En este Ateneo de las amistades y del pensar en voz alta, lo repetimos, han hablado todos y de todo. Además, y esto es lo verdaderamente importante, se han hablado unos a otros, han dialogado. En este sentido, la experiencia ateneísta no puede ser olvidada a la hora de las biografías porque, en ausencia de otras instituciones, el Ateneo, como hogar espiritual y como institución cultural, ha formado a varias generaciones hispánicas. Del mismo modo, un estudio sobre el romanticismo, el naturalismo, el librecambismo y la protección económica, el krausismo, el positivismo o la frenopatía, necesita dedicar un capítulo a la fase ateneísta del tema para ser completo. Con mayor o menor seriedad, conocimiento o pasión, el hecho es que el Ateneo de Madrid ha sido el gran importador de ideas durante el siglo XIX, y de ahí que pueda escribirse su historia desde un punto de vista fisiológico, económico, literario, científico, etc. Nosotros hemos elegido la perspectiva política del Ateneo, tal vez por considerar que este factor es el que sirve de constante a toda su actividad. Pensamos, incluso, que el adjetivo «político» debiera anteceder al triple apellido de «científico, literario y artístico». Como intentamos probar a lo largo de este trabajo, la actividad científica, literaria y artística del Ateneo de Madrid está determinada por el elemento político. Las polémicas entre clásicos y románticos en el Ateneo, como las que enfrentan a krausistas y espiritualistas, o a librecambistas y proteccionistas, son, en gran parte, escaramuzas entre las derechas y las izquierdas políticas.

Desde esta perspectiva política, el Ateneo se presenta como una casa de oposición. La historia política del siglo XIX presenta un turno continuo de los partidos, no siempre pacífico, que influye decisivamente en la vida del Ateneo: todo cambio en la esfera política implica otro, de signo contrario, en la ateneísta. Expliquémonos. El relevo político de un partido por otro suele ir seguido de un breve período de agitación —cambios en los cuadros de mando, destierro, peñón, cesantía— tras el cual se vuelve a la «normalidad». En esta segunda etapa, los vencidos se reorganizan, conspiran y recobran el poder, con lo cual el ciclo vuelve a repetirse. El hecho de que cada nuevo Gobierno lleve en su seno a varios ateneístas ha hecho que se considere al Ateneo como una antesala del Congreso, y, en efecto, en temas de sección y de cátedra, el partido derrotado inicia la reconquista de la opinión pública desde la tribuna ateneísta que el partido vencedor ha dejado virtualmente desierta. El ministro cesante y los que han perdido sus puestos parlamentarios se arrellanan, por falta de lugar más idóneo, en las poltronas ateneístas, mientras que los que las han ocupado hasta entonces lo hacen en las ministeriales. Con cada turno político se produce en el Ateneo un relevo similar pero a la inversa: cambian los nombres, los hombres, los temas de cátedra y de sección. El nombre que antes resonaba en el Congreso y en la crónica política, llena ahora las reseñas de la vida ateneísta. El tema que se debatiera en la esfera parlamentaria es ahora tema de debate ateneísta. En el asalto al poder y en la derrota política, el Ateneo, como antesala y refugio político, sigue sin perder su perfil de hogar espiritual.

A las minorías parlamentarias corresponden mayorías ateneístas, y viceversa. El que ya no puede hablar en el Congreso se desgañita en el Ateneo,

*y, del mismo modo, lo que no se les puede decir a los diputados se les dice
a los ateneístas. Y si el cuadro de profesores está determinado por la situación
política, lo mismo ocurre con las asignaturas que se explican en el Ateneo.
En este sentido, el contenido de muchas conferencias ateneístas no siempre
coincide con su título: en Felipe II se puede atacar a Cánovas, o en la política de los Austrias a la del partido conservador, etc. En el Ateneo todo se
politiza, la cátedra, la sección, la junta general, la elección. En unas épocas
más que en otras, claro está, pero el proceso de politización que experimenta
todo al «ateneizarse» constituye el espinazo ateneísta. Se politiza el romanticismo, el krausismo y el naturalismo, y cuando la oposición política se pasa
de la raya en sus discusiones ateneístas, el Gobierno cierra la casa. A esta
acción desesperada de un Gobierno que se tambalea sigue la aparatosa reapertura del Gobierno sucesor, que no sabe que con el cambio político, el Ateneo
se ha vuelto a convertir en casa de oposición.*

*La historia de España durante el siglo XIX acusa los idearios de tres ge-
neraciones: la de los románticos liberales (1837), la de la Gloriosa, el período
revolucionario y la primera República (1868), y la de 1898. Muchos de los
hombres que forjan estas fechas como mojones históricos se dan a conocer en
el Ateneo, donde se han formado y han lanzado sus programas políticos antes
de saltar a la palestra pública. En este sentido, podemos decir que el borrador
de la historia de España se escribe en el Ateneo, y que las Constituciones de
1837 y del 69, por ejemplo, son la realización de principios fraguados en discusiones y cátedras ateneístas. En este trabajo, al menos, intentamos mostrar
la dimensión política del Ateneo de Madrid, el impacto de sus hombres y
sus temas en la esfera política. Más concretamente, hemos tratado de desente-
rrar lo dicho y hecho en el Ateneo durante los cincuenta años que van desde
su fundación (1835) hasta su traslado, con Cánovas en la presidencia, al nuevo
edificio de la calle del Prado (1884).*

*A nuestro juicio, lo dicho y hecho por el Ateneo está en íntima relación
con el panorama político español y, como ya hemos dejado anotado, en relación inversa. La historia política del siglo XIX español sirve de explicación, y
de telón de fondo a la historia del Ateneo de Madrid. De ahí que sus períodos hayan determinado los capítulos en que dividimos este trabajo: el Ateneo
de la década moderada (1843-1854), el del bienio progresista (1854-1856), el
del dominio de la Unión Liberal (1856-1868), el del período revolucionario
(1868-1874) y el de la Restauración. Cabrían otras divisiones y, como apun-
tábamos al principio, otros enfoques, pero el político, que es el que predomina
en este trabajo, aconseja la división adoptada.*

*Como larga, y a nuestro juicio necesaria introducción al centro fundado
en 1835, nos detenemos en sus antecedentes —los Ateneos españoles de Ma-*

drid y de Londres— y en el clima romántico del momento fundacional. A este estudio de los primeros cincuenta años de vida ateneísta (1835-1885), seguirá un segundo volumen sobre el Ateneo de Madrid, que cubrirá cincuenta años más (1885-1935), en que venimos trabajando desde hace un par de años y que se publicará próximamente.

Queremos hacer constar, desde las primeras páginas de este trabajo, la enorme deuda contraída con el Seminario de Bibliografía Hispánica de la Facultad de Filosofía y Letras (Universidad de Madrid), con su director, don José Simón Díaz, y con el resultado de sus investigaciones madrileñas (Madrid en sus diarios, 3 vols., Madrid, 1961, 1965 y 1969). Lejos de España, y faltándonos mucha de la prensa periódica de la capital, el valor de la tarea de este Seminario, para la nuestra, ha sido incalculable. En varias estancias en Madrid, nuestra labor (gracias a la del Seminario) pudo ser más de «comprobación» que de investigación.

Este trabajo es, corregido y aumentado, la tesis doctoral presentada al Departamento de Lenguas y Literaturas Románicas de la Universidad de Harvard en enero de 1968. A todos sus profesores, por tantas cosas, gracias.

Cambridge, 14 de abril de 1971.
A. R. S.

CAPÍTULO I.

ANTECEDENTES DEL ATENEO DE MADRID

Con la reacción absolutista de 1823 que cerró el breve paréntesis liberal del trienio (1820-1823), se suprimieron también ciertas instituciones que habían florecido durante los tres «mal llamados años» al amparo del sistema constitucional. Al celo de un secretario del Ateneo científico, literario y artístico de Madrid, el señor Gómez Molinero, se deben las pocas noticias documentales que existen sobre una de las instituciones liberales suprimidas, el Ateneo español de Madrid. El señor Gómez Molinero sacó copias en 1870 de los *Estatutos* (fechados el 14 de mayo de 1820), de dos *Reglamentos* (18 de septiembre de 1820 y 20 de junio de 1822) y de un *Acta* (1.º de octubre de 1821). Estos documentos, los únicos que se salvaron de ser quemados, y los muebles que recogió el secretario Pablo Cabrero en su palacio de la Platería de Martínez[1], parecen ser las únicas huellas físicas que nos quedan del viejo Ateneo. Lo rescatado por Gómez Molinero, sin embargo, permite formarse una idea bastante adecuada de lo que fue esta institución del trienio liberal.

Aunque la creación del Ateneo español debió acordarse en abril de 1820[2], su fundación tiene lugar un mes después, cuando noventa y dos socios-ciudadanos, «hombres de espíritu liberal, dispuestos a trabajar por la ciencia y por el progreso»[3], firman los *Estatutos para el régimen y gobierno* el 14 de mayo de 1820. Estos primeros ateneístas fijaron claramente en el *Preámbulo* los fines de la nueva institución: «sin ilustración pública no hay verdadera libertad: de aquélla dependen principalmente la consolidación y progresos del

---

[1] Francisco Pérez Mateos («León Roch»), *La villa y corte de Madrid en 1850,* Madrid, 1927, p. 173. Estos documentos fueron encontrados en la biblioteca de palacio *(La Correspondencia de España,* 11 de enero de 1870).

[2] *Ibíd.*

[3] *Ibíd.*

sistema constitucional y la fiel observancia de las nuevas instituciones» [4]. El Ateneo quedaba definido como «un lugar donde hombres ansiosos de saber y amantes de su libertad política y civil se reúnen para adelantar sus conocimientos, difundirlos y cooperar de este modo a la prosperidad de la nación» [5].

Dos términos dieciochescos, «ilustración pública» y «prosperidad de la nación», nos recuerdan inmediatamente los ideales perseguidos por ciertas instituciones del siglo de las luces, concretamente las Sociedades económicas de amigos del país. Y es que los liberales de 1820 recogen la tradición de los caballeros racionales, y con ella su vocabulario. Como en épocas anteriores, el problema de la decadencia de España sigue siendo el tema que preocupa a las minorías vitales de la época liberal. Desde Cádiz, sin embargo, la regeneración nacional adquiere una dimensión política que no existía entre los proyectistas de la Ilustración. Los programas de reforma, piensa el liberal de 1820, sólo pueden desarrollarse al amparo de un sistema constitucional, nunca bajo el yugo de una monarquía despótica. Consecuentemente, los esfuerzos liberales irán encaminados a cimentar el único sistema político bajo cuya protección pueden emprenderse los programas de reforma. «Ilustración pública» y «prosperidad nacional» son términos que, a primera vista, identifican a ilustrados y liberales. Su interpretación económica o política, al delimitar ideologías, sirve de clave para destacar la originalidad del Ateneo español de Madrid frente a instituciones del siglo XVIII desde las que la España vital acometió la regeneración de la nación.

Citando entre las causas del atraso nacional «el poco comercio, [los] malos caminos... [y el] desprecio a la industria», concluía Cadalso en la XXI de sus *Cartas marruecas:* «la nación es hoy la misma que era tres siglos ha» [6]. Para los hombres del XVIII, como para los del XIX, existía una identificación entre prosperidad y felicidad, creyendo que ésta estaba determinada por aquélla. Así, si España no era una nación feliz, se debía a que no era económicamente próspera, y no lo era por existir una serie de causas que impedían la igualdad natural de los españoles. Separados y aislados unos de otros por distintos niveles de conocimiento, la ignorancia se destacaba como causa principal de que las opiniones e intereses de los españoles se enfrentaran, de que la economía se resintiera con esta desigualdad, y de que la nación, al no ser rica, no gozara de la felicidad natural [7].

[4] Rafael María de Labra y Cadrana, *El Ateneo de Madrid; sus orígenes, desenvolvimiento, representación y porvenir.* Madrid, 1878, p. 27.

[5] *Ibíd.,* p. 28.

[6] José Cadalso, *Cartas marruecas,* Madrid, 1956, p. 65.

[7] Véase M. Artola, «Estudio preliminar», *Obras publicadas e inéditas de Don Gaspar Melchor de Jovellanos,* Madrid, 1956, vol. III, pp. LV y LVIII.

En sus programas de reforma social, los ilustrados concedieron primordial importancia a la lucha contra la ignorancia, convencidos de que con la educación popular se lograría necesariamente la eliminación de los obstáculos que impedían la felicidad nacional. «Recórranse todas las sociedades del globo —escribía Jovellanos en la *Memoria sobre la Educación pública*— desde la más bárbara a la más culta, y se verá que donde no hay instrucción todo falta, que, donde la hay, todo abunda, y que, en todas, la instrucción es la medida común de la prosperidad» [8]. La España del XVIII ofrecía una notoria desigualdad cultural entre sus ciudadanos, pasándose de la sofisticación de unos pocos a la ignorancia más absoluta de los más. Con la fe utilitaria de que al anular esas diferencias se resolverían todos los problemas nacionales, Pedro Rodríguez de Campomanes fue uno de los ilustrados que emprendió la tarea de educar a la clase artesana española. Su objetivo didáctico, sin embargo, rebasaba el concepto cristiano de enseñar al que no sabe. En el «Objeto» de su *Discurso sobre la educación popular de los artesanos y su fomento* (1775), el elemento de utilitarismo es obvio. «Yo he creído que haría un esencial servicio a la patria —escribe— en proponer mis reflexiones sobre la educación conveniente a los artesanos; entrelazando las máximas conducentes a su policía y fomento: llevando por norte el bien general del Estado y lo establecido en las leyes» [9]. Para que los artesanos vivan «subordinados a las leyes generales de la sociedad: de manera que no formen una especie de pueblo apartado» (pág. 2), se ha de mejorar su «educación técnica y moral [que] suele ser defectuosa» (pág. 3). Así, debe el artesano instruirse en la doctrina cristiana, cumpliendo con los preceptos de la Iglesia católica, y adquirir ciertos conocimientos civiles, desde abandonar el uso de la cofia o redecilla —«que contribuye a fomentar la pereza de no peynarse» (pág. 123)— hasta el dejar de frecuentar la taberna. Señala también Campomanes la importancia de que el artesano domine los primeros rudimentos de «leer, escribir y contar» (p. 147). El fin de toda esta compleja instrucción es el mejoramiento del individuo en bien del país, porque «establecida la educación cristiana, civil y directiva en la juventud que se dedica a los oficios, no serán necesarias a las fábricas con el tiempo las oficinas, en que ahora se ocupa inútilmente un gran número de personas, que en tal caso podrán ser ellas mismas fabricantes; y de miembros onerosos al común, se hacen ciudadanos útiles y provechosos» (p. 160).

Pero, ¿quién pondría en práctica este programa ideado para sacar a las clases socialmente inferiores de su ignorancia? Lógicamente, sólo una minoría

---

[8]   Gaspar Melchor de Jovellanos, «Memoria sobre Educación pública», en *Obras publicadas e inéditas de Don Gaspar Melchor de Jovellanos,* Madrid, 1951, vol. I, p. 231.

[9]   Pedro Rodríguez de Campomanes, *Discurso sobre la educación popular de los artesanos y su fomento,* Madrid, 1775, p. 3.

selecta que se hallaba repartida por el país podía ilustrar al artesanado, descendiendo para ello de su nivel. Y no sólo podía, sino que debía. Para estos ilustrados, el patriotismo bien entendido consistía en servir activamente a la nación y no en aislarse egoístamente, desentendiéndose de sus problemas. La opinión de Cadalso en este sentido es tajante. «Pero, Gazel —escribe en la carta LXX— volviendo a tu huésped y otros de su carácter, que no faltan en las provincias, y de los cuales conozco no pequeño número, ¿no te parece lastimosa para el Estado la pérdida de unos hombres de talento y mérito, que se apartan de las carreras útiles a la república? ¿No crees que todo individuo está obligado a contribuir al bien de su patria con todo esmero? Apártense del bullicio los inútiles y decrépitos; son de más estorbo que servicio; pero tu huésped y sus semejantes están en la edad de servirla, y deben buscar las ocasiones de ello aun a costa de toda especie de disgustos. No basta ser buenos para sí y para otros pocos; es preciso serlo o procurar serlo para el total de la nación...» [10]. «Creo que lo dicho baste para que formes de tu huésped un concepto menos favorable —concluye Cadalso—. Conocerás que aunque sea hombre bueno será mal ciudadano; y que el ser buen ciudadano es una verdadera obligación de las que contrae el hombre al entrar en la república...» (pp. 177-8).

En el *Discurso sobre el fomento de la industria* (1774) trataba Campomanes de alistar a la ociosa nobleza provinciana en las patrióticas tareas de educación popular. Un año más tarde censura a aquellos que critican arbitrariamente la realidad española, de la que son en parte cómplices por su ociosa indiferencia: «Si se hubieran dedicado nuestros políticos, que se hallan libres de ocupaciones gravosas, y en estado de fomentar las artes, a indicar los caminos verdaderos de conseguirlo; y prestado los auxilios necesarios, que tubiesen de su parte, escusarían esta réplica» [11]. El deber de estos ilustrados pasivos es el actuar en la medida de su capacidad si verdaderamente aman a la patria. Si conocen idiomas extranjeros pueden traducir al español lo referente a los oficios; si saben delinear pueden diseñar herramientas y operaciones; si son juristas pueden recoger en un ejemplar las ordenanzas gremiales extranjeras y cotejarlas con las nacionales. El hombre que haga esto fomentará la industria, y «haciéndose lo mismo en cada oficio por algún hombre diligente y amigo del país, se ha de llegar más en breve a la perfección de las artes» (p. 70), único medio, según Campomanes, de conseguir la «felicidad pública» (p. 467).

El caballero racional, aislado en su terruño, era un mal ciudadano para Cadalso y para Campomanes por no ser amigo del país. Pero en la segunda mitad del siglo XVIII existen hombres que lo son, que se sienten obligados a la

[10]   José Cadalso, *op. cit.*, pp. 175-6.
[11]   Pedro Rodríguez de Campomanes, *op. cit.*, p. 65.

patria y que la ayudan a adelantar difundiendo las luces por medio de la enseñanza. La primera asociación que, movida por estos principios patrióticos, se formó en España fue la Sociedad Vascongada de Amigos del País. Tuvo como origen la tertulia que se reunía en casa del marqués de Peñaflorida, donde se discutían temas de matemáticas, historia, física y otras materias, y a la que asistía Manuel Ignacio Altuna, amigo personal de Rousseau. En 1765, Peñaflorida y sus ilustrados contertulios solicitaron y recibieron licencia real para establecer una organización oficial, y es entonces cuando nace la Vascongada. Tenía como fin hacer progresar la agricultura, el comercio, las artes y las ciencias, y para ello ofrecía cursos en diversas materias.

Campomanes fue un gran entusiasta de esta primera Sociedad de amigos del país, viendo en ella un ejemplo digno de ser imitado. Cuando recomienda que los socios amigos del país deben dedicarse a controlar y asesorar a los gremios por medio de «socios protectores», está en cierto modo contando de antemano con que ese ejemplo será seguido, ya que al escribir su *Discurso* (1775) la segunda Sociedad de amigos del país no se ha formado todavía. Como fiscal del Supremo Consejo de Castilla, sin embargo, dio Campomanes realidad a sus ilusiones, impulsando a que el modelo de la Vascongada fuera seguido por los fundadores de la Sociedad económica de amigos del país de Madrid. Con la fundación de ésta en 1775 cundió el ejemplo, y en 1789 hay un total de cincuenta y seis Económicas repartidas por España.

Si bien Carlos III apoyó a estas sociedades (sobre todo a la Matritense, a la que concedió un sello particular en que, junto a los símbolos de la agricultura, la industria y las artes, aparecía el lema «Socorre enseñando»), los gobiernos se mostraron apáticos hacia la misión de estas entidades. Destinadas a servir en un principio de complemento a la actividad estatal, por su indiferencia e ignorancia en estas materias (según el otras veces circunspecto Campomanes, el conde de Floridablanca «entendía tanto de economía política como de castrar ratones...») [12], las Económicas tuvieron que asumir funciones que debieran haber sido desempeñadas por el gobierno. Consciente de esto, en el *Informe dado a la Junta General de Comercio y Moneda sobre el libre ejercicio de las artes* (Madrid, 9 de noviembre de 1785), Jovellanos encargaba ya directamente a la Sociedad económica de Madrid, de la cual era presidente, de tareas que Campomanes, en 1775, aún consideraba de la incumbencia del gobierno y no de las Económicas. A pesar de la indiferencia gubernamental, las Económicas realizaron una labor educadora asombrosa, siendo, según un presidente del Ateneo de Madrid, «las rectoras de la enseñanza primaria hasta 1845, las iniciadoras de la educación feminista, las fundadoras de la ense-

---

[12] Antonio Rodríguez Villa, *Cartas político-económicas escritas por el conde de Campomanes al conde de Lerena*, Madrid, 1878, pp. 1-2.

ñanza pública de la Agricultura, de la Mecánica, de los Idiomas vivos y de las Escuelas de Artes y Oficios, al par que la Academia de los primeros parlamentarios; debiéndose a ellas la gran novedad de la conferencia pública, de los cursos breves de divulgación científica, aplicaciones prácticas, el estudio de la Economía Política, y no poco de lo que hoy se llama la extensión universitaria...» [13]. Dos instituciones nacidas al amparo del sistema constitucional, los Ateneos madrileños de 1820 y 1835, desempeñan muchas de estas funciones durante el siglo XIX.

El matiz de los términos dieciochescos «prosperidad nacional» e «ilustración pública», al ser parte del vocabulario liberal de 1812 y, sobre todo, de 1820, pasa de económico (utilitario) a político. Aunque fieles al ideario de la Constitución de 1812, los liberales del trienio enfocan la obra gaditana tras la amarga experiencia de 1814 a 1820. El sistema constitucional, desde luego, sigue siendo el único idóneo para impulsar con éxito los programas de reforma necesarios, pero, desde la emigración o los peñones, los hombres de Cádiz sienten en 1820 la necesidad absoluta de dar solidez al sistema y sus instituciones. La apatía con que el pueblo presenció el derrumbamiento liberal de 1814 delata una falta total de ilustración política, y los hombres de 1820, conscientes de que su sistema político necesita reposar en la fidelidad de una masa liberal para ser estable, inician la patriótica tarea de explicarle al país sus nuevas instituciones y los principios que han de regenerarlo.

Así, si bien liberales e ilustrados coinciden en sus intentos de forjar una España próspera y feliz, sólo los primeros ensayan la formación de un fuerte sentimiento liberal en los españoles que los haga, además de buenos artesanos, buenos ciudadanos. Esto, al menos, en teoría, ya que los programas de «ilustración pública» no llegaron a todos los españoles. Al aumentar los conocimientos de la clase artesana, el socio protector de la Económica hacía auténtica labor de educación popular. Por el contrario, el socio ateneísta que, según los *Estatutos,* pretendía formarse en el estudio y difundir lo estudiado, se aislaba del pueblo, y es que los programas educadores de la Ilustración partían del supuesto de la existencia de una minoría ya ilustrada y obligada a ilustrar, y los del Ateneo perseguían la ilustración de una burguesía que, en un futuro lejano, ilustrara. El gran fallo liberal del XIX es su pérdida de contacto con el pueblo y, en este sentido, la obra del Ateneo es triste ejemplo de un desconocimiento de responsabilidades sociales que tendrá consecuencias funestas para el liberalismo.

Teniendo en cuenta lo restringido de la labor docente del Ateneo, que

---

[13] Rafael María de Labra y Cadrana, *El Ateneo, 1835-1905. Notas históricas,* Madrid, 1906, pp. 3-4.

dedujo del fracaso liberal de 1814 la necesidad de formar una minoría que los caballeros de Cádiz y los del XVIII consideraban ya formada, podemos poner en perspectiva el término «ilustración pública» tal y como lo entendieron los hombres del trienio. Del patriotismo utilitario de la Ilustración, en que una minoría difundía sus conocimientos prácticos, se pasa a un patriotismo docente en que el nuevo amigo del país es el catedrático que ilustra con «celo, dulzura y sumo desinterés» a una futura minoría. Así enfoca el periódico moderado *El Censor* (5 de mayo de 1821) la labor de cátedra («verdadero patriotismo[14] ... infinitamente apreciable y apreciado de cuantos conocen la importancia de la ilustración para la gloria y felicidad de su patria», pp. 267-8) de José Joaquín de Mora, al comentar su discurso de apertura del curso de Derecho natural en el Ateneo español de Madrid (7 de marzo de 1821). En este discurso inaugural, sigue diciendo el cronista de *El Censor,* Mora «ha querido llamar la atención de sus oyentes y de sus discípulos sobre la parte propiamente llamada constitucional ... [excitando] a sus discípulos a que consideren que dentro de estas reglas se contiene cuanto se necesita para ser buenos hijos, buenos padres, buenos esposos y excelentes ciudadanos» (pp. 266 y 267).

Vista la peculiar perspectiva reformadora del Ateneo español, conviene detenerse en el origen del nombre con que se bautizó a la institución madrileña del año 20 que, por otra parte, recibió de sus fundadores el doble apellido de «español» y de «Sociedad patriótica y literaria». Sabido es que el emperador Adriano fundó en Roma hacia el año 135 un centro de instrucción pública, el Athenaeum, donde profesores pagados por el Estado daban lecciones sobre elocuencia, gramática, filosofía y jurisprudencia. De esta institución, que duró hasta el siglo V, tomaron el nombre los centros de instrucción escolar de la Francia revolucionaria que, en 1803, cambiaron el nombre de Ateneo por el de Liceo, pasando a ser Ateneos ciertas instituciones de cultura superior que, hasta ese año, habían llevado el nombre de Liceos. Tres Ateneos diferentes hubo en Francia, el Real, el de las Artes y el de los Extranjeros, aunque el que más nos interesa en relación con el español es el Athénée royal. En 1781, el físico y aeronauta Jean François Pilâtre du Rozier (muerto cuatro años más tarde al estrellarse el globo con que intentaba cruzar el canal de la Mancha), fundó una institución que llamó Musée para dar a la aristocracia francesa una educación general, versada, sobre todo, en ciencias y en literaturas extranjeras. El Musée fue sucesivamente conocido como Liceo, Liceo republi-

---

[14]   El celo, talento y patriotismo de Mora son también encomiados en A. T., *Revue Encyclopédique,* XI (1821), p. 424. Véase José Luis Aranguren, *Ética y política (Obras,* Madrid, 1965), capítulo II, «La ética política y el Derecho natural», para poner en perspectiva la importancia política de esta rama del derecho y la finalidad política de este curso ateneísta.

cano, Ateneo republicano, Ateneo de París y, por último, como Ateneo real. De gran éxito hasta aproximadamente 1825, en él enseñaron, entre otros, Fourcroy, Marmontel, La Harpe, Guinguené, Parmentier, Gérando, el matemático Ampère, J. B. Say, Adolfo Blanqui y Augusto Comte.

Parece indudable que los fundadores del Ateneo tomaron el nombre de esta institución francesa, y la adición del adjetivo «español» es significativa. No hay que ver, sin embargo, en la institución madrileña una simple españolización del Ateneo francés. Su apellido de «Sociedad patriótica y literaria» la incluye de lleno en su época y en su medio español. Por otra parte, si bien el apodo ateneísta parece identificar al centro con las demás Sociedades patrióticas de Madrid, el artículo 2.º de los *Estatutos* lo aleja de la atmósfera cerril de los cafés al establecer que el Ateneo español se funda para «discutir tranquila y amistosamente cuestiones de legislación, de política, de economía y, en general, de toda materia que se reconociera de pública utilidad, a fin de rectificar sus ideas los individuos que lo componen, ejercitándose al mismo tiempo en el difícil arte de la oratoria» [15].

Con el tono de la discusión, pues, los primeros ateneístas pretendían borrar de sus debates la vehemencia que imperaba en las reuniones de las Sociedades patrióticas que se celebraban en los cafés. Para ser constructiva, y el Ateneo intentaba a la larga nada menos que construir una sociedad nueva, la discusión debía ser amistosa, y el decoro y la tolerancia debían servir de guía a las actividades de los socios. Surge, pues, el Ateneo en cierto modo como reacción a los abusos que se hacían de las libertades constitucionales en cafés como el turbulento de Lorencini (donde se expresaban «las opiniones más extremadas, sustentadas con vehemencia») [16], el de la Fontana de Oro (rival del anterior, donde se reunía la Sociedad de los amigos del orden —clausurada en diciembre de 1820 por el jefe político de Madrid, marqués de Cerralbo— y «se representaban escenas escandalosas») [17], el de La Plata y los de La Cruz de Malta, San Sebastián, Sociedad Landaburiana y tantos otros.

Comparando el Ateneo español con la citada Sociedad de amigos del orden, decía Alcalá Galiano que «en el Ateneo no se hablaba para el público, sino para los socios» [18]. El ateneísta, en efecto, iba por la casa para hablar y escuchar, para, como reza el «Preámbulo» de los *Estatutos,* «adelantar sus conocimientos» sobre aquellas ciencias útiles que son esenciales a toda nación libre, en un ambiente de tolerancia. El ateneísta modificaba sus ideas, o las afian-

[15]   Citado en Rafael M. de Labra, *El Ateneo de Madrid: sus orígenes: desenvolvimiento, representación y porvenir,* Madrid, 1878, p. 26.
[16]   Antonio Alcalá Galiano, *Recuerdos de un anciano,* Madrid, 1890, p. 331.
[17]   *Ibíd.,* p. 338.
[18]   Manuel Azaña, «Tres generaciones del Ateneo», en *La invención del Quijote y otros ensayos,* Madrid, 1934, p. 76.

zaba, dialécticamente, es decir, por la razón. Esta capacidad de autogobernarse por la dialéctica, que según Platón constituye uno de los rasgos diferenciales entre la élite y los demás [19], separa al Ateneo de las Sociedades patrióticas. En éstas no se apela con razones al intelecto de un grupo de socios, sino que con encantaciones se trata de agitar emotivamente el estado de ánimo de un público. Esto no quiere decir que los modos tribunicios faltaran en los debates ateneístas. Si bien el socio, como miembro de una élite, debía formarse en un estudio gobernado por la dialéctica, los *Estatutos* no olvidaban la influencia que el ateneísta debía ejercer sobre la masa. Así, los ejercicios en tolerancia y buenos modos se complementaban perfeccionando un vehículo parlamentario tan importante como la retórica.

Los ateneístas se dan cuenta desde un principio de que el Ateneo tiene una misión interna y otra, no menos importante, externa, exteriorizadas respectivamente por el ejercicio de la dialéctica y el de la retórica. El Ateneo no es sólo un laboratorio de ideas, un centro de estudio y de intercambio intelectual, donde con sensatez y tolerancia se pueden ir forjando los principios legislativos, políticos y económicos que han de regenerar al país. En su *Historia de la filosofía en España hasta el siglo* XX escribe Méndez Bejarano que «los temas de sus discusiones más versaron sobre fines de aplicación que sobre pura investigación filosófica» (p. 387), y, de hecho, la filosofía no fue asignatura ateneísta. La discusión giró siempre sobre materias menos abstractas y más aplicables, por decirlo así, a la realidad española. Se dio preferencia a aquellas ciencias que afianzaran y dieran la necesaria estabilidad al sistema constitucional. Se huyó de la divagación, buscándose soluciones concretas a problemas de legislación, política y economía que el ateneísta-diputado debía defender más tarde en el Congreso con elocuencia, arma imprescindible en las campañas parlamentarias. Todos estos rasgos perfilan al Ateneo como una escuela de diputados donde se forma una minoría liberal llamada a servir de pilar al sistema constitucional.

Junto a esta dimensión parlamentaria más o menos indirecta, el artículo 2.º de los *Estatutos* establecía que el Ateneo se proponía «llamar la atención de las Cortes o del Rey con representaciones legales en que la franqueza brillase a la par del decoro» [20] sobre asuntos políticos de importancia. También en este punto, el tono separa al Ateneo de las Sociedades patrióticas que, en Cádiz (1814) y en el Madrid del trienio, pretendían ser cuerpo deliberante además de bulliciosos centros de polémica política [21]. Sólo una vez elevó el Ateneo una representación legal al Gobierno, y fue, según Manuel Azaña, «con motivo del

---

[19]   Véase J. L. Aranguren, *op. cit.*, pp. 1098-1101.
[20]   R. M. de Labra, *op. cit.*, p. 26.
[21]   A. Alcalá Galiano, *op. cit.*, pp. 330 y 335.

proceso y prisión de los hermanos del marqués de Cerralbo, constitucionales ardorosos, y miembros del Ateneo ... de la que resultaron la libertad de los detenidos y el procesamiento, por resolución de las Cortes, de la autoridad que los había encarcelado» [22]. También La Fontana de Oro elevó su representación en defensa de los detenidos.

Por último, y con la intención de que el conocimiento de las materias de pública utilidad no fuera exclusivo de sus socios, el artículo 2.º de los *Estatutos* establecía la necesidad de «propagar por todos los medios los conocimientos útiles» [23].

Con la aprobación de los *Estatutos* (14 de mayo de 1820) quedaba fundado el Ateneo español de Madrid, aunque se ha dicho que la fundación tuvo lugar en el mes de junio [24], confundiéndose las fechas de fundación y de instalación. En junio, efectivamente, quedó instalado el Ateneo español, aunque no volvió a reunirse hasta la Junta general del 18 de septiembre en que se aprobó el primer *Reglamento* de la casa. El 1.º de octubre de 1820 se inician formalmente las tareas con José Guerrero de Torres como presidente, Mariano de Lagasca (vicepresidente), Heceta (primer secretario) y Angel Calderón de la Barca (segundo secretario) en la primera Junta de gobierno [25]. Entre los primeros socios se encuentran miembros de la clase más ilustrada de la capital: Antonio Alcalá Galiano, Manuel Flores Calderón, el duque de Frías, Pons y Morvau, Ferrando, Onís y Ferraz, los generales Castaños y Palafox, Sánchez Toscano, Saturnino Montojo, Martín Foronda, Casimiro Orense, Joaquín Blake, Claudio Antonio de Luzuriaga, el conde de Calderón y el marqués de Villacampo, Palarea, Arco-Agüero, La Sagra, el marqués de Cerralbo, Sánchez Salvador, José Mariano Vallejo, La Guardia, los condes de Superunda y de Torrejón, Surrá, Páez Jaramillo, Manuel de Parga, etc. [26].

[22]   Manuel Azaña, *op. cit.*, p. 76.
[23]   R. M. de Labra, *op. cit.*, p. 26.
[24]   Francisco Pérez Mateos («León Roch»), *op. cit.*, p. 173; H., *Revue Encyclopédique*, XIV (1822), p. 429.
[25]   El botánico *Lagasca* (1776-1839) fue suplente de cátedra de José Antonio Cabanilles en el Jardín Botánico de Madrid, pasando a ejercerla en propiedad desde 1807. En 1820 era diputado. El político, diplomático y agrónomo *Calderón de la Barca* (1790-1861) era autor de una *Colección de disertaciones sobre varios puntos agronómicos* y de una *Disertación sobre la utilidad del estudio y conocimientos de la anatomía vegetal*.
[26]   *Antonio Alcalá Galiano* (1789-1865) no necesita presentación. Conviene recordar, sin embargo, que durante el trienio liberal el fogoso tribuno de La Fontana de Oro fue expulsado de la Sociedad Landaburiana, centro de reunión de la Confederación de Caballeros comuneros o «Hijos de Padilla». Los «Comuneros» siguieron atacándole desde el periódico *Eco de Padilla*, cuyas teorías defendía en *El Constitucional* José Joaquín de Mora. Alcalá Galiano fue diputado por Cádiz (1822-23) en compañía de Francisco Javier Istúriz. *Manuel Flores Calderón* fue presidente de las Cortes de Sevilla en 1823. *El duque de Frías*, uno de los autores de la Constitución de Bayona y mayordomo mayor de José I, acudía durante el trienio a las reuniones de la templada Sociedad de los amigos de la Constitución. Entre los «anilleros» figuraban Martínez de la Rosa, Toreno,

El artículo 15 del *Reglamento* de 18 de septiembre de 1820 dividía el Ateneo en seis secciones encabezadas por dos presidentes cada una, siguiendo la clasificación de los conocimientos humanos de Lancelin: la primera sección estaba dedicada al estudio de las Ciencias primitivas (cosmología, cosmografía, zoología, botánica, mineralogía, metereología, química y física natural); la segunda sección (Ciencias del hombre), se ocuparía de la anatomía, fisiología, medicina, ideología, gramática universal, educación, moral universal, legislación, historia y cronología; la tercera sección (Ciencias matemáticas y físico-matemáticas), estudiaría temas de aritmética, álgebra, geometría, mecánica, anatomía, óptica, cálculo de probabilidades y artes físico-matemáticas o ciencias prácticas); la cuarta (Artes mecánicas e industria humana), la acción del hombre sobre la materia, el arte de alimentarse, de vestirse, de alojarse y de armarse, las artes nacidas del trabajo y del empleo del hierro, del oro y del vidrio; la quinta sección (Bellas artes y bellas letras), trataría de dibujo, pintura, grabado, escultura, poesía, música, idioma de acción, elocuencia y arqueología; la sexta, por último, se ocuparía de metafísica y filosofía [27].

Estas secciones, en las que se inscribían los socios según sus intereses, celebraban debates públicos, admitiéndose a sus sesiones bisemanales a todo aquel que deseara ilustrarse, fuera o no socio del Ateneo. Se leían memorias e informes y se discutían y criticaban obras españolas y extranjeras. En los debates celebrados durante el primer curso (1820-21), se encuentra un eco de los temas más vivamente discutidos en las sesiones parlamentarias de aquel año. Según el *Acta* del 1.º de octubre de 1821 [28], en que el secretario resume las ac-

Calatrava y el príncipe de Anglona. *Francisco Javier Castaños y Aragoni* (1758-1852) fue el último presidente del Ateneo español de Madrid. *Saturnino Montojo y Díaz* (1796-1856), marino, estudió en Madrid con el profesor Juan Mieg y tradujo el *Tratado de Astronomía* de Herschel. *Casimiro Orense* publicaría más tarde un curioso libro titulado *El amigo del labrador, proyecto agrónomo para la pública felicidad de España,* Madrid, 1831. *Joaquín Blake,* como Castaños y Palafox, fue general en la guerra de la independencia. Fue presidente liberal del Consejo de Estado durante el trienio y uno de los fundadores de la Academia de Ciencias Exactas, Físicas y Matemáticas. *Juan Palarea,* alias «El Médico», guerrillero contra los franceses, venció en la Plaza Mayor de Madrid a las fuerzas absolutistas sublevadas (7 de julio de 1822). Fue diputado exaltado en las Cortes de 1820 y secretario de las mismas. *Claudio Antonio de Luzuriaga* (1810-1874) fue secretario del Ateneo español. *Felipe Arco-Agüero,* probablemente, comandante de uno de los batallones sublevados con Riego (1820). *Ramón de La Sagra* (1798-1871), naturalista, terminó sus estudios en Madrid en 1820, pasando casi inmediatamente a Cuba, donde fue director del Jardín Botánico y profesor de botánica en la universidad de La Habana. Regresó a España en 1835, abandonando la botánica por la economía. *Sánchez Salvador* fue diputado en 1820 y ministro de Fernando VII en 1821 y 1823. *José Mariano Vallejo* (1779-1846), matemático y pedagogo. *Manuel de Parga* fue secretario del Ateneo español en 1821. Las biografías de muchos de los mencionados irán completándose a lo largo de este trabajo. Por ahora nos limitamos a anotar lo referente al momento del trienio liberal.

[27] R. M. de Labra, *op. cit.,* pp. 29-30.
[28] *Ibíd.,* p. 32. Complementamos sus datos con la reseña de H., *Revue Encyclopédique,* XIV (1822), pp. 429-31.

tividades ateneístas durante el curso 1820-21, se discutió la cuestión de los diezmos, indagándose si son de origen divino, como pretenden aquellos que se benefician de ellos, y si las Cortes tienen o no facultades para modificarlos o, incluso, para abolirlos. En caso afirmativo, se discutió si convendría abolirlos por completo o reducirlos a una mitad o a un tercio; por último, se debatió sobre qué otro tipo de contribución podría substituir a los diezmos.

Sabido es que la opinión de las Cortes en esta cuestión fue la misma que la del Ateneo español, y los diezmos fueron reducidos a la vez que los señoríos, tema también ampliamente debatido al plantearse en una de las secciones la interpretación del artículo 5.º del decreto de las Cortes extraordinarias (6 de agosto de 1811) sobre los señoríos.

Se trató también de establecer qué autoridad tenía la facultad de interpretar las leyes en un gobierno constitucional. América, debatida también en Cortes con los diezmos y señoríos, fue tema de discusión ateneísta que atrajo gran concurrencia, tratándose de los medios que debían emplearse para evitar la independencia absoluta de la metrópoli y conseguir su pacificación. Se discutió sobre las colonias en general y, en particular, de las ventajas o perjuicios que hubieran traído las españolas, y de cómo, no habiéndose adoptado respecto de ellas el sistema más ventajoso, podría adoptarse al fin. Por último, se discutió sobre el empréstito público.

Entre las memorias y obras leídas, analizadas y aprobadas en estas sesiones públicas de las secciones figuran una *Memoria Físico-geográfica sobre la provincia marítima de Santander,* presentada por Félix Cavada; *Utilidad del estudio de la Botánica y Traducción de la Teoría elemental de la Botánica de Decandolle,* por Mariano de Lagasca; *Discurso de Bentham sobre los Consejos de las Cortes,* traducido por José Joaquín de Mora; *Sobre la instalación de los jueces de hecho en España, respecto no sólo de las causas criminales, sí que también de las civiles,* por Santiago Jonana; *Sobre el estado y situación de Francia en tiempo de la Asamblea legislativa,* por José Guerrero de Torres; *Sobre el método que debe seguirse en la primera educación,* por Manuel Flores Calderón; *Sobre la importancia del estudio filosófico de la Gramática para enseñar con claridad nuestras ideas,* por Manuel Caviedes; *Sobre la situación de Nápoles atacado por los austríacos,* por Antonio Teureyro [29]; *Sobre la necesidad de las buenas costumbres en los pueblos para cimentar las leyes y suplir a lo que éstas no alcancen,* por Juan Pedro Daguerre; *Sobre la inconveniencia de la libre importación de tejidos ingleses, de algodón* —observaciones sobre el comercio algodonero en Cataluña, y sobre la petición catalana al Go-

---

[29] H., *op. cit.,* da a esta memoria un título más significativo, *Appel aux Espagnols pour secourir les Napolitains.*

bierno para que se impidiera la importación inglesa de algodones en su provincia, de fuerte sabor proteccionista—, y *Sobre el origen y naturaleza de los diezmos que se pagan en España,* por Joaquín Fleix.

Faltan datos sobre las memorias debatidas en los dos cursos siguientes (1821-23), ya que el *Acta* del 1.º de octubre de 1821 es la única que se conserva, aunque sabemos que en el curso 1821-22 hubo una memoria *Sobre los griegos* [30]. En el mismo curso, la Comisión constitucional encargada de la redacción del Código penal pidió la opinión del Ateneo sobre la materia, nombrando éste una comisión de doce socios que emitieron un dictamen que fue leído, debatido y finalmente aprobado en Junta general ateneísta, después de haber ocupado las sesiones todo el mes de octubre de 1821. El Código penal fue promulgado en 1822 y derogado por la reacción que siguió al trienio.

También con el ánimo de difundir los conocimientos útiles, y a la vez que las secciones, se abrieron cátedras a las que podía asistir gratuitamente el público en general, con el único requisito de asistir con regularidad a las explicaciones. El Ateneo pretendía educar al mayor número posible de personas pero, carente de espacio, rogaba a aquellos que no pudieran asistir regularmente que devolvieran sus papeletas de matrícula para que pudieran ser aprovechadas por otros. Esta medida refleja el carácter de urgencia que tuvo para el Ateneo español la ilustración pública; en cierto modo, un asiento desocupado era casi un ciudadano perdido.

Las cátedras fueron desempeñadas por socios y no socios, y aunque en un principio se trató de retribuir a éstos, no debió ser posible, pues, como pago a sus servicios, se les concedió el título de socios honorarios. Los cursos explicados versaron sobre materias consideradas de pública utilidad, dándose preferencia a los idiomas y a las ciencias morales y políticas «por ser en el día de más urgencia y menos coste» [31]: Manuel Ramajo, *Alemán;* Antonio Garrido, *Inglés;* Cristóbal Garrido, *Francés;* Santiago Jonana, *Contabilidad;* José Joaquín de Mora, *Derecho natural* («ciencia proscripta y abandonada durante tantos años», según *El Censor* del 5 de mayo de 1821, p. 267); Martín Foronda y Joaquín Blake, *Matemáticas;* Casimiro Orense y Manuel Flores Calderón, *Economía política;* Francisco José de Fabra, *Historia;* Manuel Barinaga, *Taquigrafía;* Faustino Rodríguez Monroy, *Derecho público internacional* [32]; Saturnino Lozano, *Griego;* Antonio Fernández Vallejo, *Fisiología aplicada a la moral;* y Saturnino Montojo, *Física,* llenaron el cuadro de cátedras durante el curso 1820-21.

---

[30] Citada por H., *op. cit.*
[31] *Reglamento* citado por R. M. de Labra, *op. cit.*, p. 31.
[32] *Constitucional,* según H., *op. cit.*

Sabemos por J. A. Llorente [33] que el doctor Fernández Vallejo desempeñó una cátedra de *Ideología* (curso 1821-22), en la que, siguiendo los principios de Desttut de Tracy, trató de las funciones orgánicas o de asimilación, de la historia de las sensaciones y de las funciones del cerebro y el análisis de las ideas.

En el curso 1822-23 tuvieron lugar las *Lecciones de Literatura española para el uso de la clase de Elocuencia y Literatura española* que dio Alberto Lista (alternándolas con sus tareas pedagógicas en el Colegio de San Mateo), comparables, por su gracejo y brillante comprensión crítica de los clásicos españoles, a los *Specimens* del humorista inglés Charles Lamb. En este curso, dice Lista al inaugurar un curso muy parecido en el Ateneo de 1835, «empezamos nuestras explicaciones por la poesía y recorrimos todos sus ramos, escepto la dramática, desde los orígenes más remotos de la lengua castellana hasta nuestros días» [34]. Un biógrafo de Lista sospecha que Quintana le procuró este curso «como desagravio de la postergación en los Reales Estudios de San Isidro», anotando, además, que entre los concurrentes «figuraba Pedro José Pidal, el redactor de *El Espectador*» [35]. También en el curso 1822-23, el compositor, discípulo del Spagnoletto, Mariano Rodríguez de Ledesma dio unas lecciones de *Armonía,* complementadas con explicaciones y ejercicios musicales.

Considerando «la ardiente actividad» intelectual y política de los españoles, el emigrado J. A. Llorente concebía en 1822 la esperanza de que en 1828 «España sería una de las naciones más ilustradas en todo lo concerniente, directa o indirectamente, al arte de gobernar a los hombres para hacerlos felices y no para hacerlos sufrir esclavitud o para someterlos a los caprichos de uno o varios gobernantes» [36]. Un año más tarde, esas esperanzas de la España liberal quedaban truncadas. La reacción absolutista de 1823 liquidó el trienio liberal, su Constitución y sus instituciones. A la vez que se restauran la Inquisición y los señoríos, se cierran el Colegio de San Mateo y el Ateneo español de Madrid, sin que su presidente, el general Castaños, pueda impedirlo. Muchos españoles, y entre ellos muchos ateneístas, emigran, algunos por segunda y

---

[33] *Revue Encyclopédique*, XIV (1822), p. 431. Llorente, que había firmado la Constitución de Bayona, fue indultado de afrancesamiento el 23 de abril de 1820. Véase su *Noticia biográfica de D. Juan Antonio Llorente, o memorias para la historia de su vida*, París, 1818. Abundante bibliografía en Manuel Núñez de Arenas, «Llorente en Burdeos», *L'Espagne des Lumières au Romantisme*, París, 1963.

[34] Alberto Lista, *Lecciones de Literatura española, esplicadas en el Ateneo Científico, Literario y Artístico*, Madrid, 1853, vol. I, p. III. El manuscrito original de las lecciones pronunciadas en 1823 se encuentra en el archivo del duque de T'Serclaes. Lo reproduce Hans Juretschke, *Vida, obra y pensamiento de Alberto Lista*, Madrid, 1961, Apéndice III, pp. 419-465.

[35] H. Juretschke, *op. cit.*, p. 116.

[36] J. A. Llorente, *op. cit.*, pp. 431-32. La traducción es mía.

tercera vez. Inglaterra, Francia (sobre todo a partir de 1830) y algunas repúblicas americanas ofrecen refugio a los emigrados.

Entre los españoles que viven en Londres desde fines de 1823 se encuentran algunos ateneístas (Antonio Garrido, Antonio Alcalá Galiano, José Joaquín de Mora —que pasó de Londres al continente americano en 1827, fundando, entre otras cosas, un Ateneo en Lima—, Mariano de Lagasca, Mariano Rodríguez de Ledesma y Alberto Lista, entre otros) que, en unión de otros emigrados, van a fundar otro Ateneo español en 1829.

En la capital inglesa existía ya el famoso Athenaeum, fundado el 16 de febrero de 1824 (entre los fundadores figura Walter Scott), club de enorme prestigio y punto de reunión de literatos, artistas y científicos. Los emigrados españoles no pudieron conocer esta institución más que indirectamente, pues sus actividades no eran públicas y la admisión de socios muy restringida. Por esto, al sentir la necesidad de que los hijos de los emigrados recibieran una instrucción adecuada y gratuita, decidieron crear un centro de enseñanza que, aunque se llamó Ateneo, tomó el modelo del madrileño y no del londinense. El propósito de instruir pública y gratuitamente, más la ilusión nostálgica de remozar en la emigración una de las instituciones liberales del trienio [37], parecen señalar indiscutiblemente al Ateneo español de Madrid como fuente directa del de Londres de 1829.

Uno de los editores del periódico londinense *Ocios de Españoles Emigrados*, Pablo de Mendíbil, el capitán José Núñez de Arenas (de quien partió la idea fundacional) y el ateneísta madrileño Mariano de Lagasca se pusieron en contacto, a fines de 1828, con el Comité inglés de ayuda. Este acogió la idea de fundar un Ateneo español con gran entusiasmo y logró que el Instituto de Artesanos facilitara aulas a los emigrados. El impresor Wood, por su parte, se ofreció a proporcionar la biblioteca.

El 16 de marzo de 1829 se pudo celebrar la ceremonia de apertura con discursos de Antonio Alcalá Galiano y de dos miembros del Comité inglés de ayuda, Smith y Bowring [38]. Para desempeñar las cátedras, escribe Antonio

[37] *Ocios de Españoles Emigrados* recordó nostálgicamente al Ateneo español de Madrid en dos ocasiones (núm. I, pp. 85 y 292).

[38] Es muy posible que se trate de John Bowring, editor y gran amigo de J. Bentham y de España. Entre sus obras se encuentran cuatro sobre España: «Observations on the State of Religion and Literature in Spain, made during a Journey through the Peninsula in 1819», en *New Voyages and Travels*, III (1820); *Observations on the restrictive and prohibitory Commercial System; especially with a reference to the Decree of the Spanish Cortes of July 1820 (from the Mss. of Jeremy Bentham by John Bowring)*, Londres, 1821; «Some Account of the State of the Prisons in Spain and Portugal», en *The Pamphleteer*, XXIII, núm. XLVI (Londres, 1824), pp. 289-308; *Ancient Poetry and Romances of Spain (selected and translated by John Bowring)*, Londres, 1824, obra que dedicó a Lord Holland.

Puigblanch, se invitó «por esquela particular a todo Español de los que aquí estamos, que o por haber enseñado alguna vez, o por haber escrito algo pareciese tener créditos de literato». Y añade resentido, «sólo conmigo i con algún otro con quien había también ojeriza no se contó» [39]. Envidias y partidismos aparte, el hecho es que varios catedráticos aceptaron la invitación del Ateneo, pasando a explicar los siguientes cursos: *Instrucción religiosa,* por Joaquín Lorenzo Villanueva, inquieto clérigo que fue diputado constitucionalista por Valencia en las Cortes de Cádiz, siendo encarcelado en mayo de 1814 por sus opiniones liberales. Durante el trienio fue el candidato de Fernando VII para Ministro plenipotenciario ante la Santa Sede, puesto que nunca llegó a ocupar por conocer el Vaticano sus ataques continuos contra los abusos pontificios. Emigrado en Londres, el viejo jansenista se ocupaba de la parte eclesiástica en *Ocios de Españoles Emigrados,* del que era editor [40]; *Matemáticas,* por el capitán José Núñez de Arenas; *Caligrafía,* por Esteban Desprat, ex-diputado por Cataluña; *Rudimentos de latín,* por Muñoz; *Botánica* ,por el ex-diputado Mariano de Lagasca; *Rudimentos de griego,* por Vicente Salvá, ex-diputado de las Cortes de 1822 y 1823, librero y autor de una *Gramática de la Lengua Castellana; Gramática Filosófica aplicada a la Lengua castellana,* por el editor de los *Ocios,* Pablo de Mendíbil que, según Puigblanch, empleó en su curso el *Prospecto de la obra filolójico-filosófica intitulada Observaciones sobre el orijen i jenio de la lengua castellana, en las que también se habla de las demás lenguas principales de Europa,* obra del propio Puigblanch *(op. cit.,* p. 480), y al que asistió como discípulo el ex-diputado, ex-ministro de Gracia y Justicia y ex-miembro de la Sociedad de Amigos de la Constitución, José María Calatrava (p. 460), que gestionó en las Cortes la extinción de los mayorazgos y señoríos; *Topografía,* por Mateo Seoane, ex-diputado exaltado en las Cortes de 1822 y 1823 y editor del *Diccionario Español-Inglés e Inglés-Español de Neuman y Baretti,* que corrigió y aumentó en colaboración con los mencionados Mendíbil, Salvá, Villanueva y Lagasca. Desde 1830 hasta su regreso a España en 1834, Seoane fue crítico de Literatura española en el periódico *Athenaeum* de Londres [41].

Además de estos catedráticos españoles, varios profesores extranjeros des-

[39]   Doctor Antonio Puigblanch, *Opúsculos gramático-satíricos... contra el Doctor Joaquín Villanueva escritos en defensa propia, en los que también se tratan materias de interés común,* Londres, 1832, vol. I, p. 419.

[40]   Sobre el clérigo Villanueva véanse Miguel Artola, «Estudio preliminar», *Memorias de tiempos de Fernando VII,* Madrid, 1957, vol. II, pp. XXI y XXII; José Sebastián Laboa, *Doctrina canónica del Doctor Villanueva, su actuación en el conflicto entre la Santa Sede y el Gobierno de España* (1820-1823), Vitoria, 1957, con bibliografía en pp. XX-XXIV.

[41]   Véase Leslie A. Marchand, *The Athenaeum; a mirror of Victorian culture,* Chapel Hill, 1941, pp. 40, 48 y 218; notas 105 y 162.

empeñaron cátedras de *Dibujo lineal, Inglés, Francés* e *Italiano,* encargándose de esta última Antonio Panizzi. La biografía de este carbonaro se asemeja mucho a la de los españoles emigrados en Londres. Tomó parte en la conspiración napolitana de 1820 que destronó al Borbón Fernando I y adoptó la Constitución española de 1812. Al sofocar Fernando I la revolución con ayuda de tropas austríacas en marzo de 1821, Panizzi tuvo que huir de Italia. Fue condenado a muerte *in absentia,* ahorcado en efigie y, como último desatino, se intentó que pagara los gastos del proceso y se desembolsara la acostumbrada propina al verdugo. En *I processi di Rubiera* relata Panizzi estos episodios, y aunque lo escribió y publicó en Lugano, el libro lleva la firma anónima de «un membro della società landaburiana» y un «Madrid, 1823» como lugar y fecha de publicación ficticios. El título de la obra también cambió, *Dei Processi e delle Sentenze contra gli imputati di Lesa-Maestà e di aderenza alle Sette proscritte negli Stati di Modena.* Panizzi emigró a Inglaterra en 1823, viviendo, como muchos otros emigrados, de la enseñanza de su idioma, primero en Liverpool y, a partir de noviembre de 1828, en la nueva Universidad de Londres. A la cátedra del Ateneo español pudo llevarle la amistad con Alcalá Galiano, profesor de español en la misma universidad, o su interés por la obra de unos emigrados con quienes tenía muchos puntos en común [42].

Al entusiasmo de los catedráticos correspondieron los doscientos alumnos que se inscribieron en los diversos cursos, no todos jóvenes en edad escolar, según *El Emigrado Observador* (abril de 1829) [43], ya que «había algunos adultos que en los ocios involuntarios del destierro no tienen con qué distraer los tormentos destructores de la melancolía». En cuanto al éxito de la empresa, el clérigo Villanueva le ponderaba a Puigblanch, no sin malicia, «la concurrencia de discípulos a aquel estudio» [44].

Al cambiar radicalmente el ambiente político francés a raíz de la revolución de julio de 1830, los emigrados empezaron a desplazarse de Inglaterra a Francia, con lo que la asistencia al Ateneo fue disminuyendo y, una a una, las cátedras se cerraron. Por Puigblanch sabemos que en 1832, fecha de publicación de su *Opúsculo,* el Ateneo había dejado de existir (p. 419). Cuando la figura de la reina de España empieza a imponerse a la de Fernando VII, los

[42] Es posible que Antonio Panizzi usara en la cátedra ateneísta su *Extracts from Italian Prose Writers for the use of students in the London University,* Londres, 1828, y *Stories from Italiam Writers, with a literal translation, on the plan recommended by Mr. Locke,* Londres, 1830. La mejor biografía parece ser la de Louis Fagan, *The Life of Sir Anthony Panizzi, K. C. B.,* Londres, 1880 (véanse pp. 13, 20-21, 22, 25, 43, 49 y 72).

[43] Citado en Vicente Llorens Castillo, *Liberales y románticos: Una emigración española en Inglaterra (1823-1834),* México, 1954, p. 64, obra esencial para el estudio de la vida de los emigrados en todos sus aspectos.

[44] A. Puigblanch, *op. cit.,* p. 420.

emigrados inician el regreso; a partir de 1830 unos pocos, en 1833 en incontenible aluvión liberal. Con la ominosa década acababa la emigración y con ella sus instituciones. El Ateneo español de Londres, como la prensa emigrada, dejaba de tener razón de ser. Remozada en la emigración, la institución liberal del trienio vuelve a España.

Capítulo II

EL ROMANTICISMO COMO TELON DE FONDO
DE UN RELEVO GENERACIONAL

Ramón de Mesonero Romanos, al referirse en las *Memorias de un setentón* a la ominosa década en general y en particular a los años 1827 y 1828, habla de «noche intelectual» [1], y aunque la expresión es correcta, no hay que olvidar que en Madrid, como en Londres y París, pequeños grupos de españoles mantenían vivo el ideal liberal del trienio. En Madrid y otras capitales españolas quedaba un rescoldo intelectual que, como tantas veces ocurrirá en la historia de España, se refugió y convivió, por así decirlo, bajo tierra. Falto el Madrid de Calomarde de círculos idóneos al quehacer intelectual, sigue recordando Mesonero, «lo más vital de nuestra sociedad» (p. 60) se reunía en el café «más destartalado, sombrío y solitario» (p. 53) de la capital. Este «mísero tugurio» (p. 54), antecedente de la cripta del Pombo (también sede de conspiraciones literarias) y de la Cacharrería del Ateneo, dio asilo a partir de 1830 a la España que pensaba y que no había emigrado.

En el Parnasillo convivieron y dialogaron, más o menos violentamente, hombres de diferentes edades e intereses intelectuales. Poetas, pintores, arquitectos, periodistas e impresores se identificaban, a pesar de sus diferencias, sabiéndose guardianes de la tradición liberal en aquella catacumba literaria. Del Parnasillo hicieron su casa los jóvenes poetas de la «Partida del trueno» (Espronceda, Ventura de la Vega, Patricio de la Escosura, Ortíz, Pezuela, Bautista Alonso y Miguel de los Santos Alvarez), Segovia, Eugenio de Ochoa, Larra, los Madrazo, Juan Grimaldi, Manuel Bretón de los Herreros, Antonio Gil y Zárate, Serafín Calderón, Mesonero Romanos, Roca de Togores y tantos otros. La futura política estaba representada por Salustiano de Olózaga, an-

---

[1] Ramón de Mesonero Romanos, *Memorias de un setentón, natural y vecino de Madrid*, Madrid, 1881, II, p. 22.

tiguo miembro de la Sociedad Landaburiana y, por estos años, alma de la cofradía juvenil conocida por el nombre de «Caballeros de la Cuchara». En el Parnasillo, entre epigramas, polémicas, lecturas de obras originales por algún poeta novel o de traducciones de los extranjeros consagrados, se fue fraguando, dentro de la noche intelectual, la compleja revolución romántica.

Al referirse al Ateneo científico, literario y artístico de Madrid en su momento fundacional (1835), suele hablarse del «Ateneo de los románticos» [2], seguramente debido a que las figuras más destacadas del Romanticismo español figuran como fundadores o como socios de la casa. El término, sin embargo, es demasiado vago, y, más que vago, complejo. Sin duda, la generación romántica tiene enorme importancia en la fundación del Ateneo, pero no hay que olvidar el peso de un modelo tan cercano como el del Ateneo español del trienio. Aceptando en principio que la institución de 1835 sea obra de esa generación romántica, surge el problema de quiénes la formaron, y nos encontramos con que bajo la bandera romántica se encuadran gentes muy dispares entre sí. La edad, la filiación política, los gustos literarios, son factores que separan, a veces antagónicamente, a los miembros de la generación romántica. Aunque muy brevemente, conviene poner en perspectiva estos factores.

El año en que comienzan las reuniones del Parnasillo (1830) tiene una importancia capital tanto en la esfera política como en la literaria. Por un lado, la figura de Fernando VII empieza a difuminarse; por otro, se acelera decididamente la explosión romántica. La transición más o menos brusca del absolutismo al liberalismo y del neoclasicismo al romanticismo tiene por puntual testigo a un joven del Parnasillo, Mariano José de Larra. «Entre nosotros, en un año solo —escribe en «Catalina Howard: Drama nuevo en cinco actos» *(El Español,* 23 de marzo de 1836) [3]— hemos pasado, en política, de Fernando VII a las próximas Constituyentes, y en literatura, de Moratín a Alejandro Dumas». Años más tarde, en unos *Apuntes sobre el carácter de la literatura contemporánea leídos en el Ateneo científico y literario de Madrid* (publicados en *El Siglo Pintoresco,* III (1845-47), pp. 149 y sigts.), Hartzenbusch divide el período 1800-1847 en dos épocas literarias bien definidas y separadas por el año-mojón de 1830. Hasta ese año domina en España el siglo XVIII (Alfieri, Jouy, Moratín); después es el momento romántico de Manzoni, Scott, Hugo, Byron y Espronceda, figuras que, aunque irrumpen en España casi simultáneamente, repre-

[2] Manuel Azaña, «Tres generaciones del Ateneo», en *La invención del Quijote y otros ensayos,* Madrid, 1934, p. 77. Mesonero Romanos ve en el Parnasillo la cuna del romanticismo y, consecuentemente, del Ateneo de Madrid *(op. cit.,* p. 60).

[3] Recogido por Carlos Seco Serrano, *Obras de Mariano José de Larra (Fígaro),* Madrid, 1960, II, p. 186. De aquí en adelante todas las citas de Larra, indicando volumen y página, están tomadas de esta edición.

sentan las dos tendencias antagónicas en que la revolución francesa de 1830 ha escindido el romanticismo europeo.

El primer romanticismo de Walter Scott y Víctor Hugo (1818-1828) es un movimiento literario de signo católico, aristocrático, arcaico y restaurador [4]. Ecos suyos en España son los trabajos de Böhl de Faber, divulgados más tarde en Barcelona por Próspero de Bofarull, siendo el periódico *El Europeo* (1823-24) —fundado por Buenaventura Carlos Aribau, Ramón López Soler, C. E. Cook, Luis Monteggia y Florencio Galli— el órgano de este romanticismo de signo moderado. La polémica sostenida en Francia entre clásicos y románticos queda reducida en España a las vehementes escaramuzas literarias entre Joaquín de Mora y Böhl de Faber que, como tantas otras reyertas entre vates, tuvieron más de rencilla personal que de polémica literaria. Ramón López Soler, sin embargo, creía posible conciliar ambas tendencias desde un punto de vista estético y, en general, puede afirmarse que la nueva literatura fue acogida en España sin los aspavientos del país vecino. La debilidad del neoclasicismo español [5] y el considerarse que las ideas románticas constituían, en cierto modo, un retorno a la tradición del Siglo de Oro español, pueden tal vez explicar el tono casi apático con que se recibió al romanticismo en España [6].

Cádiz y Barcelona, bastión proteccionista y «walterscottista», conocieron este primer romanticismo bastante más a fondo que Madrid. La única mención de Scott que se encuentra en la prensa de la capital es una nota poco elogiosa de José Joaquín de Mora en la *Crónica científica y literaria de Madrid* (6 de octubre de 1818). Con excepción de catalanes y gaditanos, puede afirmarse que los españoles no van a imbuirse de romanticismo hasta la emigración, y ya en enero de 1823 —es decir, meses antes del éxodo liberal— Blanco White traduce algunos fragmentos de *Ivanhoe* en sus *Variedades o el Mensajero de Londres,* obra que el propio Mora traduce (Londres, 1825) para el impresor Carlos Wood [7].

Traducido e imitado en la emigración, Walter Scott debió ser bastante leído en España a pesar de que sus novelas estaban prohibidas. De la «Introducción» de Pablo de Xérica a su traducción de *Waverly* se deduce que muchas de las traducciones románticas entraban en España de contrabando [8] y, a partir

---

[4] Francisco María Tubino, *Historia del Renacimiento literario contemporáneo en Cataluña, Baleares y Valencia,* Madrid, 1880, pp. 151 y sigts.

[5] Véase el artículo de Larra *Una comedia moderna* (I, p. 18). Lo mismo en Mérimée, «L'Ecole romantique et l'Espagne au dix-neuvieme siècle», *Bulletin de la Société Académique Franco-Hispano-Portugaise de Toulouse,* X (1890), p. 20.

[6] Véase Mérimée, *op. cit.,* pp. 18 y 20. También Larra, «Ateneo científico y literario», II, p. 228; «Una comedia moderna», I, p. 17.

[7] Mora tradujo también *El Talismán* de Walter Scott, del que se hicieron tres ediciones: Londres, 1825; París, 1837 y Barcelona, 1838.

[8] Véase Manuel Núñez de Arenas, «Simples notas acerca de Walter Scott en España», en *L'Espagne des lumières au Romantisme,* París, 1963, especialmente pp. 366-372.

de 1830, en que se empieza a debilitar el absolutismo fernandino, las traducciones de Scott se multiplican. Al mismo tiempo que los emigrados de Londres y París inician el regreso a España, las obras de los demás románticos comienzan a inundar las librerías españolas. En 1832, la reina contribuye con otros muchos españoles al monumento que se construye en Edinburgo a la memoria de Scott [*Revista Española* (1832), p. 96], y a este gesto real dignificador del romanticismo en su figura más representativa, sigue un alud de novelas originales españolas que copian fielmente el modelo del escocés (Escosura, *El Conde de Candespina,* 1832; Espronceda, *Sancho Saldaña,* 1834; Larra, *El doncel de Don Enrique el Doliente,* 1834; Luis González Bravo y Eugenio Moreno, *Ramiro Sánchez de Guzmán,* 1835; José García de Villalta, *Golpe en vago,* 1835; Martínez de la Rosa, *Doña Isabel de Solís, Reina de Granada,* 1837; Serafín Estébanez Calderón «El Solitario», *Cristianos y moriscos (Novela lastimosa),* dedicada al catedrático ateneísta Luis Usoz y Río, 1838; etc.). El aldabonazo de las jornadas parisinas (julio de 1830) y el desplazamiento de Fernando VII a un segundo plano repercuten en España política y literariamente. La dulce reina napolitana gobierna con las Constituyentes y con los viejos liberales, y a la liberalización en la esfera política sigue el arrinconamiento de los modelos neoclásicos en la literatura. Como decíamos, el año de 1830 es clave. Roca de Togores marca el momento de transición cuando, recordando a sus contertulios del Parnasillo, escribe, «allí se hallaba[n] Gil, que, parapetado en las unidades de su *Blanca de Borbón,* no había reconocido todavía la revolución de julio ...» [9].

Las jornadas parisinas, por otra parte, escinden el romanticismo europeo en dos facciones antagónicas. Del movimiento literario moderado de Walter Scott y el primer Víctor Hugo se desgaja a partir de 1830 un romanticismo democrático, radical y descreído, cuyos máximos representantes son Byron y un Hugo que escribe en su prólogo a *Cromwell,* «le romantisme n'est que le libéralisme en littérature», afirmación que inevitablemente tenía que politizar, reavivándola, la polémica literaria. Y es que el liberalismo toma un matiz revolucionario a partir de julio de 1830 que afecta de paso al romanticismo como literatura liberal que es, y así puede escribir Mérimée que la nueva literatura «a fait dans l'ordre littéraire ce que la Révolution avait dans l'ordre social et politique» [10]. La vieja polémica entre clásicos y románticos se complica ahora con la escisión interna del romanticismo que enfrenta a románticos moderados y revolucionarios.

En cuanto a España, la identificación romanticismo-liberalismo, frente a

[9]   Marqués de Molins, *Obras,* Madrid, 1881, II, pp. 283-284.
[10]   Mérimée, *op. cit.,* p. 12. Sobre los efectos de la frase de Víctor Hugo véase «Crítica al *Moro Expósito...*» *(Revista Española,* 23 y 24 de mayo de 1834).

neoclasicismo-absolutismo, se encuentra muy clara en el mencionado prólogo de Pablo de Xérica a su traducción de *Waverly,* a través de un gracioso diálogo entre el autor liberal y un supuesto lector absolutista [11]. Esta politización hace que la vieja polémica entre clásicos y románticos salga de su cauce estético, y que lo que años atrás no interesaba a nadie por dirimirse en un plano literario, sea ahora una cuestión palpitante. La disputa literaria, en efecto, se convierte en un telón de fondo contra el que los contendientes definen sus posturas políticas. Clásico pasa a ser sinónimo de retrógrado, apostólico y absolutista para los jóvenes románticos de *El Artista* [12]. Las gentes más conservadoras consideran al romanticismo desgajado de la revolución de julio como anarquía y herejía —«Walter Scott es hereje», exclamaba el lector del prólogo de Xérica [13]. Por la politización del movimiento literario, claro está, el adjetivo «revolucionario» es usado hasta la saciedad por ambos bandos. Los jóvenes de *El Artista* (III, p. 1) se enorgullecen con el apodo de «revolución literaria» con que absolutistas y románticos a la antigua tratan de denigrar su nueva literatura [14]. Los blancos y negros del trienio, más los grises (valga el término) del justo medio, vuelven a la lucha escudados tras los símbolos de clásicos y románticos, midiendo sus armas tanto en los campos de Navarra como en los teatros madrileños. La guerra civil tiene muchos frentes.

En estos primeros años de rápida y violenta implantación del romanticismo y arrinconamiento del neoclasicismo, el grupo liberal se presenta unido. Jóvenes y viejos, los que emigran y los que permanecieron, forman un frente común contra el enemigo, del que son buenas muestras el entusiasmo con que se acoge a los emigrados, la fe que se deposita en sus programas políticos y los elogios con que se reseñan los estrenos de obras como *La conjuración de*

---

[11] El traductor, liberal emigrado, empieza por cantarle el «Trágala» al lector absolutista que se asombra con la aparición de otra novela del herético, por romántico, Scott (véase Manuel Núñez de Arenas, *loc. cit.*). El P. Blanco García, en *La literatura española en el siglo XIX,* Madrid, 1891, I), escribe que «el clasicismo era como el antiguo régimen de la literatura» (p. 92) y «el romanticismo... el verbo sagrado de la escuela liberal» (p. 93).

[12] Véase C. de Ochoa, *El Artista,* I, p. 36.

[13] M. Núñez de Arenas, *op. cit.*, p. 366. Ventura de la Vega llamó al Romanticismo «herejía y locura» (J. García Mercadal, *Historia del Romanticismo en España,* Barcelona, 1943, p. 244). Véase C. de Ochoa *(El Artista,* I, p. 36) sobre las acusaciones de herejía romántica. En un poema titulado «El Romanticismo», *Poesías,* Madrid, 1840, II, p. 277, M. A. Príncipe lo compara a anarquía.

[14] Para Mesonero, *op. cit.*, la revolución romántica es «consecuencia natural» (p. 143) de la Revolución de julio francesa (p. 144). Al reseñar la cátedra de Literatura extranjera en «Ateneo científico y literario» *(El Español,* 7 de julio de 1836), Larra habla del romanticismo como corriente literaria «que bajo nueva y audaz bandera se presenta de algunos años a esta parte con honores de revolucionaria» (II, p. 259). El mismo parecía defenderlo cuando escribía, «libertad en literatura, como en las artes, como en la industria, como en el comercio, como en la conciencia» («Literatura», *El Español,* 18 de enero de 1836; II, p. 134). Para García Tassara, el romanticismo era una auténtica «revolución liberal» (J. García Mercadal, *op. cit.*, p. 286).

Venecia y el *Don Alvaro*. El joven Salas y Quiroga, tertuliano del Parnasillo, dedica su libro *Poesías* (1834) «al pueblo español en la época de su regeneración política y literaria» [15], y José de Espronceda alista a su generación en la «grande obra de nuestra regeneración política y literaria» *(El Siglo,* II, 24 de enero de 1834). «La hora de las reformas ha sonado ya para España —sigue Espronceda, en el artículo titulado *Poesía*—; el hombre a quien nuestra reina fió el encargo de romper las trabas del teatro ha sido llamado a romper las de la nación...» [16]. Se trata, claro está, de Martínez de la Rosa, nombrado presidente del Consejo de Ministros y que tres meses más tarde estrenará *La conjuración de Venecia*. Desde su columna de la *Revista Española* (25 de abril de 1834) y con motivo del estreno (22 de abril), Larra elogia fervorosamente al autor como literato y como político, pero hay algo de suma importancia en el artículo de Espronceda que falta en el de «Fígaro», la fe de vida política de la joven generación. «En política, como en poesía —declara Espronceda— la perfección está en conciliar el mayor grado de libertad con el mayor grado de orden posible» *(Ibíd.),* y después de establecer este credo político-literario, escribe: «Nosotros, pues, creemos estar obligados a cooperar con tan ilustre guía a la grande obra de nuestra regeneración política y literaria» *(Ibíd.).* El hombre del trienio es todavía en 1834 el «ilustre guía» que ha de regenerar al país, pero la joven generación, aunque todavía en tono respetuoso, va viéndose ya como partícipe de la obra política. En ese mismo año anota Charles Didier la falta de gente joven en las Cortes [17], debida al requisito electoral de tener los treinta años cumplidos para poder ocupar los escaños, que impide constitucionalmente la entrada en la vida política a la joven generación romántica. Este requisito electoral tiene una importancia capital en el forcejeo generacional que vamos a ver a continuación.

Cuando el entusiasmo de los que de mozos vieron caer el régimen liberal ante los cien mil hijos de San Luis empieza a apagarse al presenciar la ineficacia política de los hombres del trienio, la joven generación que en 1834 creía estar obligada a cooperar en las tareas de regeneración pide firmemente su puesto. Como telón de fondo de este conflicto generacional creemos ver la escisión romántica. El frente común romántico-liberal que da la batalla al clasicismo retrógrado se divide en dos grupos antagónicos, el de los románticos moderados y el de los exaltados. Al primero pertenecen los hombres del trienio que, conservadores en política y literatura, copan los gobiernos y las actas de

[15]   M. Núñez de Arenas, «El pobre Salas», en *op. cit.,* p. 409.

[16]   Jorge Campos, ed., *Obras completas de Don José de Espronceda,* Madrid, 1954, p. 580. De aquí en adelante todas las citas de Espronceda están tomadas de esta edición.

[17]   Charles Didier, «L'Espagne depuis 1830», *Revue des deux mondes* (1 de febrero de 1836), pp. 304 y 306.

diputados. Frente a ellos se alza el grupo romántico-liberal que, revolucionario en literatura y en política, pide urgentemente el relevo generacional.

Larra publica en *El Observador* dos artículos titulados «Dos liberales o lo que es entenderse» que iluminan bien esta escisión liberal que acabamos de apuntar. En el primero (13 de noviembre de 1834) describe al viejo liberal, «escarmentado y con destino», y traza su accidentada biografía política: «nacimos el año 12, nos fuimos con el 14, volvimos con el 20, y escapamos con el 23. Ahora nos hemos venido sin fecha: como ratones arrojados de la despensa por el gato, hemos ido asomando el hocico poco a poco, los más atrevidos antes, los más desconfiados después, hasta que hemos visto que el campo es nuestro...» (II, p. 33). Lo agresivo e irrespetuoso del tono descriptivo parece fundarse en la moderación política de los emigrados liberales: «nosotros no tenemos más norte que lo pasado... nuestro libro consultor es el año 23» (II, p. 34). Contra este mirar hacia atrás en política (propio también del primer romanticismo histórico que excavaba sus temas en el feudalismo), se rebela el joven liberal que, por no haber participado vitalmente en la obra del trienio, mira decidida y optimistamente (románticamente) hacia el futuro. En el segundo artículo (16 de noviembre de 1834), Larra describe al viejo liberal «progresivo y sin destino» (II, p. 37), dejando bien claro que su matiz más avanzado, dentro de su liberalismo, está en relación íntima con su situación de cesante. Ni en el uno ni en el otro, por ser ambos hombres del trienio, deposita Larra su confianza. Como veremos, su esperanza está en la capacidad de lo que llamará la «juventud estudiosa».

Aunque existen evidentes muestras de malestar juvenil en 1834, éste es, sobre todo, el año del *Estatuto Real* (15 de abril) y de *La conjuración de Venecia* (22 de abril), y ya hemos visto que la juventud aclama solidariamente ambas obras. En sus deseos de cooperar a la regeneración política y literaria, sin embargo, los jóvenes del Parnasillo forman grupo aparte nada más iniciarse el año 35. Fundan *El Artista* como órgano de expresión de su romanticismo revolucionario, y ya en el primer número Eugenio de Ochoa identifica lo romántico con lo juvenil: «inútil sería buscar entre gente no joven partidarios del Romanticismo; entre la juventud estudiosa y despreocupada es donde se hallarán a millares»[18]. El «nosotros» que apuntaba por primera vez en el artículo de Espronceda *(Poesía,* 24 de enero de 1834), se repite con más regularidad según el grupo generacional va tomando consistencia. «En 1835 —ha escrito José Luis Varela— aparece la juventud con petulancia, con desafío, con conciencia de número, de solidaridad, de nosotros»[19], irreconciliablemente en-

[18] Citado en José Luis Varela, «Generación romántica española», *Cuadernos de Literatura,* II (1947), p. 428.
[19] J. L. Varela, *op. cit.,* p. 423. Abundantes ejemplos del generacional «nosotros» en pp. 428-429.

frentada a la generación anterior. Convertida al credo literario-revolucionario
del romanticismo nacido al calor de la revolución de julio, la juventud romántica cambia los ídolos y las formas de expresión, Byron substituye a Scott
y la poesía a la novela. Acaudillados por Espronceda, a quien se ha llamado el
Byron español, y tras saltar sobre el cadáver de Clasiquino, los jóvenes de *El
Artista* aclaman el *Don Alvaro* de Rivas como un año antes hicieran con la
tragedia de Martínez de la Rosa.

El desaliento que se produce en los jóvenes tras las esperanzas de 1834
culmina en 1836. Se pide firmemente un rejuvenecimiento en los cuadros de
mando político, pero el relevo generacional lo obstaculiza una ley electoral que
excluye a los menores de treinta años de las tareas de gobierno. Una vez más, la
juventud encuentra su voz en la pluma de Espronceda. «Hagan las Cortes una
buena ley electoral, amplia y popular —escribe en *El Ministerio Mendizábal*
(febrero de 1836)— y ensáyese, en fin, esa juventud cuyo patrimonio son las
épocas de renovación y turbulencia. Esa juventud que, llena de esperanza, no
debe titubear en arrojarse, iluminada del talento, por los sombríos senderos del
porvenir, aboliendo de una vez tanta práctica antigua, tanto abuso, tanto cadáver resucitado como atrasa, entorpece y corrompe la sociedad» (p. 579). Y
reafirmándose en su posición y como defendiéndose de los inevitables ataques
de la vieja generación, añade, «y no se tenga por una petulancia este deseo que
debe hacer latir todos los corazones y arrebatar la imaginación de los jóvenes,
no, porque un siglo de renovación pertenece, sin duda, de derecho, a la juventud» *(Ibíd.)*.

En «Dios nos asista», publicado en *El Español* el 3 de abril de 1836, Larra
empieza atacando el requisito electoral («¿cuándo tendremos treinta años?
Aquel día seremos ya unos hombrecitos», II, p. 196), y acaba redactando un
verdadero manifiesto generacional: «Esto digo yo: entre a gobernar, no éste
ni aquél, sino todo el que se sienta con fuerzas, todo el que dé pruebas de
idoneidad...» (II, p. 198). Refiriéndose a los viejos liberales de las Cortes
de 1834, escribía Charles Didier: «Ils ont eu leurs jours; ils ont fait leurs
preuves dans d'autres mêlées. Pouvait-on espérer que des vieillards allaient
monter à la brèche une troisième fois avec l'audace et l'ardeur de leurs jeunes
années?»[20]. Para Larra, como para Didier, la respuesta era negativa. «La
revolución ha gastado y desgasta rápidamente los nombres viejos y conocidos
—escribe en «Publicaciones nuevas. El Ministerio Mendizábal. Folleto por Don
José Espronceda» *(El Español,* 6 de mayo de 1836)— la juventud está llamada
a manifestarse» (II, p. 215). Al cansancio que parece abrumar a las viejas
figuras del liberalismo, pues, debe suceder la nueva sabia del ardor juvenil de

---

[20]   Charles Didier, *op. cit.,* pp. 305-306.

la nueva generación liberal; el «nosotros» choca significativamente con el «ellos»: «A eso nos responden ellos: '¿Y dónde están esos hombres?' ¿Dónde han de estar? En la calle, esperando a que acaben de bailar los señores mayores para entrar ellos en el baile. '¿Cómo no salen esos hombres?', añaden. ¿Cómo han de salir? De Calomarde acá, ¿qué protección, qué ley electoral ha llamado a los hombres nuevos para darles entrada en la república? Cuenta, sin embargo, con ella, y llámelos la ley presto» (II, p. 198). Los respetuosos deseos de cooperación de 1834 quedan enterrados en este ultimátum amenazador: «¡déjese entrar legalmente a los hombres del año 1836, o se entrarán ellos de rondón!» *(Ibíd.).* Larra termina el artículo totalmente identificado con Espronceda: «En conclusión, hombres nuevos para cosas nuevas; en tiempos turbulentos hombres fuertes sobre todo, en quienes no esté cansada la vida, en quienes haya ilusiones todavía, hombres que se paguen de gloria y en quien arda una noble ambición y arrojo constante contra el peligro» *(Ibíd.).* Todo este manifiesto de Larra tiene muchos puntos en común con el ideario de los hombres de 1898, entre otros la oposición franca y enérgica a un régimen cansino y fantasmagórico *(Estatuto Real* y canovismo); los hombres del 36, sin embargo, al emanciparse de la generación anterior no reniegan de su obra total, como hicieron en un principio los del 98 con la de sus mayores, aunque luego Unamuno («El jubileo de la Gloriosa», *O. C., X.* p. 410), dirigiéndose a Amós Salvador y Rodrigáñez, se disculpara: «Nosotros, los llamados no sé bien por qué la generación del 98, hemos sido injustos, soberanamente injustos con ustedes, nuestros hermanos mayores, nuestros padres a las veces, los de la generación del 68». La joven generación romántica pide un cambio en el personal más que uno en la política, punto muy claro en Larra: «¿Qué saben los jóvenes?, exclaman. Lo que ustedes nos han enseñado, les responderemos, más lo que en ustedes hemos escarmentado, más lo que seguimos aprendiendo. ¿Y qué eran ustedes el año 12? Nosotros fundaremos nuestro orgullo en ser sus sucesores, en aprovechar sus lecciones, en coronar la obra que empezaron. Nosotros no rehusamos su mérito; no rehusen ellos nuestra idoneidad...» (II, p. 198).

Ha llegado, en suma, la hora de la renovación, tal vez antes de lo que indican las edades de los jóvenes y de los viejos, pero es que por las circunstancias históricas en que unos y otros han vivido, los del 12, el trienio y la emigración han envejecido, fosilizándose, prematuramente, y una España juvenil, madurada en la amargura de una década, pide paso. El relevo generacional encuentra en mayo del 36, con la caída de Mendizábal el día 15, la coyuntura para entrar en política activa. Un reajuste en la ley electoral va a permitir que la juventud pueda, al fin, ocupar los escaños parlamentarios. Días antes de la caída del «ministerio programista» (II, p. 214), Larra se refiere a su generación como «los que en el día empezamos nuestra vida pública» *(Ibíd.),* animándoles a que se den a conocer «cuanto antes por cuantos medios estén a su alcance» (II, p. 215). La joven generación debe probar su idoneidad frente a la vieja, debe probar con obras que lo juvenil no quita lo capaz. Así, antes de que Istúriz le abra legalmente el camino, la juventud estudiosa «ha comprendido que no es en los cafés donde se forman los hombres que pueden renovar el país, sino en el estudio... con los libros abiertos, sobre el bufete, con la vista clavada en el gran libro del mundo y de la experiencia..., con la pluma en la mano» (II, pp. 215-216). La juventud, pues, debe formarse y manifestar su idoneidad intelectual y política en la práctica, es decir, produciendo obras que dignifiquen a la joven generación a los ojos de los españoles. Es arriesgado deducir que Larra, al escribir este artículo, pensaba en el nuevo Ateneo que, en ausencia de una universidad, se había echado sobre los hombros la carga de formar a las jóvenes generaciones españolas. Sin embargo, la juventud del Parnasillo, que ha tenido una gran importancia en la fundación del Ateneo, hará de la casa un lugar donde probar su idoneidad literaria y política. Probada ésta, y en virtud del reajuste electoral de Istúriz, muchos jóvenes saltarán de los salones ateneístas al Congreso.

Capítulo III

EL ATENEO CIENTIFICO, LITERARIO Y ARTISTICO DE MADRID (1835-1843)

Ya desde antes del decreto de amnistía general (7 de febrero de 1833) y del regreso en masa de los emigrados, se produjeron algunos intentos en Madrid por restablecer el Ateneo español del año 20. De 1832 es la petición dirigida al Gobierno en este sentido por varios de sus socios, entre ellos Nicolás Arias [1]. Poco más tarde apareció en el *Boletín del Comercio* (futuro *Eco del Comercio* en 1835) un artículo de P. P. O. sobre el Ateneo español, y el 26 de abril de 1833, en crónica firmada por A., *El Correo Literario* hizo una breve historia del centro y elevó votos por su restablecimiento.

El 10 de octubre de 1835, el socio de la Sociedad económica de Madrid D. Juan Miguel de los Ríos [2] propuso en una de sus reuniones la fundación de un Ateneo que «contribuya a extender y consolidar la ilustración general, recordando los recomendables servicios del que tuvo Madrid en el trienio de 1820 a 1823» [3]. La Matritense nombró entonces una comisión de socios, «entusiastas partidarios del régimen constitucional» [4], presidida por Salustiano de Olózaga y en la que figuraban Francisco López de Olavarrieta, Eusebio María del Valle, Francisco Quevedo y San Cristóbal, el marqués de Someruelos, Lorenzo Flórez Calderón, José García y Espinosa [5] y Juan Miguel de los Ríos, para que estudiara la propuesta de este último. El 24 de octubre la comisión

---

[1] Rafael María de Labra. *El Ateneo de Madrid, sus orígenes, desenvolvimiento, representación y porvenir,* Madrid, 1878, p. 65.

[2] Datos sobre Juan Miguel de los Ríos en R. M. de Labra, *El Ateneo: 1835-1905. Notas históricas,* Madrid, 1906, pp. 7-11; José Díez de Tejada, «El fundador del Ateneo de Madrid», *Revista Contemporánea,* 130 (1905), pp. 129-142.

[3] Victoriano García Martí, *El Ateneo de Madrid (1835-1935),* Madrid, 1948, p. 51.

[4] R. M. de Labra, *op. cit.,* p. 5.

[5] José Garriga y Espinosa, según Labra, *El Ateneo de Madrid...,* Madrid, 1878, p. 65. Además, añade a José de Alonso López como miembro de la comisión.

recomendó a la Económica la celebración de una Junta extraordinaria, que
quedó fijada para el día 31 en las Consistoriales, para decidir si se debía restablecer el viejo Ateneo español, como proponía Ríos, o crear uno nuevo.

La escisión que se apuntaba en esta recomendación de la comisión a la
Económica se hizo aún más patente en la sesión celebrada el 31 de octubre.
Reseñando el acto, el *Eco del Comercio* (1.º de noviembre de 1835) dice es-
cuetamente que la reunión se celebró para «decidir si convendrá establecer un
Ateneo español a ejemplo del que existió en la época constitucional», pero
sabemos que se discutió vivamente entre Ríos, Antonio Guerra, Olavarrieta,
Quevedo, Nicolás Arias, Rico Amat, Alvarez Guerra, el conde del Asalto y
otros sobre si restablecer o crear un nuevo Ateneo [6]. La desavenencia arran-
caba del hecho de que los viejos ateneístas (Arias, por ejemplo) y otras personas (Ríos) consideraban que el Ateneo español se había deshecho en 1823,
pero no disuelto [7]. En cierto modo, la reapertura del Ateneo formaba parte
del programa político de los hombres del 20 que, mirando hacia atrás en
1835, pretendían volver al pasado liberal del trienio restableciendo instituciones y remozando programas.

El cabecilla de la postura opuesta era Olózaga, partidario de fundar un
nuevo Ateneo, semejante, desde luego, al del año 20, pero «con las varia-
ciones y mejoras que las circunstancias, después de un tan largo transcurso, exi-
giesen y permitieran» [8]. Es decir, un Ateneo en consonancia con los tiempos,
una institución nueva que sin renegar de la vieja marchara desde un principio
por sí sola. La emancipación de la nueva institución de su modelo la llevó
también Olózaga a un plano personal. Si el Ateneo español debía renunciar a
toda tutela sobre el nuevo, el hecho de haber sido socios del antiguo no daba
privilegio alguno a los viejos ateneístas que asistían a la sesión. Esto está bien
claro en el *Acta* de la Junta extraordinaria del 31 de octubre: «los señores
socios que habían pertenecido al Ateneo antiguo no habían sido convidados
ahora (a aquella Junta) por el derecho que les pudiera dar este concepto, sino
por el bueno que sus prendas personales les habían merecido» [9]. La importancia que el joven Olózaga concedía a dejar establecida desde un principio
la autonomía del nuevo Ateneo y de sus socios parece sumamente representativa del cambio generacional que se ha venido produciendo en España. Su lucha
por fundar un Ateneo independiente del de la generación anterior puede ser
interpretada como otro intento juvenil de emancipación. La generación romántica quiere su Ateneo y no el de sus padres. Más adelante trataremos de escla-
recer qué facción prevaleció, la de Ríos o la de Olózaga.

[6] V. García Martí, *op. cit.*, p. 52.
[7] *Ibíd.*
[8] R. M. de Labra, *op. cit.*, p. 24.
[9] *Ibíd.*, p. 25.

De la animada Junta del 31 de octubre de 1835 salió una nueva comisión, nombrada por votación *(Eco del Comercio,* 1.º de noviembre de 1835) y compuesta por Olózaga, el duque de Rivas, Antonio Alcalá Galiano, Juan Miguel de los Ríos, Olavarrieta, Ramón de Mesoneros Romanos y Fabra que, el 16 de noviembre, obtuvo de la reina la autorización para fundar el Ateneo científico, literario y artístico de Madrid. El *Eco del Comercio* trae dos notas de sumo interés en sus números de 24 y 25 de noviembre. En la primera se anuncia que la Sociedad económica convocaría a segunda junta para la formación del nuevo Ateneo. La segunda nota rectifica la anterior anunciando que la convocatoria la haría la comisión nombrada al efecto por la Económica y no ésta. La rectificación ilustra por sí sola el deseo de independizar el nuevo Ateneo de toda futura tutela, no sólo del viejo, como hemos visto, sino de la propia Sociedad económica.

La segunda Junta (de instalación) tuvo lugar el 26 de noviembre en la casa de Abrantes, cedida por Jordán a ruego de Mesonero [10], y estuvo presidida no ya por Alvarez Guerra, presidente de la Económica y de la primera Junta, sino por Olózaga. Asistieron 165 personas, muchas de las cuales nos hemos encontrado ya en el Ateneo español de Madrid y en el de Londres, y en el Parnasillo: Alvarez Guerra, Pedro Rico y Amat, José Mariano Vallejo, el conde de Parsent, el duque de Veraguas, Felipe Canga-Argüelles, Pérez Villaamil, Juan Manuel Ballesteros, José de Alonso López, Flórez Calderón, Vázquez Queipo, Fernández de los Ríos, el vizconde de Gand, Mariano de Lagasca, José de la Revilla, Mayáns, Vila, Bordiú, José Nocedal, Donoso Cortés, Monreal, Miguel Chacón, Pedro P. Oliver, Pazos, Osés, Istúriz, Mateo Seoane, Bretón de los Herreros, Pacheco, el marqués del Salar, José Olózaga, Ondarza, el duque de Gor, Quintana, Martínez de la Rosa, Martín de los Heros, Masarnau, Seco Baldor, José Muso y Valiente, el duque de Bailén, Romea, Latorre, el marqués de Cerralbo, Juan Nicasio Gallego, Montesinos, Agustín Durán, Laureano Arrieta, el conde de Almodóvar, Enciso Castrillón, Fermín Caballero, Juan Palarea, Corradi, Mesonero, Vizmanos, Cambronero, Calvo Reluz, el marqués de Someruelos, Eugenio Ochoa, Gil y Zárate, Federico y Pedro Madrazo, Ventura de la Vega, Mariano Roca de Togores, Juan Grimaldi, José de Espronceda, Argüelles, Antonio Alcalá Galiano, el abogado Pérez Hernández, los ingenieros Otero y Miranda, Vedia, Carderera, etc. Aunque Mesonero incluye a Larra entre los asistentes, sabemos que «Fígaro» no pudo asistir por hallarse en el extranjero hasta fines de diciembre de 1835. El 2 de enero de 1836, sin

---

[10]   Ramón de Mesonero Romanos, *Memorias de un setentón, natural y vecino de Madrid,* Madrid, 1881, vol. II, p. 161.

embargo, fue presentado como socio, siendo admitido el día 4 e inscribiéndose en la sección de literatura [11].

En esta sesión se eligió la primera Junta de Gobierno del Ateneo. Para la presidencia, el duque de Rivas, literato romántico del momento, derrotó a Agustín Argüelles; Salustiano de Olózaga y Antonio Alcalá Galiano, romántico revolucionario en su prólogo al *Moro expósito* de Rivas, fueron elegidos consiliarios frente a Alvarez Guerra y Argüelles; Juan Miguel de los Ríos y Mesonero Romanos vencieron a Mariano Roca de Togores y a Donoso Cortés para las dos secretarías. Los cargos de depositario, bibliotecario y contador fueron ocupados, respectivamente, por Olavarrieta, el poeta, académico y editor de Moratín José Muso y Valiente y el marqués de Ceballos, aunque según Mesonero el contador fue Francisco Fabra [12].

La escisión fundacional en torno de si se debía restablecer el Ateneo de 1820 o crear uno nuevo, sigue en pie al plantearse los críticos la cuestión de si el Ateneo de 1835 es una institución original, como pretendía Olózaga frente a Ríos y los viejos ateneístas, o un mero restablecimiento del anterior. La mayoría de los opinantes se inclina por lo último. Presidentes del Ateneo como el marqués de Molins (Mariano Roca de Togores) y Antonio Cánovas del Castillo, han visto, respectivamente, a la nueva institución como «restauración» y «restablecimiento» del Ateneo español [13]. «El Ateneo se restaura y casi se instituye en 1835», escribe el P. Blanco García, y Manuel Azaña, también presidente de la casa, declara tajantemente que la generación romántica «no hizo más que restaurar o reponer con mayor lustre el Ateneo científico, literario y artístico, nacido al calor del movimiento liberal de 1820» [14]. Cuando Castro y Serrano escribe que el Ateneo español «muere como el Guadiana» [15], describe muy bien el punto de vista de aquellos que ven desaparecer el Ateneo en 1823 para brotar, aún con más fuerza, en 1835. El presidente e historiador del Ateneo Rafael María de Labra defiende la teoría contraria de que el nuevo Ateneo es demasiado diferente de su modelo anterior para ser una simple restauración

---

[11] Véase Jenaro Artiles Rodríguez, «De la época romántica: Larra y el Ateneo», *Revista de la Biblioteca, Archivo y Museo*, VIII (abril, 1931), pp. 137-151. Los nombres de los asistentes están tomados de R. M. de Labra, *op. cit.*, pp. 67-8, y Mesonero, *op. cit.*, p. 161. El *Eco del Comercio* (13 y 14 de diciembre de 1835) da también la lista de fundadores.

[12] R. de Mesonero Romanos, *op. cit.*, p. 162.

[13] Antonio Cánovas del Castillo, «Discurso de 31 de enero de 1884», en *Discursos en el Ateneo Científico, Literario y Artístico con motivo de la apertura del curso de 1884*, Madrid, 1884, p. 1. Marqués de Molins, *Discurso pronunciado el 18 de noviembre de 1874 en el Ateneo Científico y Literario de Madrid, con motivo de la apertura de sus cátedras*, Madrid, 1874 (citado por Mesonero, *op. cit.*, p. 160).

[14] P. Francisco Blanco García, *La literatura española en el siglo XIX*, Madrid, 1891, vol. I, p. 97. Manuel Azaña, «Tres generaciones del Ateneo», en *La invención del Quijote y otros ensayos*, Madrid, 1934, p. 75.

[15] José de Castro y Serrano, *Cuadros contemporáneos*, Madrid, 1871, p. 212.

del mismo, tal vez confundiendo lo que el Ateneo de 1835 llegó a ser y lo que intentó ser en su momento fundacional.

Unos y otros han expresado su opinión sin dar demasiadas explicaciones que la sustenten, por lo que tal vez un examen detallado de los primeros pasos ateneístas pueda arrojar algo de luz sobre esta cuestión. Partamos de un hecho; el 6 de diciembre de 1835, el flamante presidente del Ateneo proclama en su discurso inaugural (reseñado en el *Eco del Comercio,* 7 de diciembre de 1835) la necesidad de una ilustración pública como base del sistema constitucional. «El gobierno representativo —dice— encuentra su más firme apoyo en la educación moral de los gobernados, en la rápida difusión de las luces y de todos los humanos conocimientos, y en las libres asociaciones de los ciudadanos esclarecidos que se ocupan ansiosos en promover a la sombra de benéficas leyes la ilustración general» [16]. Comparando al Ateneo con los clubs científicos y literarios de Inglaterra, cuyas actividades son «más que para recreo, para utilidad del hombre» [17], Rivas declara que el Ateneo dedicará «sus constantes tareas a difundir las luces por todas las clases de la sociedad y a vulgarizar los conocimientos útiles para que así se afiancen sobre las verdaderas bases los principios políticos que hacen la felicidad de los pueblos y la preponderancia de las naciones» [18]. En este deseo de cooperar a la «causa nacional» [19], formando una base ciudadana que cimente el endeble sistema constitucional, el duque don Angel identifica explícitamente el Ateneo con su modelo anterior cuando, aplaudiéndolo, dice que «renace en los individuos que componen esta reunión respetable el deseo de restablecer la misma corporación científica y literaria que tantas ventajas ofrecía en el anterior período de la libertad» [20]. El triunfo final de la facción acaudillada por Juan Miguel de los Ríos es obvio, y el discurso de Rivas parece declararlo expresamente. Pero hay más; en la misma sesión inaugural del 6 de diciembre, y en evidente homenaje al Ateneo español y a su último presidente, Alcalá Galiano propuso, aprobándose entusiásticamente, que se inscribiera al duque de Bailén en todas las secciones y no sólo en una como los demás socios. Días después, el 11 de diciembre, se aprobaron los *Estatutos* haciéndose una nueva concesión a los antiguos ateneístas, que serían admitidos como socios del nuevo Ateneo sin tener que seguir los trámites reglamentarios. Con esta medida, los anhelos de la facción de Olózaga quedaban arrinconados definitivamente.

El *Eco del Comercio* (25 de diciembre) reseña la reunión de otra Junta

---

[16] Discurso citado en R. M. de Labra, *op. cit.,* p. 69.

[17] *Ibíd.,* p. 70.

[18] *Ibíd.,* p. 108.

[19] A. Cánovas del Castillo, *op. cit.,* p. 7; A. Maestre y Alonso, «El Ateneo de Madrid», *Revista de España,* 144 (1894), p. 162.

[20] V. García Martí, *op. cit.,* p. 40.

general, publica un artículo de S. titulado «Estadística de la prensa periódica» (7 de enero de 1836) en que se informa que el Ateneo se propone establecer un periódico, describe reuniones de sección (16 de enero), se queja
de las escasas actividades de la casa (9 de marzo) y pide un convento donde
el Ateneo pueda establecer cátedras públicas y gratuitas, ya que en su mez-
quino local de la calle del Prado, 28, no va a poder recibir a todos los que
desean concurrir (18 de abril). Después de meses de elaboración de estos
«proyectos gigantescos (grandioso local, establecimiento de cátedras, biblioteca, salas de lectura y publicación de obras científicas y literarias)» de que
habla Mesonero [21], el 8 de junio de 1836 tiene lugar la Junta general para
inaugurar las cátedras. El *Eco del Comercio* (14 de junio) reseña el acto, recordando que la cátedra de *Literatura* será desempeñada por Alberto Lista,
como se había acordado en la Junta general del mes de marzo *(Eco del Comercio,* 25 de abril). El mismo periódico (16 de junio) publica la lista completa de las cátedras ateneístas, los nombres de los catedráticos y una lista de
los socios admitidos. El *Diario de Avisos* (21 de junio) anuncia la apertura de
la cátedra de *Hacienda y crédito público* el día 23 y la de *Literatura extranjera,*
dirigida por Fernando Corradi, el día 25 de junio. El día 28, el *Diario de
Avisos* reseña la primera lección de la cátedra de *Literatura* por Alberto Lista.

El 8 de junio, pues, con la apertura de la cátedra de *Administración* por
el funcionario del Ministerio de la Gobernación Cristóbal Bordiú, el Ateneo
inicia su tarea de difundir las luces con el propósito político de cimentar el
sistema constitucional. El acontecimiento, como hemos visto, es ampliamente
reseñado por la prensa madrileña, aunque es Larra quien desde *El Español*
cala más profundamente en el sentido del acto. Como el duque de Rivas en
su discurso inaugural, Larra remoza el ideario educador del Ateneo español
del año 20 al reseñar la inauguración en su primer artículo sobre el «Ateneo
científico y literario de Madrid» (11 de junio de 1836). Empieza por des-
cribir al Ateneo, del que es socio número uno, como una institución establecida para «facilitar la comunicación de los hombres aficionados al saber, sin
más interés que el de establecer un cambio mutuo de conocimientos, y de extender cada vez más la base de esa ilustración, que sólo generalizada puede
llegar a producir los grandes beneficios que de ella espera la humanidad»
(II, p. 221). Palabras que por el contenido y por el tono sensato y moderado
recuerdan las pronunciadas por Rivas, y que, si se las interpretara maliciosa-
mente, podrían descubrir el tono de un ministerial, y no hay que olvidar que
por estas fechas el célebre «Fígaro» pretende el acta de Avila. Larra, sin embargo, a pesar de coincidir con el meollo del discurso de Rivas, ministro de la

---

[21]   R. de Mesonero, *op. cit.,* p. 162.

Gobernación y, por tanto, el encargado de hacer las elecciones, no está amoldando sus opiniones a las del presidente del Ateneo. Identificado con la obra del trienio, su único gesto rebelde consiste en exigir un relevo generacional que la continúe. El entusiasmo con que reseña los primeros pasos del Ateneo no está en contradicción ni con sus ideales educadores ni con los del trienio. «Empiécese por el principio —escribía en «El casarse pronto y mal» *(El Pobrecito Hablador,* 30 de noviembre de 1832)— educación, instrucción. Sobre estas grandes y sólidas bases se ha de levantar el edificio» (I, p. 113). Desde el mismo periódico («Reflexiones acerca del modo de hacer resucitar el teatro español», 20 de diciembre de 1832) volvía a insistir en las bases reformadoras, «lo repetimos a voces, instrucción, educación...» (I, p. 124).

El duque de Rivas hablaba de «conocimientos útiles» (las «ciencias de pública utilidad» del Ateneo español), y Larra, después de establecer la necesidad de ilustrar, indica las materias de mayor urgencia. Como en el Ateneo español, vuelve a darse preferencia en 1836 a las ciencias de aplicación concreta sobre las de carácter más abstracto. En su primer artículo sobre el Ateneo (11 de junio), habla Larra de «la necesidad de que sean cultivadas entre nosotros ciencias que tan enlazadas están ya en el día con la suerte de nuestro suelo, y a cuya ignorancia son debidos muchos de los desaciertos que diariamente tenemos que llorar de muchos años a esta parte» (II, p. 222). Por ser útiles, la cátedra de *Administración* de Cristóbal Bordiú difunde una «importantísima ciencia» *(Ibíd.),* la de *Hacienda y Crédito público,* desempeñada por el funcionario del Ministerio de la Gobernación José Antonio Ponzoa, versa sobre el «ramo en que más nos urge tener en España hombres entendidos» (II, p. 223), y la de *Historia nacional* de Francisco Fabré es considerada por Larra «urgentísima, de grave responsabilidad» (II, p. 236). La cátedra de *Economía política* de Valle, que Larra llama de «Enseñanza política» (II, p. 222), recibe también su incondicional apoyo.

A pesar de su oficio, Larra concede prioridad a las ciencias útiles sobre las de menos urgencia o aplicación concreta: «se da más importancia entre nosotros a la literatura y a los estudios amenos que a los estudios serios, y cuya necesidad no nos cansaremos de inculcar en un país donde no sólo no están formadas las costumbres del pueblo para las instituciones de la época, sino donde toda instrucción en punto de administración y economía nos parecerá poca para la urgencia que de ella experimentamos» (II, p. 229). El 6 de julio de 1836, refiriéndose a la cátedra de *Hacienda y crédito público* de J. A. Ponzoa, habla Larra de «la necesidad imperiosa que tenemos de cultivar estudio tan vital y tan atrasado entre nosotros» (II, p. 257). «En un país donde ha llegado ya la caries a los huesos en materias de Hacienda» *(Ibíd.),* esta cátedra se convierte en la «más importante ... y necesaria en nuestra patria» (II, p. 258). Así, más que divagaciones literarias, lo que el país necesita es un buen sistema de Hacienda que equilibre gastos y recursos, por lo que, sigue Larra, «no nos cansaremos de inculcar y apoyar esta verdad clarísima: como que creemos su comprensión y aplicación el único medio de salvar nuestra revolución, ahogada todavía bajo el peso y la maligna influencia de rancios abusos, y que no hará poco en no sucumbir completamente a la dilapidación y al desorden, enemigos cien veces más terribles que el mismo rebelde que con las armas la combate» (II, p. 257).

Por lo mismo, la cátedra de *Política constitucional* que desempeña el ministro de Marina, Alcalá Galiano, es «sumamente importante en nuestras actuales circunstancias políticas, porque debe generalizar el conocimiento de las prácticas constitucionales destinadas a formar ya en España definitivamente, como en gran parte de la Europa, la base del sistema gubernativo» (II, pp. 254-5). La cátedra de *Literatura extranjera* de Fernando Corradi, por no ofrecer ni el interés ni envolver la urgencia de las de *Administración y Hacienda* (II, p. 259), representa un «lujo» y es «el ramo que menos falta hacía» *(Ibíd.).* Puede tener, observa Larra sin embargo, un interés político, caso de extenderse más en la literatura alemana, ya que ésta «puede dar la clave de la situación política de los pueblos del Norte, y de lo que de ellos puede prometerse, o temer la gran revolución social ...» (II, p. 235). Es interesante en este sentido que años más tarde José de la Revilla justifique todavía la importancia de su curso de *Literatura española* por ser «manantial fecundo de observaciones importantísimas para el lejislador, el filósofo, el moralista ...» [22].

En el artículo ya mencionado de 20 de diciembre de 1832, «Reflexiones acerca del modo de hacer resucitar el teatro español», señalaba Larra a quién correspondía instruir y educar: «¿Quién deberá, quién estará más obligado a dar principio a esta grande obra? Lo repetimos claramente: los poetas». Estos, en la cita que sigue, son los símbolos tras los que Larra escuda a la minoría selecta de la España intelectual: «los que saben más, tienen de ello más obligación. Los hombres de talento, los hombres extraordinarios han sido los que en todas las naciones han dado siempre los primeros este primer impulso... Esta obligación sagrada es la que no pueden echar en olvido sin cubrirse de ignominia y de culpabilidad. Los hombres de talento son los que empiezan a instruir las naciones. ¿No tendremos ninguno entre nosotros? Salgan, pues, si los hay ...» (I, pp. 124-5). «Salga el que sepa, y enséñeselo generosamente a sus hermanos», vuelve a repetir en 1836 en su primer artículo sobre el Ateneo (II, p. 223).

El deber educador de la minoría, esbozado también en «El casarse pronto

---

[22]   José de la Revilla, «Lecciones de Literatura española —. (Ateneo de Madrid) — Cursos públicos — Poesía», *Revista de Madrid,* 2.ª época, III (1844), p. 265.

y mal» (I, p. 113), sigue siendo, como en el trienio, el supremo acto de ciudadanía y el catedrático formador de ciudadanos se erige de nuevo como verdadero patriota: «persuadidos como lo estamos de que la inteligencia es la que ha de hacer en el mundo las revoluciones —escribe el 11 de junio de 1836— la instalación de una cátedra es, a nuestros ojos, un hecho más importante que un triunfo militar, así como es mucho más lisonjero y ventajoso a la humanidad convencer a un hombre que matarlo» (II, p. 222). El espectro de la guerra civil surge, líneas más adelante, cuando escribe, «de dos suertes nos es forzoso hacer la guerra al partido retrógrado que trata de conservar su antiguo dominio: con las armas y con las palabras; en este sentido, no aplaudiremos menos los esfuerzos de los hombres ilustrados que se valgan de la segunda para preparar la época en que no sea necesaria la primera, que a los valientes que nos aseguren triunfos marciales» (II, p. 223). La cátedra liberal del Ateneo queda, pues, convertida en «campo de batalla» (II, p. 236), y cada lección, como en el Ateneo español, es una victoria más sobre el absolutismo, y cada estudiante un nuevo hombre para el liberalismo. «¡Ojalá que semejantes actos de bien entendido patriotismo —escribe refiriéndose a la inauguración de las cátedras el 8 de junio— sean apreciados en su justo valor y acaben de convencer a los españoles de que el saber y el desinterés son los dos caminos que pueden conducir a un pueblo a su bienestar» (II. p. 221).

Y si verdaderos patriotas son el militar y el catedrático, también lo es esa juventud liberal que lucha y estudia, y a la que el Ateneo dedica constantes desvelos desde su fundación. En medio de una guerra civil, «¿a quién, en efecto, no sorprende el ver el ardor y el aprovechamiento de nuestra juventud, que será la gloria algún día de nuestra patria y el sostén más firme de nuestras instituciones? Abrense las cátedras del Ateneo, y se la ve acudir presurosa a ellas, y dejar muchas veces el fusil que la patria le confía para asistir a las lecciones [23]; y allí se la ve discurrir, y leer, y estudiar, y contraer ese espíritu de sociabilidad de que tanto necesitábamos y que tanto contribuye a los placeres de la vida y al progreso de la civilización» [24]. Falto Madrid en 1835 de Universidad, el Ateneo emprende la tarea de ilustrar a la juventud, de formar hombres para el sistema liberal que garanticen su pervivencia. Esta labor de trabajar para el futuro, que, como ha visto Ortega, diferencia a liberales de reaccionarios [25], está muy clara en la cita anterior de Gironella y en

---

[23] «Le milicien quitta l'escopette pour le cahier d'histoire ou de philosophie», escribe Xavier Durrieu, «Mouvement intellectuel de l'Espagne», *Revue des deux mondes,* VI (1844), p. 931.

[24] Gervasio Gironella, «Movimiento intelectual de España», *Revista de Madrid,* 2.ª serie, II (1839), pp. 358-359.

[25] José Ortega y Gasset, «Para un Museo romántico» (conferencia), en *El Espectador,* VI, Madrid, 1961, p. 736.

la memoria con que el secretario del Ateneo resume las actividades del curso 1841-42, recordando que «sus esfuerzos y tareas debían dirigirse más que a los intereses presentes, a los intereses venideros, más que a la generación de los hombres que hoy existen, a la generación que se está formando ...» [26].

Hemos visto ya varios rasgos comunes a ambos Ateneos (la necesidad de una ilustración pública como base del sistema constitucional, la división en ciencias útiles y ciencias de lujo, patriotismo docente, futurismo), a los que hay que añadir otro de suma importancia, el «espíritu de sociabilidad» de que habla Gironella. Recordemos que el Ateneo español se fundó para discutir tranquila y amistosamente, y que el duque de Rivas remozó en su discurso inaugural ese espíritu de tolerancia cuando decía, «en cuanto a los partidos, hablemos poco de ellos, pero vengan en buen hora todos, para vivir y medrar; y ellos necesitan del Ateneo para dulcificar su trato, y perder, como las piedras en el curso del cristalino arroyo, las esquinas y asperezas de la roca nativa» [27]. En la noche del 21 de diciembre de 1838 se celebró la Junta general para elección de cargos y, conforme al *Reglamento,* los secretarios salientes, Morales Santisteban y Monreal, leyeron, respectivamente, una memoria, resumiendo las tareas del curso anterior, y un informe del bibliotecario y del tesorero de la casa. Los 154 socios presentes, que se comportaron con «orden» y «compostura» [28], volvieron a oir del secretario Morales Santisteban que el Ateneo es un establecimiento destinado a «fomentar las artes de la paz y la cultura intelectual», donde «la tranquila razón preside a sus decisiones; [y donde] sus individuos se despojan a la entrada de toda consideración personal, de todo interés de partido, de toda pasión intolerante...» [29]. El secretario Fernando Alvarez veía el Ateneo en 1842 como un «asilo sagrado y apacible de las ciencias y las letras en España» [30], y el P. Blanco García menciona sus «sosegadas y fraternales discusiones» [31]. Tiempo tendremos más adelante de observar infracciones en el dogma de la tolerancia ateneísta, pero

[26]   Fernando Alvarez, «Memoria leída por el Secretario del Ateneo científico y literario de Madrid el día 29 de diciembre de 1842», *Revista de Madrid,* 3.ª serie, IV (1842), p. 88. «El Ateneo —continúa Alvarez en un tono retórico muy ateneísta— conoció que en la instrucción se encierra la gloria, el poder y el porvenir de las naciones; meditó en que la inteligencia es el alma de las sociedades, que sin ella las sociedades son un cuerpo inerte, un cadáver frío, como lo es el cuerpo del hombre cuando el alma rompe los vínculos que le ligan a la tierra; y dijo: la instrucción será el objeto de mis afanes; yo derramaré sobre la juventud española los tesoros de la instrucción y de la ciencia» (p. 88).
[27]   Citado por A. Maestre y Alonso, *op. cit.,* p. 162.
[28]   Citado por R. de Mesonero Romanos, «El Ateneo de Madrid», *Semanario Pintoresco Español* (1838), p. 825.
[29]   *Ibíd.,* p. 826.
[30]   Fernando Alvarez, *op. cit.,* p. 88.
[31]   P. F. Blanco García, *op. cit.,* p. 97.

quede apuntada la importancia que el Ateneo concede al espíritu de sociabilidad, al que, por otra parte, no es ajeno el clima moderado de la casa.

«El Ateneo de los románticos nace liberal, y liberal templado», ha escrito Manuel Azaña [32], y tal vez sea la primera lección de Alberto Lista en su curso de *Literatura española* la que nos revele mejor el espíritu moderado que predominaba ya en la casa a principios del verano de 1836, debido en parte a la presencia de un gran grupo de ateneístas del año 20. Decía Cánovas que estos hombres, aun los más exaltados de otros tiempos, «mejoraron de doctrina en el extranjero durante su emigración» [33], militando a su regreso en un partido moderado que defiende la doctrina conciliadora del justo medio, dentro de la cual se inserta el también escarmentado Lista. El nuevo catedrático ateneísta comienza enlazando ingeniosamente su curso de 1836 con el que diera sobre el mismo tema en 1823, confundiendo muy significativamente hasta el nombre de la nueva institución: «nombrado ahora por el nuevo Ateneo español para la misma clase, puedo al continuar mis lecciones decir como el ilustre Luis de León, cuando saliendo de las cárceles de la Inquisición subió por la primera vez a su cátedra de Teología: dijimos en la lección de ayer...» [34].

La gran concurrencia al acto de apertura de las explicaciones de Lista la explica Larra por tres motivos: la reputación del profesor, el ser la literatura la materia más asequible al público en general, y el ser ésta la primera vez que Lista va a hablar de literatura «desde las innovaciones que una escuela, si no nueva, al menos modernamente resucitada y reglamentada, ha introducido en el arte...» (II, p. 228). Se refiere, claro está, al romanticismo. Debió esperarse con interés si el viejo catedrático tomaría partido ante la cuestión palpitante que, en su desdoblamiento literario-político, enfrentaba a clásicos y románticos y, de rechazo, a reaccionarios y liberales. Lista no defraudó a la concurrencia. «No podemos desentendernos de la gran cuestión que divide en el día la literatura europea, acerca de la preferencia que reclaman unos a favor de la literatura clásica, y otros a favor de la romántica [decía antes de entrar en materia], cuestión que no ha faltado quien quiera darle un barniz político asimilando los clásicos a los absolutistas y los románticos a los liberales: como si el liberalismo consistiera en el desprecio de toda ley y norma de conducta, desprecio que suelen afectar algunos que toman el nombre de románticos, con respecto a las reglas y leyes del arte» [35]. Más adelante, Lista se insertaba en la corriente del justo medio literario que, iniciada por Böhl de

---

[32]　Manuel Azaña, *op. cit.*, p. 77.
[33]　A. Cánovas del Castillo, *op. cit.*, p. 47.
[34]　Alberto Lista, *Lecciones de Literatura española, explicadas en el Ateneo Científico, Literario y Artístico*, Madrid, 1853, vol. I, p. III. Este libro contiene en dos volúmenes las 28 lecciones del curso y una introducción.
[35]　*Ibíd.*, p. 4.

Faber y continuada por López Soler y Agustín Durán, creía posible conciliar ambos bandos aprovechando sus vetas comunes y desoyendo tanto las voces rebeldes del clásico absolutista como las del romántico revolucionario.

En un medio como el ateneísta en que el dogma de la tolerancia repugnaba de divisiones tajantes (clásicos o románticos, absolutistas o progresistas), precisamente por lo intolerante de sus doctrinas, las palabras conciliadoras del viejo Lista expresaban la opinión de la mayoría de los socios y, desde luego, la de su presidente. Los ateneístas burgueses de este primer período intentaban construir sobre las zonas comunes de entendimiento tanto en política como en literatura. Los principios conciliadores y jovellanistas del *Estatuto Real,* que por seguir la tradición de las leyes de *Partida* y la *Nueva Recopilación* es buena muestra de romanticismo histórico-político, arbitran el tono de los debates y determinan incluso, como veremos luego, los temas debatidos. Refiriéndose al Ateneo anterior a la revolución de 1868, escribía Galdós: «en cuanto la usura le dio riqueza bastante para pavonearse en la sociedad, el primer cuidado de Gregorio fue abonarse al Real y hacerse socio del Ateneo» [36]. Como a Gregorio, el espíritu de moderación ateneísta que aleja de su recinto a reaccionarios y revolucionarios, y que da un cierto lustre social, atrae en busca de unos signos externos de respetabilidad a esos «tenderos ricos, abogados diestros..., diputados graves, serios, rabiosos y moderados», de quienes se burla Espronceda en *El diablo mundo:*

> A todos, gloria, tu pendón nos guía,
> Y a todos nos excita tu deseo:
> Apellidarse socio ¿quién no ansía
> Y en las listas estar del Ateneo? [37]

En este sentido, es significativo que el progresista Espronceda, asiduo asistente a las sesiones de fundación del Ateneo, no figure en las «ansiadas» listas de socios en 1838. Tampoco Olózaga estaba conforme con el clima político predominante en la casa [38] y, como los ministros Rivas y Alcalá Galiano, brilla por su ausencia en la sesión de apertura de cátedras (8 de junio del 36), cuya presidencia, por falta de miembros de la Junta de Gobierno, recae en el presidente de la tercera sección, Vallejo.

Queda apuntado en los casos de Rivas y Alcalá Galiano un aspecto muy importante del Ateneo de 1835: el salto de la esfera ateneísta a la política.

---

[36]   Benito Pérez Galdós, *Prim,* Madrid, 1906, p. 129.
[37]   José Moreno Villa, ed., *Espronceda, II. El diablo mundo,* Madrid, 1955, pp. 32 y 54.
[38]   R. de Mesonero Romanos, *Memorias de un setentón, natural y vecino de Madrid,* Madrid, 1881, vol. II, p. 163.

En este sentido, y por lo frecuente del caso, Unamuno veía al Ateneo como «una antesala del Parlamento», donde «iban a adiestrarse en el uso de la palabra pública y en la discusión los que aspiraban a darse a conocer para representantes de la nación en Cortes» [39], lo que explica en parte el interés por ser socio de la casa, sobre todo entre los jóvenes con aspiraciones políticas. «En los Gobiernos parlamentarios el que quiera hacerse oír es preciso que hable, y que hable mucho —ha escrito Angel Salcedo Ruiz— de ahí que la juventud española ... haya buscado en esos centros académicos (la Academia de Jurisprudencia y el Ateneo) el medio de soltarse y adelantar en el arte de la elocuencia» [40]. José Echegaray recuerda a un joven orador que, antes de la Gloriosa, atacó en el Ateneo las ideas democráticas produciendo mucho efecto y recibiendo una gran ovación. Era necesario que un demócrata apagara el efecto causado, «porque aquellas discusiones del Ateneo eran por entonces tan ardientes y tan importantes como las propias sesiones del Congreso de Diputados», y Francisco de Paula Canalejas le contestó tan formidablemente que «el joven conservador se sintió aplastado, y ni contestó, ni rectificó siquiera». Fuera del salón le dijo a Canalejas, «tú no sabes el daño que me has hecho: acaso has destruido mi porvenir. Me había prometido el ministro un puesto de mucha importancia... pero, vencido y humillado por ti en el Ateneo, supongo que perderé la plaza. Vine esta noche sólo para hacer méritos y con la esperanza de salir airoso; tú has destruido todas mis esperanzas con tu intempestiva elocuencia...» [41]. La misma «parva de ministros en agraz» que tanto molestaba a Ganivet en la Academia de Jurisprudencia [42], pulula también por el Ateneo en espera de que una frase afortunada le abra las puertas de la política. Así, escribía «Clarín» que «no hay muchacho en Madrid que antes de afeitarse por vez primera no pronuncie su discursito en la Sección de Ciencias Morales y Políticas» [43].

A este preámbulo ateneísta suele seguir, en épocas de cambio político, la entrada en la esfera política de los socios que han velado sus armas esperando su momento. El paso de la cátedra y la sección al escaño parlamentario o la poltrona ministerial implica, naturalmente, un movimiento a la inversa en que los que que antaño hicieron de la casa antesala parlamentaria, encuentran en la derrota «refugio y amparo» [44]. En el Ateneo, pues, se refugian «los hom-

---

[39]   Miguel de Unamuno, «La evolución del Ateneo de Madrid», en *Mi vida y otros recuerdos personales (1889-1916)*. Buenos Aires, 1959, vol. I, p. 183.
[40]   Angel Salcedo Ruiz, *Francisco Silvela*, Madrid, 1888, pp. 38 y 39.
[41]   José Echegaray, *Recuerdos*, Madrid, 1917, vol. I, pp. 356 y 357.
[42]   Angel Ganivet, *Cartas finlandesas*, Madrid, 1905, p. 71.
[43]   Leopoldo Alas («Clarín»), «Madrileñas», en Armando Palacio Valdés y Leopoldo Alas («Clarín»), *La literatura en 1881*, Madrid, 1882, p. 100.
[44]   A. Maestre y Alonso, «Los presidentes del Ateneo», *Revista de España*, 135 (1891), p. 106.

bres que aspiran al poder o los que han bajado de su cumbre» [45], y nadie como Martínez de la Rosa encarna ese tipo de ateneísta que, vencido en la política, recala en el Ateneo en busca de descanso, distrayendo sus amarguras con el quehacer literario de la sección que preside [46]. Cuando los ánimos se calman, el Ateneo pasa a ser de nuevo antesala parlamentaria. La oposición, reducida al silencio parlamentario, ocupa la cátedra que han dejado vacía los vencedores y la convierte en plataforma desde la que se exponen programas políticos, se pule la oratoria y se meditan las futuras campañas.

En este sentido, el Ateneo es un buen barómetro político. A todo lo largo de este trabajo tendremos ocasión de comprobar que las mayorías parlamentarias serán minorías ateneístas y que la docta casa, salvo en breves períodos, será siempre una casa de oposición. El primer suceso histórico que repercute en la vida del Ateneo es el motín de los sargentos en La Granja (12 de agosto de 1836), que proclaman la Constitución del año 12 y hacen que los progresistas formen gobierno. Los ateneístas con cartera en el de Istúriz, Rivas y Alcalá Galiano, tienen que salir de España, con lo que Olózaga queda al frente de la casa. Nombrado jefe político de Madrid, sin embargo, y disconforme con el espíritu moderado de la casa (como les ocurría a los miembros progresistas de la Junta de Gobierno, Olavarrieta y Ríos), Olózaga estaba dispuesto a suspender e incluso anular el Ateneo. El médico Fabra había muerto y sólo el fiel Mesonero parecía preocuparse por la suerte que podía correr el Ateneo en momentos tan difíciles. En vez de resignarse a verlo desaparecer, Mesonero le propuso a Olózaga el traslado a un local más amplio donde pudieran restablecerse las cátedras públicas, notificándole, además, los nombres de los profesores en quienes había pensado para desempeñarlas: Alberto Lista, José Antonio Ponzoa, Antonio Benavides, José de la Revilla, Miguel Puche y Bautista y el grupo de los de La Abeja (Pérez Hernández, Donoso Cortés y Joaquín Francisco Pacheco, que ya había dado una lección de Legislación en junio de 1836). Olózaga encontró un inconveniente a los profesores mencionados: su pertenencia al partido moderado, por lo que le pidió a Mesonero que tratara de encontrar entre los socios algunas figuras del progresista que equilibraran políticamente el cuadro de enseñanzas. Mesonero invitó entonces a Fernando

45   José Castro y Serrano, op. cit., p. 214.
46   «Ce sont les réves et les illusions de la poésie qui leur adoucissent les amertumes de la politique ... la plupart trouvent encore le temps de méditer une prochaine campagne ... dans les amphithéâtres de l'Athénée» (Xavier Durrieu, op. cit., p. 936). En 1835, escribe Charles de Mazade, «c'était prendre une noble initiative que d'établir des cours, de créer des chaires de politique, de législation, de littérature nationale et étrangère, de linguistique, de sciences exactes, et d'ouvrir ainsi une sorte d'arène à tous les hommes d'une intelligence marquante. Les uns sont venus se préparer, dans ces travaux d'enseignement, à un rôle plus éminent; d'autres, vaincus dans la politique active, venaient encore s'y reposer de leurs défaites et s'y consoler peut-être de leurs déceptions» (L'Espagne moderne, Paris, 1855, p. 23).

Corradi y al presbítero Santaella, que aceptaron, rehusando la invitación el padre Rico, Fermín Caballero y el propio Olózaga. La abstención progresista, determinada por el desempeño de cargos políticos (en cierto modo, la cátedra progresista está en el Congreso) y el matiz moderado de la casa, permitió que éste —el «pecado original» ateneísta, según Mesonero [47]— siguiera imperando en cátedras y secciones.

El curso más representativo de los programas de la oposición conservadora, entre los explicados en 1836-37 es, sin duda, el de *Derecho político* que entre el 22 de noviembre y el 21 de febrero dio Donoso Cortés en el nuevo local de Carretas, 27. El joven monárquico-conservador dedicó diez sesiones a atacar el concepto progresista de la soberanía popular, substituyéndolo por el de soberanía de la inteligencia [48]. Su teoría política, de signo aristocrático-católico, partía de la base de que, al ser la inteligencia humana un don divino, sólo los inteligentes tenían derecho al poder, ya que eran, en cierto modo, portadores del atributo divino por excelencia. Expresadas estas opiniones en la antesala ateneísta, cabría añadir que Donoso Cortés se refería especialmente a los inteligentes que, como él y los que le escuchaban admirados de su elocuencia, militaban en el partido moderado. A raíz de los sucesos de La Granja, los ataques a la soberanía popular tenían por fuerza que caer bien en un Ateneo donde dominaba el justo medio, y desde el que se presenciaban las tareas parlamentarias progresistas que iban a reconocer de nuevo en la Constitución de 1837 la soberanía del número y no de la minoría selecta. La soberanía de la inteligencia, por otra parte, debía halagar también a los socios de una institución sobre la que empezaba ya a formarse la leyenda de docta y sesuda casa, y desde la que inician un lento retorno al poder político a fines de 1837.

La *Gaceta de Madrid* y el *Diario de Avisos* (6 de febrero de 1838) reseñan la apertura de una cátedra de *Moral y educación pública* a cargo de uno de los fundadores del Ateneo español, Ramón de La Sagra, muy representativa de la posición ateneísta ante lo que más tarde se llamó la cuestión social. Invitado por el Ateneo «a contribuir con sus conocimientos a la grande obra de la ilustración pública» [49], habló La Sagra sobre la situación de las clases menesterosas en Europa y los Estados Unidos, y, deduciendo de lo miserable de su situación el número de delitos, hizo ver a los socios ateneístas la necesidad de mejorar la condición de las clases pobres y de generalizar la educa-

---

[47]   R. de Mesonero, *op. cit.*, p. 165, también pp. 163-4.
[48]   Las *Lecciones de Derecho político*, reproducidas por Hans Juretschke en *Obras completas de Donoso Cortés*, Madrid, 1946, vol. I, pp. 211-331, han sido comentadas por Charles de Mazade, *op. cit.*, pp. 25-6; Antonio Cánovas del Castillo, *op. cit.*, pp. 44, 48, 49 y 51; Marcelino Menéndez y Pelayo, *Historia de los heterodoxos españoles*, vol. VI, libro VIII, Santander, 1948, p. 344.
[49]   *Semanario Pintoresco Español* (1838), p. 510. Los extractos de las conferencias pronunciadas el 21 de febrero y el 7 de marzo de 1838 en las pp. 514-16 y 528-30.

ción. Se trata, pues, de un primer planteamiento de la cuestión social en un centro que, aunque fundado para «difundir las luces por todas las clases de la sociedad» [50], vive aislado de los problemas de las clases socialmente inferiores. Habló también La Sagra de las instituciones fundadas en Europa y los Estados Unidos para tratar de resolver los problemas sociales, mencionando las casas de niños expósitos, las salas de asilo y de educación de ciegos.

En su lección del 21 de marzo, queriendo demostrar prácticamente los beneficios aportados por estas entidades, llevó a la cátedra ateneísta a una niña ciega, Isabel de Diego, que había sido educada por el director de la Escuela de Sordomudos. Ante el prodigio, reseña el *Semanario Pintoresco Español* (1838, p. 510), se produjo entre la distinguida sociedad un «entusiasmo filantrópico», improvisándose allí mismo una suscripción para «formar un dote» a la niña (pp. 518 y 590). Esta generosa reacción muestra paradójicamente uno de los grandes fallos éticos del liberalismo español, la falta de solidaridad social de las clases dirigentes, porque el entusiasmo filantrópico de un momento de sentimentalismo romántico (muy del siglo XVIII por otra parte) ante los sufrimientos del pueblo, empieza y acaba en esa suscripción ateneísta. El rasgo de los donantes de todos los matices políticos (Martínez de la Rosa, Olózaga, Mesonero, Argüelles, Julián Sanz del Río, Bretón de los Herreros, Revilla, Ríos y muchos otros, p. 510) es, desgraciadamente, tan franco como efímero, y una vez que la niña ciega desaparece con su dote, los ateneístas vuelven a sus polémicas económicas, literarias y políticas, sin ver la acuciante necesidad de resolver el problema social.

Tal vez como eco de este entusiasmo filantrópico hacia el pueblo, y tomando como modelo las tareas realizadas por los socios de las Sociedades económicas, el presidente Martínez de la Rosa propuso que se imprimieran y publicaran a costa del Ateneo *Manuales de ciencia y artes industriales,* escritos o traducidos por socios de la casa, y se reimprimieran los que ya hubiera escritos en español, con el objeto de vulgarizar los conocimientos útiles entre las clases inferiores [51]. La proposición de Martínez de la Rosa no llegó a seguirse, pero ilustra un aspecto del Ateneo que cobrará gran importancia a finales de siglo: la educación popular. La necesidad de ilustrar a todas las clases sociales aparecía ya, aunque vagamente como hemos visto, en el discurso inaugural de Rivas. Y aún antes, en la proposición de J. M. de los Ríos, se trataba de fundar una sociedad «para instrucción especialmente de artistas, comerciantes y menestrales, cuyas enseñanzas se verificarían en horas fuera de trabajo y vela

---

[50] Discurso inaugural de Rivas, citado por Labra, *op. cit.,* p. 108.
[51] R. de Mesonero Romanos, «Ateneo de Madrid», *Semanario pintoresco español* (1838), p. 827.

y en días festivos» [52]. Antes que el Ateneo, dicho sea de paso, la Económica Matritense había colaborado en la fundación de una «Sociedad para propagar y mejorar la educación del pueblo», que presidió el duque de Gor y en la que figuraron Quintana, Mateo Seoane, Gil y Zárate, Mesonero, Quinto y otros. El joven ateneísta Francisco Quevedo y San Cristóbal trabajó también lo indecible en la fundación de la Caja de Ahorros (17 de febrero de 1839), «nueva y moral institución», en compañía de los duques de Gor y de Rivas, Argüelles, Mendizábal, Martínez de la Rosa, Olózaga, Lista, Gallego, Heros, Bretón, Gil y Zárate, Ventura de la Vega, Hartzenbusch y otros [53].

El nuevo Ateneo, sin embargo, toma rasgos muy diferentes de los propuestos por Ríos. La educación popular queda de hecho olvidada en el vago concepto de ilustración pública, hasta ser remozada a principios del siglo xx por jóvenes ateneístas de una generación que, por la falta de solidaridad social de las anteriores, se enfrentan cuando ya es demasiado tarde con la cuestión social. Las lecciones de La Sagra, con la filantrópica suscripción, constituyen una prueba más de que el pueblo vive, como en el XVIII, como nación apartada. Al ateneísta liberal y burgués de esta primera época le interesan más los problemas económicos y políticos que los sociales y, consecuentemente, como ha dicho Cánovas, la cátedra satisface «muy copiosamente el desordenado apetito nacional de teorías políticas» [54], administrativas, económicas, literarias, pero no sociales. Teorías, además, que son expuestas desde una perspectiva moderada, por ser éste el color predominante en la casa hasta por lo menos el bienio progresista de 1854-56. La cuestión social, ignorada por moderados y progresistas, no volverá a ser planteada en el Ateneo hasta la aparición de los primeros demócratas.

Desde finales de 1837 se observa un decisivo retorno de los moderados a la vida política. Las Cortes moderadas de 1840 presentan un proyecto de Ley de Ayuntamientos de patrón centralista que, por considerarlo anticonstitucional, es violentamente rechazado por el partido progresista. El general Baldomero Espartero impone a la Regente una renuncia a su política moderada y a la proyectada ley. El 4 de septiembre de 1840 tiene lugar en Madrid el motín de progresistas y esparteristas que motivará la renuncia de la reina a la regencia (12 de octubre). Con el bandazo político que inicia los tres años de la regencia de Espartero se produce una desbandada del partido conservador; unos pasarán a Francia en espera de mejores tiempos y otros buscarán consuelo en el quehacer ateneísta. Flujo y reflujo de la casa, el trienio progresista (1840-1843) lo es moderado en el Ateneo. Las tareas políticas alejan de la casa a

[52] R. M. de Labra, *El Ateneo, 1835-1905. Notas históricas,* Madrid, 1906, p. 142.
[53] R. de Mesonero Romanos, *Memorias de un setentón ...,* pp. 138, 139 y 140.
[54] A. Cánovas del Castillo, *op. cit.,* p. 43.

gran número de socios progresistas, con lo que los moderados, de nuevo fuera de la esfera política, constituyen mayoría en la docta casa. El dominio moderado se afianza aún más al prestarle su apoyo el grupo progresista templado que, descontento con el Gobierno de Espartero, pasa a engrosar las filas conservadoras. Incluso el golpe de estado y la intolerancia gubernamental del general don Baldomero provocan en el recinto ateneísta una reacción a la inversa.

Como primer efecto de la revuelta de septiembre, se produce la salida forzosa de algunos ateneístas a Francia, entre otros, el presidente Martínez de la Rosa (diputado en 1840) y Alcalá Galiano, presidente de la sección de ciencias morales y políticas y catedrático de *Derecho político*. «Caí con el Ministerio, o sea presidencia de Martínez de la Rosa —escribe Mesonero (bibliotecario de la Junta de Gobierno en septiembre de 1840)— quedando en la simple condición de soldado raso, quiero decir de socio amantísimo y asiduo concurrente...» [55]. En una extensa nota a la «Introducción a las lecciones pronunciadas en el Ateneo de Madrid sobre la Historia del Gobierno y de la Legislación de España», el catedrático Pedro José Pidal se desata amplia y parcialmente sobre los efectos que el golpe de estado de Espartero tuvo en la vida ateneísta. «Uno de los caracteres que más distinguieron a la revolución de septiembre —escribe desde su perspectiva moderada— fue su odio ciego y apasionado contra las ciencias y el saber: apenas hubo sabio, literato, poeta, profesor anticuario o escritor distinguido que no hubiese sido lanzado de su destino, si alguno obtenía, de su cátedra, de su archivo o de su biblioteca, o que de cualquier otro modo no hubiese sido vejado o incomodado». No olvidemos, sin embargo, que, además de intelectuales, los desterrados son políticos, que, como ha dicho Azaña, «nunca la política y las letras han sellado más íntimo acuerdo» [56], y como tales sufren las tristes consecuencias de los vaivenes nacionales. Sigue Pidal: «la reunión pacífica e inofensiva del Ateneo a que tanto deben la ilustración y las ciencias, no podía ser escepción de la regla general: su existencia estuvo muy seriamente amenazada; y si aún subsiste se debe a la noble firmeza con que algunos de sus socios se opusieron en aquellos días de azar y de peligro, a los que allí, como en otras partes, siendo los menos querían dar la ley a los más, fiados en las circunstancias y en la protección indebida de la autoridad. Con este motivo, con la ausencia del ilustre presidente de la corporación y con la dispersión y el destierro de sus más distinguidos profesores, el Ateneo antes tan concurrido y brillante se halló al comenzar los cursos del año anterior casi sin cátedras, y el público defraudado de la sólida instrucción y enseñanza que allí encontraba en años anteriores. Entonces, su

---

[55] R. de Mesonero Romanos, *op. cit.,* p. 166.
[56] M. Azaña, *op. cit.,* p. 79.

junta interina de gobierno trató, por todos los medios que le sugirió su celo, de sostener el establecimiento, y uno de ellos fue el invitar a varios socios a que abriesen enseñanzas que reemplazasen a las muchas que habían cesado: yo fui uno de los invitados; y aunque en otras circunstancias me hubiera abstenido de emprender una tarea para la que ni me sentía con fuerzas ni estaba debidamente preparado, en aquella coyuntura reputé como un deber el aceptar la invitación, y empecé del modo que pude las lecciones a que sirvió de introducción el presente discurso. Al publicarle he creído oportuno hacer esta advertencia, por más de un motivo que comprenderán fácilmente los lectores» [57].

El motivo es obvio; al no poder desempeñar Alcalá Galiano su habitual curso de *Derecho político constitucional,* el progresista Fernando Corradi lo solicitó para sí. La Junta interina de Gobierno, conociendo las ideas avanzadas del corresponsal del *Eco del Comercio,* suprimió la cátedra de Alcalá Galiano y creó una nueva de *Historia del Gobierno y de la Legislación de España* para Pedro José Pidal, que la desempeñó durante dos cursos (1840-42). Este acto de intolerancia motivó un movimiento de protesta dentro del Ateneo que, iniciado por los socios progresistas Juan Miguel de los Ríos y Luis González Bravo, terminó con una petición firmada por sesenta socios en que se pedía el restablecimiento de la cátedra de Alcalá Galiano, y que no fue escuchada por la Junta interina de Gobierno.

La minoría progresista-esparterista del Ateneo se ve entonces obligada a recurrir a la prensa política para protestar contra la dictadura moderada. El *Eco de Comercio* (24 de noviembre de 1842) da su versión partidista de lo que está ocurriendo en el Ateneo: «No contentos algunos individuos de la Junta de Gobierno del mismo con haber dado carácter político a una corporación que sólo debía tenerle literario, han osado resistirse a las reclamaciones de nuestros socios para que se celebrase una Junta general con el objeto de contener ciertas imprudencias de los dolientes de un partido desgraciado, las cuales amenazan comprometer la existencia del establecimiento y han provocado ya medidas por parte de la autoridad.» La cita toca tres puntos interesantes. En primer lugar se apunta una politización del Ateneo que supone la infracción de unos *Estatutos* que prohíben la discusión sobre toda materia que pueda dividir a los socios, sobre todo política o religiosa, cuando lo que se desea es fomentar su encuentro intelectual en un justo medio. Como en el

---

[57] Pedro José Pidal, «Introducción a las Lecciones pronunciadas en el Ateneo de Madrid sobre la Historia del Gobierno y de la Legislación de España», *Revista de Madrid,* 3.ª serie, I (1841), pp. 229-30. Véase la «Introducción» en pp. 229-253. Pidal fue invitado por el Ateneo a primeros de noviembre de 1840, iniciando las explicaciones a principios de 1841. En julio las interrumpió, reanudándolas en marzo de 1842 (véase el prólogo de M. de P. a las *Lecciones sobre la Historia del Gobierno y Legislación de España (desde los tiempos primitivos hasta la Reconquista),* Madrid, 1880; contiene 21 lecciones).

Congreso, esa politización ha dividido a los socios en virtud de sus tendencias políticas, convirtiéndolos en «nuestros» socios y los de ellos. La tregua de la sabiduría que pedía Martínez de la Rosa se ha roto como consecuencia de una ruptura semejante en el Congreso (la del justo medio), y el partido moderado, reforzado con la fracción progresista disidente, mudo en la esfera política, se desgañita en el Ateneo. Este, como el Congreso, se ha convertido «en patrimonio exclusivo de una pandilla».

El *Eco del Comercio* aclara días más tarde (30 de noviembre) esas medidas que toma la autoridad competente provocada por la actitud ateneísta, y que ya mencionaba en el número del 24 de septiembre. El jefe político de Madrid, viendo que «allí se reunían personas en un número algo crecido para desencadenarse contra el estado actual de las cosas políticas», se quejó a la Junta de Gobierno, que se vió obligada a clausurar el salón de conversación por unos días. Las cátedras, sin embargo, siguieron abiertas y las secciones, aunque desanimadas, se reunieron.

Habiendo hecho tambalearse algo los mitos de la tolerancia y neutralidad política del Ateneo, pasamos ahora a examinar más detalladamente la actividad de cátedras y secciones en su misión de ilustración pública. No habiendo podido ver las Actas del Ateneo, tendremos que seguir de cerca la información aportada por Rafael María de Labra, que las vió, aunque corrigiendo algunos errores evidentes y completando lagunas. Ya hemos visto que la cátedra ateneísta se inaugura el 8 de junio de 1836 con las explicaciones de Cristóbal Bordiú sobre *Administración*. En el mismo mes se iniciaron las de *Hacienda y crédito público,* por José Antonio Ponzoa; *Economía política,* por Valle; *Historia nacional,* por Francisco Fabré; *Política constitucional,* por Antonio Alcalá Galiano; *Literatura extranjera,* por Fernando Corradi; *Literatura española,* por Alberto Lista; *Legislación,* por Joaquín Francisco Pacheco [58].

Durante el curso 1836-37 hubo cátedras de *Derecho político,* por Donoso Cortés; *Literatura extranjera,* por Fernando Corradi; *Literatura española,* por José de la Revilla; *Economía política,* por Valle; *Hacienda y crédito público,* por Ponzoa; *Derecho penal,* por Pacheco [59]; Pascual de Gayangos, por último, dio un curso de *Arabe* [60].

Para el curso 1837-38 se amplían notablemente las cátedras con relación

---

[58]   El *Eco de Comercio* se ocupa de las cátedras del Ateneo en los números de 18 y 25 de abril, 14 y 16 de junio de 1836; el *Diario de Avisos* en los de 21 y 28 de junio del mismo año.

[59]   A. Cánovas del Castillo, *op. cit.,* p. 33, dice que Pacheco usó el *Tratado de Derecho penal* de Rossi.

[60]   Véase el *Boletín de la Institución Libre de Enseñanza,* vol. XXII (30 de abril de 1898).

al año anterior: *Legislación,* por Joaquín Francisco Pacheco; *Física,* por Lucio Antonio Torres; *Historia de España,* por Antonio Benavides; *Literatura española,* por José de la Revilla; *Literatura extranjera,* por Fernando Corradi; *Administración,* por Miguel Puche y Bautista; *Geología,* por López Santaella; *Economía,* por Valle; *Griego,* por Lozano; *Hebreo,* por Usoz [61]; *Arabe,* por Serafín Estébanez Calderón [62]; *Hacienda,* por Ponzoa; *Historia de la medicina española,* por Anastasio Chinchilla [63]; *Arqueología,* por Basilio Sebastián Castellanos [64]; *Moral y educación pública,* por Ramón de La Sagra [65]; *Fisiología comparada,* por Joaquín Hysern [66], y *Derecho político,* por Antonio Alcalá Galiano [67].

El 5 de noviembre de 1838 inician sus explicaciones los señores Francisco José Fabré, *Geografía;* Saturnino Lozano, *Griego;* Juan Mieg, *Alemán;* José Oliván, *Inglés;* y Francisco Bermúdez de Sotomayor, *Arabe,* pudiendo asistir quien lo desee siempre que sea mayor de quince años y esté matriculado como discípulo [68]. A las cátedras siguientes podía asistirse sin matrícula pero con papeleta de entrada: *Derecho político,* por Antonio Alcalá Galiano [69]; *Economía política,* por Eusebio María del Valle; *Historia de España,* por Antonio Benavides [70]; *Geología,* por Manuel López Santaella [71]; *Arqueología de las*

[61] Parece ser que Luis Usoz y Río sólo llegó a dar una lección de lengua hebrea; véase «el incidente de Usoz» en Luis Araújo Costa, *Bibliografía del Ateneo de Madrid,* Madrid, 1949, pp. 34-5.

[62] Véase Antonio Cánovas del Castillo, *El Solitario y su tiempo. Biografía de don Serafín Estébanez Calderón y crítica de sus obras,* Madrid, 1883, vol. I, p. 305.

[63] El *Eco del Comercio* (28 de noviembre de 1837) anuncia la apertura de esta cátedra. Anastasio Chinchilla escribió unos *Anales históricos de la medicina en general, y biográfico-bibliográficos de la española en particular,* Valencia, 1841-46, que constan de cuatro volúmenes. Aunque en los tres últimos se dice que el autor es ex-catedrático de la Historia de la medicina española en el Liceo literario de Madrid, en el primer volumen (1841) se dice que lo fue en el Ateneo de Madrid.

[64] Cátedra también anunciada en el *Eco del Comercio* (28 de noviembre de 1837).

[65] La *Gaceta de Madrid* y el *Diario de Avisos* (6 de febrero de 1838) anuncian la apertura de esta cátedra.

[66] El *Diario de Avisos* (3 de marzo de 1838) anuncia que estas lecciones se iniciarán el día 4 de marzo.

[67] Anuncio de la apertura en la *Gaceta de Madrid* y el *Diario de Avisos* (6 de febrero de 1838). La información sobre las cátedras de este curso 1837-38 está tomada de R. M. de Labra, *El Ateneo de Madrid...,* Madrid, 1878, p. 79, y completada con las dos reseñas de Mesonero Romanos, «Ateneo de Madrid» y «Sociedades literarias y artísticas. El Ateneo. El Liceo», en *Semanario pintoresco español* (1838), pp. 426 y 827. Con respecto a la actividad de cátedras, pueden consultarse también el número de 2 de noviembre de 1837 de la *Gaceta de Madrid;* la reproducción de un artículo de J. R. en *El Español* en la *Gaceta de Madrid* (12 de diciembre de 1837); un resumen de las actividades ateneístas desde la fundación, con lista de dirigentes y profesores para 1838, en la *Gaceta de Madrid* (31 de enero de 1838) y el *Diario de Avisos* del 26 de abril de 1838.

[68] R. de Mesonero Romanos, «Ateneo científico y literario», *Semanario pintoresco español* (1838), p. 758; véase también su «Ateneo de Madrid», p. 827.

[69] Anuncio de su última lección en el *Diario de Avisos* (3 de junio de 1839).

[70] Sobre esta cátedra véase el *Diario de Avisos* (30 de enero y 3 de junio de 1839).

[71] Véase el *Diario de Avisos* (3 de junio de 1839).

Artes, por B. S. Castellanos [72]; *Literatura española,* por José de la Revilla [73]; *Fisiología del hombre,* por Ramón Frau [74], y *Literatura extranjera,* por Fernando Corradi [75]. Digamos de paso que a finales del curso el Ateneo volvió a cambiar de domicilio, estableciéndose, a instancias de Martínez de la Rosa, en la plazuela del Angel, 1 [76]. Años después, en 1843, se muda a la calle de Carretas, de donde no saldrá hasta ocupar su gran y definitivo local de Prado, 21, en 1884.

La *Gaceta de Madrid* (8 de enero de 1840) comenta con gran pompa que el Ateneo ha establecido 17 cátedras para el curso 1839-40 (en realidad son 18), cuenta con 1.628 alumnos y ha adquirido una colección mineralógica y geognóstica con más de 700 monedas de todos los metales. Todos los catedráticos son socios del Ateneo y explican los siguientes cursos: *Derecho político constitucional,* por Antonio Alcalá Galiano; *Historia de España,* por Antonio Benavides; *Arabe,* por Francisco Bermúdez de Sotomayor; *Arqueología,* por Basilio Sebastián Castellanos; *Literatura extranjera,* por Fernando Corradi [77]; *Geografía,* por Francisco José Fabré [78]; *Geología,* por Manuel López Santaella; *Griego,* por Saturnino Lozano y Blasco; *Alemán,* por Juan Mieg [79]; *Inglés,* por José Oliván [80]; *Derecho penal,* por Joaquín Francisco Pacheco [81]; *Propiedad de Lengua francesa,* por Mariano Nicolás Pérez [82]; *Literatura española,* por José de la Revilla [83]; *Economía social,* por Ramón de La Sagra [84]; *Filosofía*

[72]   Curso iniciado el 30 de enero de 1839 (*Diario de Avisos,* 30 de enero), que suspendido por enfermedad del catedrático volvió a reunirse el 4 de marzo (*Gaceta de Madrid,* 1 de marzo de 1839).
[73]   Terminó su curso el 17 de mayo de 1839. Véase el extracto de la última conferencia en *Semanario pintoresco español* (1839), pp. 154-56.
[74]   Véase el *Diario de Avisos* (3 de junio de 1839).
[75]   Por razón de sus ocupaciones suprimió las explicaciones en enero (*Gaceta de Madrid, Diario de Avisos,* 10 de enero de 1839), las reanudó en marzo (*Eco del Comercio,* 11 y 15 de marzo; *Gaceta de Madrid,* 15 de marzo de 1839), finalizándolas en junio (*Diario de Avisos,* 3 y 8 de junio).
[76]   Véase la *Gaceta de Madrid* (23 de abril y 30 de mayo de 1839) y el *Diario de Avisos* (30 de mayo de 1839).
[77]   Curso iniciado el 19 de octubre de 1839 (*Eco del Comercio* y *Diario de Avisos,* 19 de octubre de 1839).
[78]   El *Diario de Avisos* (16 de septiembre de 1839) dice simplemente que continuará sus lecciones los lunes y jueves a las ocho de la noche.
[79]   Curso iniciado el 18 de octubre de 1839 (*Diario de Avisos* y *Eco del Comercio,* 19 de octubre de 1839).
[80]   *Ibíd.*
[81]   En una reseña a los «Estudios de Derecho penal. Lecciones pronunciadas en el Ateneo de Madrid por don Joaquín Francisco Pacheco», publicada en la *Revista de Madrid,* 2.ª serie, II (1839), pp. 172-3, se dice que en ellas se encuentran «las máximas más sanas de legislación, unidas a los más rígidos y liberales principios» (p. 172).
[82]   Curso iniciado el 28 de noviembre de 1839 (*Diario de Avisos,* 28 de noviembre de 1839).
[83]   Curso iniciado el 11 de noviembre de 1839 (*Diario de Avisos,* 11 de noviembre de 1839). Véase también el número del 3 de febrero de 1840.
[84]   Véase la *Gaceta de Madrid* (16 y 17 de enero de 1840). También Angel Mar-

del Derecho, por Manuel Seijas [85]; *Fisiología,* por Leoncio Sobrado y Goiri; *Economía política,* por Eusebio María del Valle, y *Física,* por Venancio Valledor.

La enseñanza sufrió con la revolución de septiembre de 1840, y las pocas cátedras que se abrieron durante el curso 1840-41 no lo hicieron hasta entrado el año 1841. El 12 de enero da principio Carlos Creuz a sus lecciones de *Arabe,* dividiéndolas en dos clases: en la primera, de árabe literal o Nahu, se explica la gramática de Silvestre de Sacy y las fábulas de Bibpai, conocidas con el nombre de «Calila e Dunna»; en la segunda se explica el Corán, con los comentarios de Beidavi y Genheri, y las Makamas de Ibarivy *(Gaceta de Madrid,* 3 de enero de 1841). También el 12 de enero inicia sus lecciones de *Perfección en la lengua griega* Saturnino Lozano *(Gaceta de Madrid,* 8 de enero de 1841). El día 21 y el 23 de enero Miguel Puche y Bautista y Manuel Seijas y Lozano comienzan, respectivamente, sus cursos de *Administración* y *Filosofía del Derecho (Gaceta de Madrid,* 19 de enero de 1841). Ya hemos anotado que a principios de 1841 inició su curso de *Historia del Gobierno y la Legislación de España* Pedro José Pidal (véase nota 57). Durante este año también, Fermín Gonzalo Morón dio el primero de sus célebres cursos sobre *Historia de la civilización en España (Gaceta de Madrid,* 27 de mayo de 1841).

Durante el curso 1841-42 parece ser que hubo diez cátedras [86], pero nosotros no hemos podido identificar más que seis con seguridad: *Arabe,* por Serafín Estébanez Calderón *(Diario de Avisos,* 26 de febrero de 1842); los segundos cursos de Pidal, *Historia del Derecho y de la legislación de España,* y F. Gonzalo Morón, *Historia de la civilización de España (Gaceta de Madrid,* 4 de marzo de 1842); *Literatura francesa,* por Alfredo Adolfo Camus [87]; *Elocuencia, aplicada especialmente al foro y a la discusión parlamentaria (Gaceta de Madrid,* 5 de abril de 1842), y *Mnemónica o arte de auxiliar a la memoria* [88], por Pedro Mata, una de las figuras más curiosas del XIX. Exiliado en Francia, combinó los estudios de medicina con la literatura, traduciendo la novela de Walter Scott *Los Desposados o sea el condestable de Chester. Historia*

vaud, *La Question Sociale en Espagne,* Paris, 1910, pp. 25-26. En estas conferencias atacó las teorías sobre la propiedad expuestas por A. Flórez Estrada en su folleto *La cuestión social* (1839), es decir, la colectivización de la tierra, diciendo que la destrucción de la propiedad territorial acarrearía la de la sociedad misma. Sabido es que, más tarde, La Sagra aconsejaría a los gobiernos la creación de propiedades colectivas para beneficio de las clases pobres (véase J. Costa, *Colectivismo agrario en España,* Madrid, 1898, p. 18, n. 2. No hemos visto la tesis de M. Núñez de Arenas, *D. Ramón de la Sagra, reformador social,* Paris, 1924.

[85]   Curso iniciado el 19 de octubre de 1839 *(Diario de Avisos,* misma fecha).

[86]   Fernando Alvarez, *op. cit.,* p. 97.

[87]   Curso iniciado en marzo *(Gaceta de Madrid,* 11 de marzo de 1842), interrumpido poco después y reanudado el 18 de abril *(Gaceta de Madrid,* 17 de abril de 1842, *Diario de Avisos,* 18 de abril de 1842).

[88]   *Diario de Avisos* (5 de abril de 1842).

del tiempo de las Cruzadas (Paris, 1840). Ese mismo año regresó a Barcelona dispuesto a organizar los estudios de Medicina legal. La nueva edición de *Los desposados* (Barcelona, 1842) lleva la larga lista de títulos del traductor: médico-cirujano, miembro titular y corresponsal de varias Sociedades sabias del Reino y extranjeras, redactor en jefe de *El Constitucional,* diputado a Cortes, etc. [89].

«El estado de la instrucción, objeto principal del Ateneo, es afortunadamente muy satisfactorio —escribe el secretario Fernando Alvarez en la *Memoria* de diciembre de 1842— diez cátedras había en el año anterior; diecinueve se han establecido en el actual» [90], a las que acude «una juventud brillante y aplicada, alguna frente madura y más de una cabeza encanecida...». Las cátedras para 1842-43 son las siguientes: *Administración,* por Miguel Puche y Bautista; *Alemán,* por Julio Kün; *Arabe,* por Serafín Estébanez Calderón; *Economía política,* por Eusebio María del Valle; *Elementos de Arqueología universal,* por Basilio Sebastián Castellanos; *Elocuencia forense y parlamentaria,* por Fernando Corradi; *Filosofía ecléctica,* por Tomás García Luna [91]; *Fisiología,* por Jaime Salvá; *Geografía,* por Francisco José de Fabré; *Historia de la civilización de España,* por Fermín Gonzalo Morón [92]; *Historia del Gobierno y de la legislación de España,* por Pedro José Pidal; *Legislación,* por Joaquín Francisco Pacheco; *Literatura española,* por José de la Revilla; *Matemáticas,* por Alfredo Adolfo Camus; *Medicina,* por Enrique Lazeu; *Medicina legal y forense,* por Bartolomé Obrador [93]; *Propiedad del idioma griego,* por Saturnino Lozano y Blasco; *Propiedad de la lengua francesa,* por Mariano Nicolás Pérez, y *Zoología,* por Juan Mieg. *La Gaceta de Madrid* (6 de febrero de 1843) anuncia que José María Nieva se prestó a explicar una cátedra de *Química aplicada a la agricultura* que comenzaría el día 9.

Según los *Estatutos* de 2 de enero de 1836, el Ateneo se dividía en cuatro secciones (Ciencias morales y políticas, Naturales, Matemáticas y Literatura y

---

[89] Diputado a Cortes y catedrático del Ateneo en 1842, no pudo llegar a Madrid en 1843 como dice Tomás Carreras y Artau, *Estudios sobre médicos-filósofos españoles del siglo XIX,* Barcelona, 1952, p. 64. En 1845 publicó un *Manual de Mnemotecnia o Arte de ayudar la memoria.*

[90] Fernando Alvarez, *op. cit.,* p. 97. Lista de cátedras que sigue, p. 98.

[91] Lecciones que, según Menéndez Pelayo, *op. cit.,* p. 342, «son pálido reflejo de los libros de Cousin». Para don Marcelino, el eclecticismo parecía nacido «para solazar los ocios de ministros en desgracia y para dar barniz filosófico a las exhibiciones parlamentarias» (p. 343).

[92] Véase Juan Donoso Cortés, «Revista literaria — Curso de Historia de la civilización de España por don Fermín Gonzalo Morón», en *Revista de Madrid,* 2.ª época, I (1843), pp. 190-208.

[93] Esquema de las lecciones de Obrador en la *Gaceta de Madrid* (22 de junio de 1843).

Bellas Artes), reservadas a los socios que en ellas se habían inscrito previamente. Estaban gobernadas por un presidente, un vicepresidente, un secretario y un vicesecretario, y se reunían una vez por semana para discutir temas de su jurisdicción. Aunque sabemos por el *Diario de Avisos* (12 de enero de 1836) que las secciones se reunieron en enero del 36, es muy posible que pasaran el resto del curso en tareas de organización. Por lo pronto, la prensa, que se queja de la escasa actividad ateneísta *(Eco del Comercio,* 9 de marzo), no trae información alguna de temas debatidos, limitándose a anunciar la elección de Federico de Madrazo y de Antonio Gil y Zárate para los cargos de vicepresidente y vicesecretario, respectivamente, de la sección de Literatura *(Eco del Comercio,* 16 de enero). Tampoco Labra menciona ningún tema de debate en 1836.

Tenemos más datos sobre los temas discutidos en las secciones durante el curso 1836-37. La *sección primera,* de Ciencias morales y políticas, presidida por Donoso Cortés, debatió tres temas, dos de ellos de gran actualidad en el Congreso de diputados: 1. *¿Qué es la filosofía de la historia?;* 2. *La reforma o supresión de los diezmos,* cuestión ya debatida en el Ateneo español y en la que ahora tercian, en favor de su retención, dos Memorias, *Memoria sobre si conviene o no abolir los diezmos en España* (Madrid, 1837), por Manuel Alonso de Viado, y *Apuntes sobre Diezmos* (Madrid, 1837), por un joven que dedica respetuosamente un ejemplar de su memoria al Ateneo, Julián Sánz del Río [94]; 3. *Medios más convenientes para la progresiva extensión de la deuda pública en España* [95].

La *Sección segunda,* de Ciencias naturales, pasó el curso en tareas de organización, obteniendo objetos de historia natural, etc. [96]. La *tercera,* de Ciencias físico-matemáticas, dirigida por una Mesa compuesta por José Mariano Vallejo (presidente), José Pérez Morales (vicepresidente), Lucio Antonio Torres (secretario) y Pedro Barinaga (vicesecretario) *(Eco del Comercio,* 7 de enero de 1837), debatió sobre: 1. *Teoría de los lentes (fenómenos ópticos);* 2. *Importancia de las ciencias físicas y naturales y su influencia en la sociedad;* 3. *Teoría de las ruedas hidráulicas;* 4. *Los adelantos científicos del Instituto de Paris;* 5. *Problemas matemáticos;* 6. *Origen de las fuentes* [97]. El *Eco del Comercio* (12 de mayo de 1837) publica una nota del Ateneo en que anuncia

[94] Pierre Jobit, *Les éducateurs de l'Espagne contemporaine,* Paris, 1936, vol. I, pp. 32-3. Véase bibliografía sobre diezmos en Menéndez Pelayo, *op. cit.,* pp. 257-59. Un año después, en 1838, Olózaga y Pacheco atacarán el diezmo en Cortes (p. 256) y Pedro José Pidal lo defenderá (p. 253).

[95] Véase R. M. de Labra, *op. cit.,* p. 74, y Ramón de Mesonero Romanos, «Sociedades literarias y artísticas. El Ateneo. El Liceo», *Semanario pintoresco español* (1838), p. 426.

[96] R. de Mesonero Romanos, *op. cit.,* p. 426.

[97] R. M. de Labra, *op. cit.,* p. 77; R. de Mesonero, *op. cit.,* p. 426.

que se hará la aplicación a España de la teoría del origen de fuentes, ríos y meteoros acuosos, designación de puntos marcados de canalización del Mediterráneo al Océano y otros principios relevantes de pública prosperidad.

Presidida por Martínez de la Rosa, la *sección cuarta* (Literatura y Bellas Artes) debatió puntos tocantes a la cuestión literaria del momento: 1. *¿En qué se funda la diferencia de los géneros apellidados clásico y romántico?*; 2. *¿Qué utilidad podrán sacar los poetas del estudio del teatro de Lope y Calderón?*; 3. *¿Hasta qué punto puede influir el teatro en la reforma de las costumbres y de la sociedad?*; 4. *De las causas que pueden influir en la corrupción del buen gusto*; 5. *La rígida observancia de las reglas aristotélicas, ¿ha perjudicado o no a la fecundidad de los ingenios dramáticos?*; 6. *De la primitiva literatura española*; 7. *De la literatura española en tiempo del imperio romano*; 8. *De la literatura española en general*; 9. *Juicio crítico de las obras dramáticas de Lope de Vega y de las de García de la Huerta*; 10. *¿Cuál es el carácter que debe tener hoy la literatura para satisfacer nuestras necesidades morales e intelectuales?* [98].

Durante el curso 1837-38 la sección de *ciencias morales y políticas* estuvo dirigida por la Mesa siguiente: Salustiano de Olózaga (presidente), Valle (vicepresidente), Gervasio Gironella (secretario) y Vila Cedrón (vicesecretario). El 13 de febrero de 1838 leyó Diego Fernando Montañés un discurso titulado *Exhortación a la aplicación de la sección primera para mejorar España* (*Diario de Avisos*, 17 de febrero de 1838), que parece resumir el tema central de los debates: 1. *Del estado actual de España con respecto a su opinión moral, política y religiosa, y a los demás ramos que constituyen la civilización de un país*; 2. *De los medios más provechosos para promover en España el espíritu de asociación industrial y mercantil*; 3. *Del triste estado de nuestras cárceles y manera de mejorarlo*; 4. *De la necesidad de una ley sobre cerramientos de tierras que concilie todos los intereses de la agricultura y la ganadería* [99].

La sección de *ciencias naturales*, con el conde de Vigo como presidente de la Mesa, el marqués de Torremejía (vicepresidente), Collado (secretario) y Juan Bravo Murillo (vicesecretario), discutió sobre los temas siguientes: 1. *Cuestiones de aplicación de las ciencias a la industria nacional*; 2. *Examen del estado en que se encuentra el cultivo del añil en la isla de Cuba* (memoria presentada por Hilarión Bravo); 3. *Datos sobre la riqueza mineral plomiza y hullera en España y en Asturias*; 4. *Descripción metódica de la familia de las gramíneas*, obra de Kunt, que fue analizada por el secretario Collado [100].

---

98   R. M. de Labra, *op. cit.*, p. 75; R. de Mesonero, *op. cit.*, p. 426.
99   R. M. de Labra, *op. cit.*, p. 74; R. de Mesonero Romanos, «Ateneo de Madrid», *Semanario pintoresco español* (1838), p. 826.
100   R. M. de Labra, *op. cit.*, p. 77; R. de Mesonero, *op. cit.*, p. 826.

José Mariano Vallejo (presidente), López Santaella (vicepresidente), Barinaga (secretario) y Contreras (vicesecretario) dirigieron los debates en la sección de *ciencias físico-matemáticas* sobre: 1. *Explicación de un teorema acerca de una propiedad notable de la serie de los números impares,* con intervención de Vallejo, Barinaga y Pedro Miranda; 2. Orense leyó una memoria *Sobre la posibilidad de alimentar a los gusanos de seda con la harina de los cereales;* 3. *Las minas de azogue de Almadén y la aclimatación del «Phormium tenax» de Holanda,* con intervención de Collado y Cabanillas; 4. El marqués de Pontejos presentó un trabajo *Sobre un aparato para penetrar en los incendios; 5. De la utilidad que podría sacarse del cultivo del lino de Nueva Holanda* [101].

La sección de *literatura,* presidida por Martínez de la Rosa, con Escario como vicepresidente, Revilla (secretario) y Bretón de los Herreros (vicesecretario), se ocupó de: 1. *Las causas que pueden influir en la corrupción del buen gusto; 2. La cultura de los septentrionales al invadir Europa en el siglo V; 3. Influjo de la literatura árabe en la española; 4. Epoca en que los judíos vinieron a España; 5. Estado de la cultura española en el siglo XVII; 6. Estado de la literatura española en los siglos XIII, XIV y XV, y cuál —el XVI o el XVII— debe ser reputado como el verdadero siglo de oro;* 7. Además, Mesonero, bibliotecario de la casa, propuso la creación de un *Manual bibliográfico español* [102].

La *Gaceta de Madrid* (25 de febrero de 1839) informa que la sección de *ciencias morales y políticas* del Ateneo se halla ocupada en el *examen de la influencia del siglo XVIII español sobre el siglo XIX,* participando en la discusión Valle, Escario y Quinto. Este tema fue el único debatido durante el curso 1838-39 bajo la dirección de una Mesa compuesta por Olózaga (presidente), Valle (vicepresidente), Quinto (secretario) y Vila Cedrón (vicesecretario).

Las secciones de *ciencias naturales* (presidente, el conde de Vigo; vicepresidente, Mateo Seoane; secretario, Collado, y vicesecretario, Castellanos) y de *ciencias físico-matemáticas* (presidente, Vallejo; vicepresidente, López Santaella, secretario, Barinaga, y vicesecretario, Contreras) tuvieron poca actividad.

La *sección de literatura,* por el contrario, con Martínez de la Rosa, Gil y Zárate, Revilla y Bretón de los Herreros como presidente, vicepresidente, secretario y vicesecretario, respectivamente, tuvo gran animación. Se discutió sobre: 1. *De la distinta condición del bello sexo en diversas épocas; 2. Paralelo entre las modernas novelas históricas y las antiguas historias caballerescas,* con participación de Gil y Zárate, Corradi, el barón de Bigüezal, Escario y

101　R. de Mesonero, *op. cit.,* p. 826.
102　R. M. de Labra, *op. cit.,* p. 75; R. de Mesonero, *op. cit.,* p. 826.

Martínez de la Rosa [103]; 3. *Del influjo de la religión cristiana en la literatu-ra* [104] 4. *Diferencia entre la tragedia antigua y la moderna;* 5. *Examen crítico de las unidades dramáticas,* con intervención de Corradi, Alcalá Galiano, Hart-zenbusch, Segovia, el duque de Frías y otros [105]. La importancia de estas sesio-nes se hace patente en unas «Observaciones sobre la Poesía dramática y, en especial, sobre el precepto de las unidades», publicadas por Pedro José Pidal en la *Revista de Madrid* [1.ª serie, III (1839), pp. 340-53]. «¿Las unidades dramáticas de la literatura *clásica* —se preguntaba (en la Sección)— deben con-servarse como reglas de las composiciones escénicas, o se han de abandonar como se hace generalmente en los dramas de la literatura llamada *romántica?* En el caso de conservarse, ¿hasta qué punto debe reputarse necesaria su obser-vancia?» (p. 341). Planteada la cuestión de esta forma, se asombra Pidal de que «en medio de los grandes acontecimientos que están a nuestra vista pa-sando, y del sangriento y terrible drama, de que nuestra patria es funesto teatro, y en el cual todos somos hasta cierto punto actores y espectadores; im-posible parecía, digo, que pudiese excitar algún interés una cuestión de lite-ratura, y lo que es más, abstracta y de pura teoría. Pero en ella estaba como envuelto el gran litigio, entablado tiempo ha entre dos literaturas rivales y de distinta procedencia y origen: este litigio no es el mismo, por otra parte, más que una lucha parcial en la gran contienda trabada en todo el mundo moral e intelectual, al que ideas y principios nuevos, y en casi todo opuestos a los que hasta ahora dominaron, tratan de invadir y de sujetar a su dirección esclusiva; y ya se concibe que elevada la cuestión a esta altura, debía excitar necesariamen-te sumo interés, principalmente ahora que, cerrado el palenque parlamentario, falta uno de los principales pábulos a la ansia y sed de discusión que caracte-riza a este siglo esencialmente progresista y reformador. Así se vieron en el seno de la sección, desde el primer día, no sólo nuestros literatos y poetas más distinguidos, sino también a muchos de los hombres políticos de más lustre y nombradía entre nosotros: y al verlos reunidos en una discusión pacífica y tranquila, en la que no tomaban parte ni los odios de partido, ni las rivalida-des y celos del mando, el corazón se explayaba, y la imaginación se reposaba

[103] *Gaceta de Madrid* (13 de febrero de 1839). José de la Revilla reseña la se-sión del 25 de enero de 1839 sobre este tema en «Ateneo de Madrid. Crónica. Sección de literatura», *Semanario pintoresco español* (1839), pp. 47-8.

[104] Discurso del mismo título leído por Martínez de la Rosa en la sesión de 1.º de febrero de 1839, en *Revista de Madrid*, 1.ª serie, III (1839), pp. 139-46.

[105] Extracto del debate de la sesión del 22 de febrero de 1839 en José de la Re-villa, «Crónica. Ateneo de Madrid. Sección de literatura», *Semanario pintoresco español* (1839), pp. 79-80; la del 1.º de marzo de 1839 en las pp. 87-88. Véase también P. Francisco Blanco García, *op. cit.,* p. 90. El *Discurso sobre las unidades dramáticas* de Hartzenbusch, que publicó *El Panorama*, en *Ensayos poéticos y artículos en prosa, lite-rarios y de costumbres,* Madrid, 1843, pp. 215-228.

complacida sobre unos debates propios de tiempos más felices y tranquilos, y por lo mismo halagüeños, y en gratas ilusiones y esperanzas fecundos» (pp. 340-41). La cita es extensa pero creemos que habla por sí sola de la dimensión política de la polémica literaria entre clásicos y románticos, y entre románticos moderados y exaltados.

El tema debatido en 6º lugar fue el *del teatro considerado bajo su aspecto moral;* 7. *El verdadero valor literario de Meléndez Valdés;* 8. *Mérito de Moratín, considerado como poeta dramático,* con intervención de Alcalá Galiano, Pidal y Martínez de la Rosa *(Gaceta de Madrid,* 7 de junio de 1839); 9. *En qué puntos se asemejan y en cuáles se desvían los dramas de la escuela moderna de los de la antigua española, y qué diferencia puede y debe haber entre ambas escuelas;* 10. *Si los adelantos que hace la crítica son favorables o perjudiciales al desarrollo del genio y a la invención en la bella literatura* [106].

El curso de 1839-40 fue de poca animación en las secciones. Presidida por Alcalá Galiano (Valle, vicepresidente; Fernando Alvarez, secretario, y Antonio Gutiérrez de los Ríos, vicesecretario), la sección de *ciencias morales y políticas* debatió un solo tema, *Examen de la civilización de España durante la dominación de los Reyes Católicos y de los príncipes de la dinastía austríaca.* No tenemos noticia de que las secciones de *ciencias naturales* y de *ciencias físico-matemáticas* debatieran tema alguno. Conocemos, sin embargo, la composición de sus Mesas, el conde de Vigo presidió la citada en primer lugar (Mateo Seoane, vicepresidente; Benito Collado y Ardanuy, secretario; Basilio Sebastián Castellanos, vicesecretario) y Vallejo la segunda, con López Santaella como vicepresidente, Pedro Barinaga como secretario y Manuel Antón de Sedano como vicesecretario.

Aunque Labra no menciona ningún tema en la sección de *literatura,* estamos casi seguros de que hubo al menos uno, *¿Cuál es el método o sistema preferible para escribir la Historia?,* título de un discurso de Martínez de la Rosa [107]. Añadamos que don Francisco siguió presidiendo la sección con Gil y Zárate, Antonio María Segovia y J. E. Hartzenbusch en los puestos de vicepresidente, secretario y vicesecretario, respectivamente.

Durante el curso 1840-41 se debatieron los temas siguientes. En la sección de *ciencias morales y políticas,* 1. *Comparación de la civilización antigua con la moderna, pesando las ventajas e inconvenientes de ambas, manifestando en qué adelantaron y en qué retardaron el progreso de la humanidad;* 2. *Influencia que el descubrimiento y conquista de América y el paso del Cabo de Buena-Esperanza han ejercido en los adelantos morales y políticos de las naciones europeas;* 3. *Influencia de las Cruzadas en el desarrollo material, moral y po-*

---

106 R. M. de Labra, *op. cit., pp.* 75-6.
107 Reproducido en la *Revista de Madrid,* 2.ª serie, II (1839), pp. 531-9.

lítico de Europa; 4. *Influencia que ha tenido en los adelantos de las naciones europeas la emancipación de la América del Norte;* 5. *Examen de la influencia que ha ejercido el establecimiento de la Inquisición en la sociedad española.*

En la sección de *ciencias naturales* y en la de *ciencias físico-matemáticas* se trató de: 1. *¿Hasta qué punto se pueden conocer las tendencias morales de los individuos por los signos exteriores?;* 2. *La Agricultura, ¿es ciencia o arte?;* 3. *Medios de calentar las habitaciones.*

En la de *literatura* los temas debatidos fueron: 1. *Hasta qué punto pueden y deben los escritores españoles modernos imitar el lenguaje y estilo de nuestros autores antiguos, teniendo en cuenta los progresos de la civilización;* 2. *Influencia del Quijote en el desarrollo moral e intelectual de la nación española;* 3. *Examen de los diversos géneros de novela que se han conocido, de las varias formas que ha tomado, y cómo deberá escribirse para que su lectura sea agradable y provechosa* [108].

Según la tantas veces citada Memoria del secretario del Ateneo, Fernando Alvarez, la sección de *ciencias morales y políticas* trató de los temas siguientes durante el curso 1841-42: 1. *¿Qué lugar ocupa la economía política entre los conocimientos morales y políticos del siglo XIX? ¿Es una verdadera ciencia? ¿Cuál es su autoridad en los momentos actuales, cuál será en el porvenir?;* 2. *La aplicación de la libre concurrencia a la industria tal como hoy existe, ¿es útil o nociva?;* 3. *¿La libertad de Comercio es provechosa o perjudicial para la España?;* 4. *Examen del socialismo y del individualismo: inconvenientes de estos dos principios considerados cada uno por sí y aisladamente: ventajas que podrían resultar de combinarlos y acordarlos de una manera prudente y racional.* «Ocioso es decir— continúa Fernando Alvarez— que en la discusión de estos temas importantes han campeado la crítica seria y mesurada, la profundidad de conocimientos, la imparcial apreciación y el buen gusto en el decir» (p. 99).

«Las *secciones segunda y tercera* —sigue Alvarez— reunidas de común acuerdo para el objeto de sus trabajos por la relación íntima de las ciencias naturales y físico-matemáticas que forman su instituto, no han podido, desgraciadamente, dedicarse en el año actual a las tareas científicas que les están encomendadas en nuestro reglamento con la asiduidad y detenimiento de costumbre por enfermedad de algunos de sus individuos, ausencia de otros y ocupación de los demás. Han empleado con todo, no sin fruto, estas dos secciones el escaso número de conferencias que les ha sido posible celebrar en la discusión de los temas que a continuación se expresan: 1. *¿Son o no suficientes los signos exteriores para conocer las tendencias morales de los individuos?* [109]; 2. *Estado*

---

[108] Véase R. M. de Labra, *op. cit.,* pp. 112, 113 y 115.
[109] Curso de 1840-41, según R. M. de Labra, *op. cit.,* p. 115.

de la mineralogía y de la geología en España: necesidad de que el Gobierno adopte medidas eficaces para facilitar el estudio de estas ciencias: causas que impiden su progreso entre nosotros» (pp. 99-100).

En la sección de *literatura* se discutieron los temas siguientes: 1. *Determinación y examen de los verdaderos caracteres de la poesía española (Gaceta de Madrid, 6 de enero de 1842, y Diario de Avisos, 7 de enero)*; 2. *Influencia de los ingenios andaluces en nuestra poesía; 3. En el estado actual de nuestra literatura, y atendidas las circunstancias morales y políticas de España, ¿puede haber un teatro verdaderamente nacional?* El secretario de la sección, Juan Eugenio Hartzenbusch, aportó unos *Apuntes* el 25 de febrero de 1842 [110]; 4. *Examen del influjo que ha ejercido la literatura clásica en la literatura europea de los tiempos modernos.* Anotemos también que el 24 de mayo de 1842 tuvo lugar el entierro de Espronceda, al que asistió, según *El Corresponsal,* una comisión del Ateneo [111].

El curso 1842-43 careció de animación en las secciones; el interés de los ateneístas estaba concentrado en el malestar político que iba a motivar la caída y destierro del general Espartero. En la sección de *ciencias morales y políticas* se debatieron dos temas, 1. *¿Cuál sería la dotación más conveniente para el sostenimiento del culto y clero español combinando los intereses de la religión con los del Estado?; 2. ¿Es la aristocracia un elemento necesario para la conservación y estabilidad de los gobiernos libres? En el estado actual de las naciones europeas, ¿sería posible y conveniente restaurar la aristocracia donde hubiese decaído o establecer otra de nuevo?* Con muy poca animación, en la sección de *ciencias naturales y físico-matemáticas* se discutió de: 1. *Utilidad y aplicaciones de las máquinas de vapor,* y 2. *Importancia y valor absoluto y comparativo de los sistemas psicológicos y necesidad de fijar el lenguaje técnico de las ciencias naturales.* En la sección de *literatura,* por último, no hubo debate formal [112].

---

[110]   *Apuntes leídos en el Ateneo de Madrid, en la conferencia de la sección de Literatura el 25 de febrero de 1842 (¿Puede haber en España un teatro nacional?). El Corresponsal* (6 de marzo de 1842) los publicó; están reproducidos en J. E. Hartzenbusch, *op. cit.,* pp. 234-40.

[111]   Citado por José Cascales Muñoz, «Apuntes y materiales para la biografía de don José de Espronceda», *Revue Hispanique,* 23 (sept., 1910), p. 76.

[112]   Véase R. M. de Labra, *op. cit.,* pp. 112, 113 y 115.

CapÍtulo IV

EL ATENEO DE LA DECADA MODERADA (1843-1854)

El descontento contra la política de Espartero explota por primera vez en la revolución barcelonesa de noviembre de 1842, aparentemente motivada por creerse que el Gobierno pensaba facilitar la importación de tejidos ingleses, y que el general don Baldomero sofoca con artillería. El cañoneo de Barcelona, sin embargo, no hace más que avivar el malestar de los grupos de oposición contra el regente, y a las voces de protesta de la esfera parlamentaria, que Espartero acalla disolviendo las Cortes (3 de enero de 1843), se suman las del Ateneo de Madrid con motivo de la lectura de la Memoria del secretario Fernando Alvarez el 29 de diciembre de 1842. Además de un resumen de las actividades del curso 1841-42, la Memoria de Alvarez es un documento de oposición política al régimen esparterista. Sabido es que la oposición a la política del regente se nutre de moderados y de progresistas antiesparteristas y que sus diferencias ideológicas saldrán a relucir al desaparecer Espartero de la escena política. En este sentido, la Memoria de Alvarez, de filiación moderada, muestra claramente las escisiones de la oposición al atacar no sólo a Espartero sino al progresismo. Cuando Alvarez dice que «nuestro siglo quiso conciliar el orden con la libertad y halló en la institución secular y venerable de los tronos el primer elemento para conseguirlo» [1], sus palabras podrían ser oídas con agrado por una oposición que se duele de la rotura de la ecuación orden-libertad y de que un militar exaltado ocupe el trono por el destierro de una reina y la minoría de edad de una princesa. Sin embargo, cuando dice que «la soberanía de los hombres alzó fiera y orgullosamente la cabeza en la religión, en la moral y en la política» [2], Alvarez está atacando el meollo de la

---

[1] Fernando Alvarez, «Memoria leída por el Secretario del Ateneo científico y literario de Madrid el día 29 de diciembre de 1842», *Revista de Madrid*, 3.ª serie, IV (1842), p. 90.

[2] *Ibíd.*, p. 93.

Constitución progresista de 1837: la soberanía nacional. En ausencia de protestas ateneístas ante esta reafirmación de fe en el justo medio y en la urgente necesidad de volver a los sanos principios moderados del *Estatuto Real*, frente a la anarquía creada por la Constitución de 1837, se hace aparente el color político dominante en el Ateneo a fines de 1842. Esta oposición moderada acabará desbancando al progresismo de la esfera política tras un breve compás de espera, y el Ateneo, en su mejor tradición de casa de oposición, servirá de refugio a la nueva oposición de la década moderada (1843-54).

Si con la disolución de las Cortes pensaba Espartero acallar la oposición parlamentaria, la maniobra no tiene éxito. Las nuevas, al seguir los esparteristas en minoría, son también ingobernables; y los gobiernos se suceden. Joaquín María López substituye en la presidencia del Consejo de Ministros a Rodil (9 de mayo de 1843), para dimitir ocho días más tarde, aunque por una serie de circunstancias continúe en el poder. El descontento general ante los tropezones esparteristas, y la precaria situación del Gobierno, estalla por tierras andaluzas, catalanas, levantinas y, finalmente, castellanas y gallegas. Derrotado, el caudillo espiritual del progresismo tiene que salir de España el 30 de julio de 1843. En septiembre del mismo año regresa Martínez de la Rosa, y con él, casi simbólicamente, la fe en el justo medio con que comienza la década moderada.

El 10 de noviembre sube al trono Isabel II; dimite Joaquín María López, sucediéndole en la presidencia del Consejo de Ministros el progresista antiesparterista Salustiano de Olózaga, que da una de las carteras ministeriales a un viejo amigo del Ateneo, Claudio Antón de Luzuriaga. De noviembre del 43 a mayo de 1844, sin embargo, se produce el relevo de progresistas por moderados. Luis González Bravo, que con el nombre de «Ibrahim Clarete» había denostado contra la reina Cristina y defendido la Constitución del 37 desde las páginas de *El Guirigay* (1839), y que había dirigido el periódico de ideas democráticas *La Legalidad* (1839-40), logra que un moderado, el catedrático ateneísta Pedro José Pidal, derrote a Joaquín María López en la elección de presidente de la Cámara de Diputados, por lo que Olózaga, viendo que con aquellas Cortes le sería imposible gobernar, consiguió de la reina su disolución. Sabido es que el escándalo que siguió a este acto de Olózaga motivó su caída, su emigración y su acercamiento al general Espartero. Le sucedió en la presidencia del Consejo el propio González Bravo (diciembre de 1843), gracias en parte al apoyo de Pidal, Donoso Cortés, Martínez de la Rosa y Fermín Gonzalo Morón, siendo una de sus primeras medidas la disolución del símbolo progresista de la Milicia Nacional. Luis González Bravo fue arrollado a su vez por Ramón María Narváez, el espadón triunfador en Torrejón de

Ardoz, que dio carteras ministeriales a Pedro José Pidal (3 de mayo de 1843) y a Martínez de la Rosa.

Estando el interés de los socios en los acontecimientos políticos, la vida del Ateneo decae. Las secciones, por ejemplo, languidecen. La de *ciencias políticas y morales* se limita a seguir debatiendo un tema del curso anterior: *¿Es la aristocracia un elemento necesario para la conservación y estabilidad de los gobiernos libres? En el estado actual de las naciones europeas, ¿sería posible y conveniente restaurar la aristocracia donde hubiese decaído o establecer otra de nuevo?* «Los debates —dice Labra— fueron escasos y desanimados» [3]. La sección de *literatura* no llegó a reunirse en todo este curso de 1843-44. La sección de *ciencias naturales y físico-matemáticas,* sin embargo, estuvo muy animada, debatiendo sobre: 1. *Estado de las ciencias naturales en España;* 2. *Influencia del clima en la vegetación;* 3. *Ventajas e inconvenientes de las clasificaciones en las ciencias naturales;* 4. *Beneficio que resultaría a España el cultivo del sésamo, alegría y ajonjolí;* 5. *Prensas hidráulicas;* 6. *Los caminos de hierro* [4].

Los catedráticos del trienio progresista, requeridos por la poltrona ministerial, la embajada y la comisión, suspenden los cursos, y sólo cuando se calman los ánimos y se perfilan las posiciones puede el Ateneo reanudar sus tareas intelectuales. En contraste con el período anterior (1835-43), en que el Ateneo es asilo de una fuerte oposición moderada, durante la década de 1843-54 la docta casa ofrece amparo a puritanos y progresistas. Hasta 1850, el Ateneo es débil casa de oposición puritana; a los Gobiernos moderados corresponden Juntas ateneístas del mismo signo (presidencias de Joaquín Francisco Pacheco, 1842-44 y 1847-48; Pedro José Pidal, 1844-45; Alcalá Galiano, 1845-47 y 1849-52; Donoso Cortés, 1848; Martínez de la Rosa, 1848-49 y 1852-62); al retraimiento político de los progresistas sigue su ausencia de la cátedra ateneísta, con la excepción de Fernando Corradi y Pedro Mata; al doctrinarismo de la esfera política, por último, corresponde el eclecticismo del Ateneo. A partir del curso 1850-51 se oyen de nuevo las voces familiares del progresismo y, con Nicolás María Rivero, las de la joven democracia.

De los catedráticos del curso 1843-44, sólo el redactor del *Eco del Comercio* Fernando Corradi, enemigo declarado del Gobierno González Bravo, no pertenece al partido moderado ni a la fracción progresista unida al mismo. El *Diario de Avisos* (18 de marzo de 1844) anuncia el comienzo de sus lecciones de *Elocuencia forense y parlamentaria* en la misma fecha y su continuación en semanas sucesivas. Poco debieron durar, sin embargo, pues, habiéndose fundado *El Clamor público* a primeros de mayo de 1844, Fernando Corradi se

---

[3] Rafael María de Labra, *El Ateneo de Madrid, sus orígenes, desenvolvimiento, representación y porvenir,* Madrid, 1878, p. 112.

[4] *Ibíd.,* pp. 113 y 115.

dedica a polemizar incansablemente con el partido moderado desde su puesto
de director de este periódico progresista. De un comentario de Xavier Durrieu
—«M. Corradi eût été bien mieux inspiré de remonter avec calme dans sa chaire
de l'Athénée. C'était là le meilleur moyen de se montrer supérieur à la persé-
cution qu'il a subie naguère: quel plus noble refuge que la science contre les
haines et les passions des partis?» [5]— se desprende que el profesor progresista debió suspender su cátedra a poco de comenzarla, y sabemos que no la
reanudó hasta el curso 1850-51.

Además de la cátedra de Fernando Corradi, sabemos con certeza que hubo
por lo menos otras tres [6], *Química aplicada a la agricultura,* por el antiguo redactor de la *Gaceta de Madrid* José María de Nieva *(Diario de Avisos,* 1 de
enero de 1844); *Literatura española,* por José de la Revilla [7]; *Derecho político
constitucional,* por Antonio Alcalá Galiano. Esta última, como cuando la des-
empeñaba Donoso Cortés, sigue siendo un buen barómetro para determinar
la postura política del Ateneo. Cuando Antonio Alcalá Galiano pasa a desem-
peñarla, al fogoso tribuno de la Fontana de Oro no le queda ya más que una

      [5]   Xavier Durrieu, «Mouvement intellectuel de l'Espagne», *Revue des deux mondes,*
VI (1844), p. 935, también p. 932. Véase F. de Cárdenas, «Cursos públicos, Lecciones de elocuencia forense y parlamentaria pronunciados en el Ateneo por Don Fernando Corradi», *Revista de Madrid,* 2.ª época, II (1844), pp. 389-403.
      [6]   Los datos aportados por R. M. de Labra son siempre valiosos aunque, por des-
gracia, desordenados y poco específicos. En la lista de cátedras establecidas entre 1843
y 1854, que copiamos a continuación, no se indica el año exacto en que fue dado el
curso. Algunas de las cátedras mencionadas no hemos podido identificarlas. En las páginas siguientes completamos el trabajo de Labra aportando los cursos ateneístas en que
se celebraron y mencionando algunas cátedras olvidadas por Labra. Los cursos, entre
1843 y 1854, fueron los siguientes *(op. cit.,* pp. 113-16 y 124): Pedro Mata, *Medicina
legal;* Fernando Corradi, *Elocuencia forense y parlamentaria;* Francisco Fabré, *Geografía;* Camús, *Matemáticas;* Mieg, *Zoología;* Lozano, *Griego;* Antonio Benavides, *Historia
universal;* Antonio Alcalá Galiano, *Derecho político constitucional, Historia literaria
del siglo XVIII;* Fermín Gonzalo Morón, *Historia de la civilización en España;* José
de la Revilla, *Literatura española;* Obrador, *Medicina legal y Toxicología;* Pedro José
Pidal, *Historia del Gobierno y Legislación de España;* López Santaella, *Geología;* Salvá,
Fisiología; Sos, *Administración;* Joaquín Francisco Pacheco, *Legislación, Derecho político, Derecho penal;* Tomás García Luna, *Eclecticismo, Gramática general;* Manresa, *Historia comparada;* Ruiz López, *Derecho internacional;* Pedro Madrazo, *Historia de las
Bellas Artes;* Patricio de la Escosura, *Principios de Literatura, Historia filosófica de los
gobiernos parlamentarios;* Valle, *Economía política;* Facundo Goñi, *Derecho internacional
y El Socialismo;* Jiménez Cuenca, *Derecho público eclesiástico;* José García Barzanallana,
Economía industrial; José Posada Herrera, *Administración;* Cárdenas, *Historia del Derecho penal en España;* García de Quevedo, *Lengua y literatura italianas;* Andrés Borrego, *Economía política superior;* José Joaquín de Mora, *Filosofía de la historia;* Seijas,
Filosofía del derecho; Manuel Cañete, *Literatura dramática;* Nicomedes Pastor Díaz, *Relaciones de la organización social con la forma de los poderes públicos;* Fernando Cos
Gayon, *Historia del Derecho político y de la Hacienda de España;* Manuel Capalleja,
Hacienda; Luis González Bravo, *Historia, origen y progreso de los gobiernos represen-
tativos;* Joaquín María López, *Elocuencia;* A. Cánovas del Castillo, *Historia general de
Europa en el siglo XVI;* Nicolás María Rivero, *Filosofía moderna.*
      [7]   Véase el extracto de una de las lecciones en la *Revista de Madrid,* 2.ª época,
III (1844), pp. 265-299.

amarga y enrevesada retórica; la última emigración lo ha convertido en un escéptico escarmentado. Como su predecesor moderado, Alcalá Galiano ataca la soberanía popular; su escepticismo, sin embargo, le empuja a destruir todas las definiciones de libertad sin proponer nuevas posibilidades [8]. «El espíritu de duda, propio de la edad presente —dice el propio Alcalá Galiano— acaso ha entrado en mi ánimo, hasta hacer en él más honda mella que en otro alguno» [9]; y más adelante, «al catedrático español del Ateneo asimismo sucede al revés que al eminente sabio y ministro francés Mr. Guizot, tan superior a él por todos títulos, porque si de éste se dice que lleva resabios de su cátedra al teatro harto diferente de los cuerpos deliberantes cuando en ellos habla como diputado o ministro, de aquél puede afirmarse que en él se descubre más de lo debido la costumbre de hablar en los parlamentos, y hasta los modos de quien ejercitó en sus mocedades las artes tribunicias, en el tono, en el estilo, en la forma que da a sus discursos, destinados a la enseñanza» [10]. Ausente el ideal que antaño hiciera arder su palabra, el curso de *Derecho político constitucional* no pasa de ser una muestra hueca de los modos tribunicios y del cansancio pesimista del viejo liberal.

Alcalá Galiano no volvió a explicarlo, substituyéndole al año siguiente (1844-45) el hombre más representativo de la oposición moderada, el puritano Joaquín Francisco Pacheco. Desde la llegada de Narváez al poder (3 de mayo de 1844) hasta la promulgación de la nueva Constitución el 23 de mayo de 1845, el partido moderado se escinde en dos alas sobre si debe conservarse la Constitución de 1837 o volverse al *Estatuto Real*. El ala derecha moderada, acaudillada por el marqués de Viluma, acaba imponiéndose al grupo puritano (Pacheco, Nicomedes Pastor Díaz, Roca de Togores), que se opone a todo cambio constitucional, y la Constitución del 45 arrincona a la del 37. Ya como redactor de *La España* (1837-39) había defendido Pacheco la Constitución del 37, y sus lecciones de *Derecho político constitucional* tienen la misma intención. Decía Cánovas que «si hubo hombre que crease expresamente

---

[8] Véase Edgard Quinet, *Mes vacances en Espagne,* Paris, 1846, pp. 58-9; Charles de Mazade, *L'Espagne moderne,* Paris, 1855, p. 24; Antonio Cánovas del Castillo, «Discurso de 31 de enero de 1884», en *Discursos en el Ateneo Científico, Literario y Artístico con motivo de la apertura del curso de 1884,* Madrid, 1884, pp. 43, 48 y 69.

[9] Citado en M. A., «Lecciones de Derecho político constitucional por D. Antonio Alcalá Galiano», *Revista de Madrid,* 2.ª época, II (1844), p. 220. El redactor M. A. se queja también de «la censura que a cada momento hace [Alcalá Galiano] de sí propio» (p. 219), señalando que «se advierte un tono perenne de duda como si mostrase timidez al afirmar cualquier cosa, él que ha pasado por desengaños prácticos, y renunciado a algunas de sus antiguas convicciones. Las opiniones del señor Galiano son, si así puede decirse, negativas; rara vez asevera, y cuando lo hace no tarda en modificar y limitar sus asertos, como si le persiguiese el temor de profesar doctrinas demasiado absolutas» (p. 220).

[10] *Ibíd.,* p. 219.

Dios para ecléctico, fue Pacheco» [11], y ecléctica es la posición de Pacheco sobre la soberanía. En contra de Donoso Cortés y Alcalá Galiano, Pacheco admitía la existencia de todo tipo de soberanía, defendiendo la teoría de que estaba encerrada en los poderes ordinarios de cada país; así, en Prusia era realista, en los Estados Unidos popular y en España parlamentaria. Este punto de vista es el del grupo puritano que apoya los principios de la Constitución de 1837, posición bastante más elástica que la de los que al promulgar la del 45 vuelven a establecer las bases políticas del *Estatuto Real:* la soberanía reside en el rey y en las Cortes, sufragio restringido y compatibilidad del orden con la libertad, principios políticos todos ellos que tenían un primer borrador en la Memoria ateneísta de Fernando Alvarez. Las lecciones de Pacheco, pues, aunque no pudieron impedir la promulgación de la nueva Constitución, constituyen un buen ejemplo del punto de vista político de la oposición puritana en el Ateneo.

Huía también Pacheco en sus explicaciones de los modos tribunicios de Donoso Cortés y Alcalá Galiano, y volviendo a la primera tradición ateneísta intentaba inculcar sus ideas dirigiéndose a la razón y no a la imaginación de sus oyentes [12]. El fue quien introdujo en el Ateneo la costumbre de pronunciar sentado los discursos que versaran sobre materias de importancia, intentando de esta manera dar prioridad al fondo sobre la forma. Los arrebatos tribunicios quedan para otros temas, figuras y momentos, pero en las explicaciones de Pacheco existe un sano intento de convencer y no sólo de fascinar. Lo sesudo de su cátedra le valió el apodo de «pontífice». Como contraste, Antonio Alcalá Galiano explica un curso sobre *Historia de la literatura española, francesa, inglesa e italiana en el siglo XVIII* (1844-46 y 1848-50), siguiendo «paso a paso» el *Curso de literatura francesa* de Villemain. Según Charles Mazade, que asistió a las lecciones, «c'était la même facilité sans profondeur, le même éclat extérieur sans pensées neuves et fortes» [13]. En cuanto a las secciones, el curso 1844-45 fue desastroso. En las de *ciencias morales y políticas* y *literatura* no hubo debates, y la de *ciencias naturales y físico-matemáticas* discutió un solo tema, *La mecánica (experiencias)* [14].

El año de 1846 se caracteriza por la inestabilidad de los Gobiernos: Narváez cae en febrero y lo substituye Miraflores durante 34 días; un nuevo Gobierno Narváez vuelve a caer a los 19 días de su formación en marzo, siendo reemplazado por el de Istúriz en abril. En el Ateneo, por el contrario, reina la somnolencia. Sabemos por la prensa periódica que en 1845-46 se dieron tres

---

[11] Antonio Cánovas del Castillo, *op. cit.,* p. 37. Sobre las lecciones de Pacheco véanse también las pp. 43, 46, 48, 56 y 69.

[12] Charles de Mazade, *op. cit.,* p. 26.

[13] *Ibíd.,* p. 25. Véase también Cánovas, *op. cit.,* p. 72.

[14] R. M. de Labra, *op. cit.,* pp. 113 y 115.

cursos; el ya citado de Alcalá Galiano *(Historia de la literatura en el siglo XVIII,* del que *El Heraldo* da un amplio informe en sus números de 15 y 27 de mayo de 1846); *Derecho internacional,* por el también moderado Facundo Goñi y muy reseñado por *El Heraldo,* periódico del mismo color político, en los números de 16, 26 y 28 de mayo y 11 y 13 de junio de 1846. *El Heraldo* (17 de marzo de 1846) anuncia también el comienzo de la cátedra de Francisco Fabré *(Geografía)* en ese mismo día [15].

Las secciones estuvieron algo más animadas que en el curso anterior, aunque, desde luego, por bajo de su actividad normal. La de *ciencias morales y políticas* trató de *¿Qué ventajas e inconvenientes ofrece el método eléctrico?* y *¿Hay distinción entre la moral pública y la privada? Habiéndola, ¿en qué consiste?* La sección de *literatura* debatió un solo tema, *¿Hay una reacción verdadera en el movimiento literario que tomó el nombre de romanticismo? Si la hay, ¿es completa a punto de reponer las cosas en su pie antiguo?,* y la de *ciencias naturales y físico-matemáticas* habló de *el sésamo y la agricultura, las máquinas hidráulicas* y de *las bases de un sistema general de pesas y medidas* [16].

Presidente del Ateneo desde el 31 de diciembre de 1846 *(La Esperanza,* 1 de enero de 1847), Joaquín Francisco Pacheco pasa a ocupar la presidencia del Consejo de Ministros en marzo de 1847, con Antonio Benavides en Gobernación y Nicomedes Pastor Díaz en Instrucción, para caer en agosto del mismo año. Bajo la presidencia del puritano Pacheco se dan las cátedras siguientes: *Filosofía de las lenguas comparadas,* por Latouche, canónigo honorario de Angers *(El Heraldo,* 9 de enero de 1847, y *El Español,* 10 de enero de 1847); *Lengua hebrea,* por Latauge *(El Heraldo,* 15 de enero, y *El Español,* 16 de enero de 1847); *Derecho internacional y socialismo,* por Facundo Goñi *(El Español,* 28 de enero de 1847); *Medicina legal,* por Pedro Mata, antiguo redactor de *El Pabellón español* y *El Anfión matritense* y director por estos años de *La Facultad* (1845-47) *(El Español,* 3 de febrero, y *El Heraldo,* 4 de febrero de 1847); *Biografía española,* por Eugenio García de Gregorio *(El Heraldo,* 3 de marzo de 1847). Las lecciones de Goñi sobre el socialismo, tema tratado ya desde un punto de vista ecléctico en la sección de ciencias morales y políticas (1841-42), sirven de preámbulo a las que Nicomedes Pastor Díaz pronunciará sobre el mismo tema dos cursos más tarde en plena reacción a la revolución de 1848. Otro aspecto interesante de este cuadro de cátedras es la reaparición en el Ateneo del progresista Pedro Mata, figura de

---

[15] Según R. M. de Labra, *op. cit.,* p. 113, Fabré dio el mismo curso ininterrumpidamente desde 1836 a 1850.

[16] R. M. de Labra, *op. cit.,* pp. 113, 114 y 115.

6

«transición entre el materialismo tradicional del siglo XVIII y el positivismo del XIX», y creador de la medicina legal [17].

Durante el curso 1846-47, la sección de *ciencias morales y políticas* refleja en sus debates el interés despertado por las explicaciones de Pedro Mata. Se debatió: 1. *¿El Jurado es útil como institución judicial?*; 2. *¿Cuáles son los vicios más notables de nuestro procedimiento en materia criminal y qué medios pudieran adoptarse para corregirlos?*; 3. *La esclavitud considerada históricamente y en sus efectos morales y políticos.* La sección de *literatura*, presidida por Hartzenbusch *(El Español,* 14 de enero de 1847), debatió sobre el *carácter de la literatura contemporánea,* interviniendo su presidente con la lectura de unos *Apuntes* que publicaron la *Revista Literaria de El Español* y *El Siglo pintoresco* (julio de 1847); hizo un *juicio crítico de las obras de Eugenio Sué* y un *examen crítico de las de Chateaubriand.* Por último, se preguntó, *¿cómo se manifiesta la poesía en las religiones antiguas y en el cristianismo?* [18].

Con fecha de 28 de marzo de 1847 daba cuenta *El Heraldo* del aumento de socios del Ateneo, y un año más tarde el mismo periódico daba la cifra de 555 (19 de marzo de 1848). Otros periódicos madrileños anotan la creciente animación *(El Español,* 12 de enero de 1848; *La Esperanza,* 13 de enero de 1848) que motiva un aumento de la cuota de entrada de 100 a 520 reales *(El Heraldo,* 19 de enero de 1848) y la mudanza al edificio ocupado anteriormente por el Banco Español de San Fernando en la calle de la Montera *(El Heraldo,* 17 de agosto; *La España,* 26 de agosto de 1848). El 6 de diciembre de 1847 inaugura el Ateneo el nuevo curso *(El Heraldo,* 2 y 8 de diciembre) en el que figuran las siguientes cátedras: *Literatura dramática,* por Manuel Cañete, director de la *Gaceta de teatros* (1848), que en su primera lección recorrió brevemente la historia de España hasta 1833, año desde el que se proponía analizar las diferentes producciones dramáticas *(El Español,* 12 y 14 de diciembre de 1847; *La España,* 2 de mayo de 1848); *Economía política superior,* por el diputado Andrés Borrego, viejo amigo de Riego, emigrado liberal durante la ominosa, fundador de *El Español* (1835-48) y *El Correo Nacional* (1838-42), director de la *Revista Peninsular (*1838), autor de un curioso *Manual electoral para uso de los electores de la opinión monárquico-constitucional* (1837) y director, desde mayo de 1848, del *Semanario político y económico.* Su cátedra ateneísta es objeto de comentario en *El Español* (4 y 12 de enero y 7 de marzo de 1848). Con José Joaquín de Mora, que explica *Filosofía de*

---

[17] Marcelino Menéndez Pelayo, *Historia de los heterodoxos españoles,* Santander, 1948, vol. VI, libro VIII, p. 349. Véase también Mario Méndez Bejarano, *Historia de la filosofía en España hasta el siglo XX.* Madrid, sin año, p. 488.
[18] R. M. de Labra, *op. cit.,* pp. 113 y 114. No menciona actividad alguna en la sección de *ciencias naturales y físico-matemáticas.*

la Historia, el eclecticismo domina la cátedra ateneísta [19], pues no hay que olvidar que el profesor ateneísta dirigió en 1844 la *Revista ecléctica española*. Su cátedra es comentada en *El Heraldo* y *El Español* (12 de enero de 1848). Facundo Goñi desempeña la cátedra de *Historia (El Heraldo*, 30 de enero y 15 de marzo de 1848), Pedro Mata la de *Medicina legal (El Heraldo*, 15 de marzo de 1848) y Fausto de la Vega la de *Cosmografía (El Heraldo*, 15 de marzo de 1848).

Propuesto por su presidente, Donoso Cortés, la sección de *ciencias morales y políticas* debatió sobre *las órdenes religiosas en general y especialmente las órdenes mendicantes (El Heraldo* y *El Español*, 12 de enero de 1848). *La Esperanza* (13 de enero) comenta la enorme concurrencia, achacándola a la fama de Donoso Cortés. Rafael María de Labra no menciona este tema de debate, sino el de *las asociaciones en general, y las políticas en particular*, tema que no hemos podido encontrar reseñado en ninguna parte. El 22 de marzo de 1848, después de haber suspendido sus trabajos por algunas semanas, la sección presidida por Donoso Cortés volvió a reunirse para discutir sobre *la filosofía de la historia (El Español, El Heraldo*, 22 y 23 de marzo, respectivamente). Labra tampoco menciona este tema.

La sección de *literatura*, presidida por José Joaquín de Mora (con Eugenio García de Gregorio en la secretaría) discutió vivamente los temas siguientes: 1. *¿Hay un género de literatura que pueda llamarse propia y exclusivamente místico? Y si lo hay, ¿cuáles son las propiedades que lo distinguen de los otros géneros?*, tomando parte en el debate Espárraga, Navarro Villoslada, Tejado, Grijalva y García Luna, que leyó una larga composición titulada «A Cristo en la Cruz» *(El Español*, 16 de enero de 1848, y *La Esperanza*, 19 de enero de 1848); 2. *¿Cuáles son las condiciones sociales que caracterizan las épocas propiamente llamadas poéticas?*, con participación de Tejado, Grijalva y Mora *(El Español*, 1 de febrero de 1848); 3. *¿Son preferibles en el estado actual de la literatura y de las artes los tipos de la edad media a los del gusto clásico griego? Si lo son, ¿en qué se funda esta diferencia? Si no lo son, ¿en qué consisten sus desventajas?*, interviniendo Hartzenbusch con un discurso, reproducido por la *Revista de España, de Indias y del Extranjero* (XI, 1848), y con la lectura de unas cuantas fábulas, entre las que se contaba la titulada «El treinta de abril» *(El Español*, 5 de febrero de 1848); 4. *De las ventajas y desventajas del asonante en la poesía moderna;* 5. *¿Qué recursos suministran a la*

---

[19]   Según Menéndez Pelayo, *op. cit.*, pp. 695 y 722, en el Ateneo y en los centros oficiales dominaba el eclecticismo. Ya mencionábamos más arriba el curso de *Filosofía ecléctica* dado por Tomás García Luna en el Ateneo (1842-43), comentado por Pierre Jobit, *Les éducateurs de l'Espagne contemporaine*, Paris, 1936, vol. I, p. 23; Menéndez Pelayo, *op. cit.*, pp. 342 y 343; M. Méndez Bejarano, *op. cit.*, p. 463, y Luis Vidart, *La filosofía española*, Madrid, 1866, pp. 131-2.

*poesía los recientes progresos de las ciencias naturales?; 6. De la tragedia clásica
en nuestro siglo y principalmente en nuestro país.*

La sección de *ciencias matemáticas, físicas y naturales,* con este nuevo nombre desde 1848, trató de *cuál es el verdadero carácter de los dos métodos, analítico y sintético, qué aplicación tienen en las ciencias matemáticas y si el primero es sólo propio para ellas.* Bajo la presidencia del secretario del Consejo Real, José Posada Herrera, la sección trató también de *si se debe a los árabes españoles la restauración de las ciencias en Europa*[20].

La apacibilidad del Ateneo de la década moderada se trunca en 1848 como resultado indirecto de la revolución europea del mes de febrero. *La España* (7 de julio de 1848) enlaza ingeniosamente una crisis ateneísta con la revolución del 48 cuando dice que en el Ateneo, a imitación de lo que está ocurriendo en algunas asambleas populares europeas, la Junta de Gobierno (poder ejecutivo) choca con los socios en una Junta general al someter a su aprobación un asunto de gran interés para la corporación. No se menciona en qué consistía dicho asunto, pero sí que todos los individuos que componían la Junta de Gobierno, al verse desairados en su petición, dimitieron en masa, con su presidente, Donoso Cortés, a la cabeza. Si el marqués de Valdegamas llegó a defender en el Congreso la dictadura del espadón, bien pudiera ser que el famoso asunto ateneísta no fuera ajeno al mismo espíritu de reacción. El caso es que la dimisión fue aceptada y que se eligió nueva Junta de Gobierno encabezada por Martínez de la Rosa *(La España,* 11 de julio de 1848).

Cogidos de improviso por las reclamaciones que republicanos y socialistas exponen violentamente en las calles de París, moderados y progresistas recurren a Narváez (presidente del Consejo desde el 3 de octubre de 1847) para que sofoque dictatorialmente cualquier conato revolucionario en España. Y como un aterrado Donoso inviste al espadón en las Cortes de poderes dictatoriales, y un Tassara cree ver entrar a los bárbaros en Roma, Nicomedes Pastor Díaz, recién caído ministro de Instrucción en el Gobierno puritano de Pacheco, ataca en el Ateneo los principios socialistas en 16 lecciones que, como para recalcar su importancia, lee sentado[21]. Además de *Los problemas del socialismo,* por Pastor Díaz, se dieron otros cursos en el de 1848-49 que, según *El Heraldo* (7 de noviembre de 1848), estuvieron aún más concurridos que los del anterior. El 24 de octubre de 1848 recoge *La España* unos rumores de que

---

[20]   Aunque Labra, *op. cit.,* p. 114, menciona este último tema como debatido en la sección de *literatura* debe de ser un error.

[21]   *Los problemas del socialismo* (1848-49) fueron publicados en *La Patria* (véase Juan Valera, «Necrología de Nicomedes Pastor Díaz», *La América,* 12 de abril de 1863), y más tarde incluidos en el vol. IV de las *Obras de Don Nicomedes Pastor Díaz,* Madrid, 1867, que prologó Cánovas, asistente al curso (Cánovas, *op. cit.,* p. 79). Buena bibliografía sobre las lecciones en Enrique Chao Espina, *Pastor Díaz dentro del Romanticismo,* Madrid, 1949, pp. 155-7 y 549-57.

Alcalá Galiano, Mora y Richard Reiss desempeñarán cátedras en ese curso, de inglés la del último, idioma que recientemente se ha convertido en el predilecto de la buena sociedad. Aunque de las de Mora y Reiss no tenemos noticias, sabemos que Alcalá Galiano volvió a explicar su *Historia del siglo XVIII, considerada en su aspecto político, social y literario (La España,* 31 de octubre; *El Heraldo,* 8 de noviembre de 1848). Cañete repitió su *Literatura dramática (La España,* 5 de noviembre; *El Heraldo,* 26 de noviembre de 1848), y Fernando Cos Gayon —redactor de *El Heraldo* y de *El Amigo del País*— dio un curso de *Historia del Derecho político de España (El Heraldo,* 9 de noviembre de 1848).

La sección de *ciencias morales y políticas* trató de un solo tema, aunque de gran importancia para delimitar posturas políticas, *¿Hasta qué punto conviene a España la aplicación del sistema de la libertad comercial?,* y conociendo el color moderado del Ateneo, podemos aventurar que la sección se manifestó en contra del librecambio, tema de gran interés en el próximo período ateneísta. La sección de *literatura,* dirigida por Mora (presidente), Manuel Cañete (vicepresidente), Eugenio García de Gregorio (secretario) y Manuel Gómez de Agüero (vicesecretario), debatió sobre *si la religión de la antigua Grecia y de Roma se presta más que la cristiana a las inspiraciones de la musa dramática,* sobre *de qué modo y hasta qué punto influyen los actos domésticos en la literatura y especialmente en la poesía de las naciones,* y sobre *la propiedad literaria* [22]. En mayo de 1849 hubo un concierto por Elisabetha Sara *(La Nación,* 2 de mayo de 1849).

«Tandis que l'activité publique, en Espagne, se porte depuis quelques années dans la sphère des intérêts pratiques et matériels», se lee en una crónica del *Annuarie des deux mondes* (1850), «il semble, au contraire, qu'il y ait une sorte de ralentissement dans la vie intellectuelle». Y anotando el éxodo de la literatura a la política entre algunos intelectuales, añade, «c'est là, dans les discussions parlamentaires, que se retrouve peut-être le plus d'éclat intellectuel en 1850» [23]. La opinión de «León Roch» no puede ser más opuesta. «En estos días se advierte actividad inusitada en la vida intelectual —escribe el 22 de mayo de 1850 [24]—; naturalmente, el Centro donde más se advierte la animación es el Ateneo. La destartalada y mísera casa de la calle de la Montera, 22, se ve a diario muy concurrida por literatos, políticos y artistas, que comentan animadamente los sucesos del día». En el fondo, «León Roch» está corroborando la opinión del *Annuaire,* pues ese comentar el último rumor político no consti-

---

[22] Labra, *op. cit.,* pp. 113 y 114. No da temas de debate en la sección de *ciencias matemáticas, físicas y naturales.* Véase también *La España,* 13 de diciembre de 1848.
[23] *Annuaire des deux mondes,* I (1850), pp. 410 y 411.
[24] Francisco Pérez Mateos («León Roch»), *La villa y corte de Madrid en 1850,* Madrid, 1927, p. 162.

tuye verdadera actividad intelectual. La vida de las secciones es siempre buen barómetro del quehacer intelectual del Ateneo, y, en 1850, si bien la casa se ve concurrida y se dialoga animadamente, la actividad de los socios está en los pasillos y no en la sección.

Pendientes los ateneístas de los acontecimientos políticos del día, en el curso 1849-50 las secciones languidecen y dos de ellas dejan incluso de reunirse. Según Labra no se celebraron debates en ninguna de ellas, pero la prensa periódica reseña cierta actividad en la de *ciencias morales y políticas.* El 26 de noviembre de 1849, por lo pronto, la sección eligió Mesa para 1850, compuesta por Antonio Alcalá Galiano (presidente), Facundo Goñi (vicepresidente), Emilio Bernar (secretario) y Tomás Bardallo (vicesecretario) *(La Nación,* 28 de noviembre de 1849). En la sesión siguiente, la sección debatió sobre *si el paganismo en su influencia en la literatura y bellas artes es más fecundo que el cristianismo,* tema muy cercano al debatido en la sección de *literatura* durante el curso anterior (1848-49). Intervinieron en el debate los jóvenes catedráticos Capalleja y Esperón, Blanco, Assas y Llorente *(La Epoca,* 5 de marzo, y *El Heraldo,* 6 de marzo de 1850), además del presidente Alcalá Galiano que, según *El Heraldo* (24 de marzo de 1850), pronunció un gran discurso sobre el tema *¿Encierra más bellezas con relación a la literatura el paganismo o el cristianismo?* El 7 de enero se celebró un concierto a cargo del violinista Bazzini a beneficio de los pobres de Madrid *(La Nación,* 9 de enero de 1850).

Tampoco las cátedras estuvieron muy animadas durante este curso. José Joaquín de Mora volvió a desempeñar la de *Filosofía de la historia (La España,* 2 de noviembre de 1849) y Alcalá Galiano la de *Historia del siglo XVIII.* Ya hemos mencionado a los jóvenes catedráticos Capalleja y Esperón, que explicaron sobre *Hacienda* y *Administración,* respectivamente. Manuel Assas dio un curso de *Historia universal de la arquitectura (El Heraldo,* 27 de enero de 1850).

La Epoca y *El Heraldo* (3 de enero de 1850) dan cuenta de un pequeño incendio en la casa de la calle de la Montera donde se encuentra el Ateneo, que fue sofocado sin que causara ningún daño. Durante el curso 1850-51, las lecciones que el diputado demócrata Nicolás María Rivero pronuncia sobre *Filosofía moderna* «incendian» la casa, y, aunque son rápidamente suspendidas, inician una serie de cátedras en que la oposición ataca al Gobierno. Nada sabemos sobre los puntos tocados por Rivero, demócrata que en las Cortes de 1847 había combatido a Narváez y en las de 1848 y 1851 se perfilaba como indiscutible jefe del joven partido desgajado del progresista al calor de la revolución europea de 1848, más que causaron un verdadero escándalo en el ámbito moderado del Ateneo. En el libro 3.º de las actas del Ateneo se recoge el hecho de «haberse quejado varios socios a la Junta directiva (27 de diciembre de 1850) de los términos en que aquel profesor se expresaba sobre materias de religión y política»[25], por lo que el presidente Alcalá Galiano tuvo que recordarle a Rivero que los Estatutos ateneístas prohibían expresamente tratar sobre dichas materias. El catedrático renunció a seguir explicando el curso, aunque no sabemos con exactitud cuándo.

El Heraldo reseña un caso de intolerancia ocurrido en el Ateneo: «noches pasadas parece que hubo un desorden impropio de semejante establecimiento —se lee en su número del 1 de marzo de 1851—; nos han referido que algunas personas de las que componían el auditorio del profesor que explica una de las asignaturas se propasaron en sus burlas hasta el extremo de hacer que dicho profesor suspendiera la explicación, a la cual volvió, sin embargo, pero en vano, porque la falta de respeto hubo de repetirse. Sería de desear que fuere ésta la última vez que ocurrieran en el Ateneo lances de esta especie, y a este fin debieran adoptarse las medidas convenientes». Resulta difícil determinar si el catedrático tan groseramente tratado fue Rivero o no, aunque lo más probable es que hubiera abandonado su cátedra a raíz de los sucesos de diciembre. Podría tratarse de una represalia de los socios progresistas contra algún catedrático conservador, pagando de tan intolerante manera la injusticia cometida con Rivero, o también de una nueva reacción moderada ante la exposición de ideas avanzadas. En cualquier caso, el incidente parece poner en evidencia lo mítico de la sociabilidad ateneísta; el Ateneo de las épocas de ebullición política suele, por lo general, perder su tolerancia y olvidarse de las buenas formas dictadas por los Estatutos.

El 4 de noviembre de 1850 quedaron abiertas las cátedras con un discurso de Alcalá Galiano, presidente del Ateneo, y todas las crónicas periodísticas elogian la «gran concurrencia» *(La Epoca,* 10 de noviembre y 13 de diciembre de 1850) y la «gran curiosidad» por las conferencias *(La Nación,* 25 de noviembre de 1850). Además del curso de *Filosofía moderna* de Nicolás María Rivero se advierte la presencia del grupo del periódico *La Patria* (1849-51). Su fundador, Joaquín Francisco Pacheco, ocupó la cátedra de *Historia de las ideas y de las instituciones liberales en España (La Epoca,* 22 de noviembre y 13 de diciembre de 1850; *La España,* 20 de diciembre de 1850), aunque no pasó de examinar superficialmente los tiempos visigóticos y sus libertades semigermánicas y semieclesiásticas[26]. Antonio Benavides, antiguo ministro de la Gobernación con Pacheco (1847) y redactor de *La Patria,* habló sobre *Historia de España, período de la casa de Austria (La Epoca,* 13 y 22 de noviembre de 1850; *La España,* 13 de noviembre y 20 de diciembre de 1850). Otro

25 Citado en Labra, *op. cit.,* p. 125.
26 Antonio Cánovas del Castillo, *op. cit.,* p. 72.

ministro de Pacheco, Nicomedes Pastor Díaz, da un curso de *Relaciones entre los gobiernos y las sociedades actuales* (*La Epoca,* 13 de diciembre, y *La España,* 20 de diciembre de 1850). Se afirma también el grupo progresista con la vuelta de Fernando Corradi a su cátedra de *Elocuencia forense y parlamentaria* (*La Epoca,* 13 de diciembre y *La España,* 20 de diciembre de 1850) y la del doctor Pedro Mata, que hace un *Examen crítico de la doctrina homeopática* (*La Nación* y *La España,* 15 de enero de 1851). Este credo médico había sido ya defendido por la *Gaceta homeopática de Madrid* (1845-46), llamada *La Homeopatía* a poco de fundarse, y por *El Duende homeopático,* que «defendía en estilo satírico el sistema homeopático y era enemigo acérrimo del alopático», siendo suprimido a los veinte días de publicación «por orden de la autoridad superior política de la provincia» [27]. Este detalle de la suspensión de *El Duende Homeopático,* posiblemente por politización de una doctrina médica, nos hace sospechar que el catedrático del incidente mencionado pudiera muy bien ser Pedro Mata, homeópata y progresista. De diciembre de 1850 a octubre de 1851, la labor de *El Duende* fue continuada por *El Centinela de la homeopatía* y, en un plano más serio, por los *Anales de la medicina homeopática* (1851-58) y *La Década homeopática* (1854-56).

Además de los mencionados, Alcalá Galiano continuó sus explicaciones sobre *Historia del siglo XVIII* (*La Epoca,* 22 de noviembre, y *La España,* 20 de diciembre de 1850), Manuel Cañete las de *Literatura dramática* (*La Epoca,* 5 de diciembre de 1850, y *El Heraldo,* 10 de enero de 1851), Facundo Goñi las de *Filosofía de la historia* (*La España,* 20 de diciembre de 1850) y Manuel Assas las de *Historia de la arquitectura* (*La España,* 20 de diciembre de 1850). Un inglés, Arthur Canning, dio en francés un curso titulado *Elements de littérature appliqués à l'enseignement de la langue grecque* (*El Heraldo,* 10 y 24 de abril de 1851), y un tal Montemayor desempeñó una cátedra de *Airestación* que lo convierte tal vez en el primer excéntrico de los muchos que tuvo el Ateneo a lo largo de su vida. *El Heraldo* (24 de abril de 1851) anuncia que el señor Montemayor, inventor del Eolo, no habiendo podido elevarse en Valverde con su artefacto, ha resuelto hacerlo en el Ateneo por medio de unas lecciones. En efecto, Montemayor dio varias conferencias, dedicándose, entre otras cosas, a demostrar la falsedad del sistema físico de Newton (*El Heraldo,* 29 de abril, 6, 13, 19 y 27 de mayo de 1851; *La España,* 1 de mayo de 1851).

Según Labra, las secciones no se reunieron durante el curso 1850-51, pero *La España, La Nación* y *El Heraldo* (26, 29 y 30 de enero de 1851, respecti-

---

[27] Eugenio Hartzenbusch, *Apuntes para un catálogo de periódicos madrileños desde el año 1661 al 1870,* Madrid, 1894, p. 128.

vamente) mencionan que la sección de *literatura,* presidida por Pacheco, hizo un *juicio crítico de las obras de Moratín,* usando de la palabra Seoane, Segovia y Esperón, que consideraron a Moratín bajo el aspecto de autor dramático. Según *El Heraldo* (10 de enero de 1851), se celebró una sesión de poesía improvisada por Alvarez Miranda.

A pesar de las apariencias, el Ateneo languidece intelectualmente como se deduce de una crónica de *La Epoca* (14 de enero de 1852): «la nueva junta gubernativa y singularmente su presidente, el señor D. Francisco Martínez de la Rosa, están decididos a dar la máxima brillantez y animación a aquel establecimiento. El lunes próximo se reunirá la sección de ciencias morales y políticas y aquella misma noche principiarán las eruditas e interesantes conferencias. Hay fundadas esperanzas de que elocuentes oradores se encarguen del desempeño de nuevas cátedras, que se trate de enriquecer con varias adquisiciones la biblioteca y gabinete de lectura, y que los jóvenes y activos secretarios y sus distinguidos compañeros se proponen trabajar sin descanso para hacer que vuelva a ser el Ateneo lo que fue en sus mejores tiempos». El 2 de noviembre de 1851, en efecto, se inaugura el nuevo curso, pero sin que se cumplan las esperanzas de *La Epoca.* A los ya familiares Mora y Assas *(La España, 5 de noviembre de 1851 y 18 de junio de 1852),* se suma un nuevo catedrático, E. Gaytté y Chaplet (director del periódico madrileño *Le Conciliateur* (1850) y profesor de francés), que ocupa una cátedra de *Historia de Francia (El Heraldo,* 16 de noviembre de 1851).

Esta penuria docente tampoco es ajena a las secciones, aunque por lo menos se reúnen y debaten, actividad que les niega Labra durante el curso 1851-52. A finales de diciembre de 1851 se eligen las Mesas correspondientes, figurando en la de *ciencias morales y políticas* Martínez de la Rosa (presidente), Facundo Goñi (vicepresidente), Emilio Bernar (secretario) e Isidro Wal (vicesecretario), y en la de *literatura* Joaquín Francisco Pacheco (presidente), Juan Eugenio Hartzenbusch (vicepresidente), Luis Nájera (secretario) y Manuel Capalleja (vicesecretario) *(El Heraldo,* 26 de diciembre de 1851). Sabemos, además, que la sección citada en primer lugar se reunió el 28 de enero para debatir sobre *las sociedades secretas con relación a la moral y a la política (La Epoca,* 29 de enero de 1852). La sección de *literatura* discutió sobre el tema siguiente, *¿El romanticismo ha sido un progreso o un accidente en la literatura contemporánea? Si lo segundo, ¿cuáles han sido sus motivos? En todo caso, ¿qué quedará de él? (La Epoca,* 12 de febrero de 1852).

En la junta general celebrada en septiembre de 1852 sigue en pie la cuestión de la decadencia ateneísta, y *La España* (30 de septiembre) rumorea que se está tratando de que las cátedras sean desempeñadas por algunos de los individuos más notables de la casa. Dos nuevos catedráticos toman la palabra,

ambos de postura política inequívoca, Luis González Bravo y Joaquín María
López. El primero habla sobre la *Historia, origen y progresos de los gobiernos representativos,* según Cánovas para combatir las doctrinas políticas dominantes en la esfera política [28], y López sobre *Elocuencia* [29]. Ambas cátedras sufren el mismo fin que la de Rivero años atrás, sólo que esta vez son
cerradas, en diciembre de 1852, por orden de la autoridad y no del Ateneo [30].
Manuel Cañete *(La Epoca,* 11 de noviembre de 1852), Fernando Corradi *(La
Esperanza,* 12 de noviembre de 1852, y *La Nación,* 8 de enero de 1853) y An-
tolín Esperón *(La Epoca,* 4 de enero de 1853) siguen divagando sobre *Literatura dramática, Filosofía de la historia* y *Administración,* sin que la autoridad vea motivo de alarma en el contenido de sus lecciones.

De las tres secciones sólo la de *literatura* se reúne (Labra lo niega). Presidida por Pacheco (con Hartzenbusch, José Canga Arguelles y Manuel Capalleja como vicepresidente, secretario y vicesecretario, respectivamente, *La España,* 31 de diciembre de 1852), la sección discute sobre *cuál de las bellas artes
reúne más condiciones para expresar los sentimientos de lo bello y lo sublime,*
interviniendo en el debate Alcalá Galiano, Trujillo, Esperón, Marichalar, Camus y Fontanals *(La Nación,* 20 y 27 de enero y 1 de febrero de 1853; *La
Epoca,* 31 de enero de 1853). Terminó el debate con un discurso de Pacheco
resumiendo lo dicho por los demás.

La Epoca (27 de octubre) y *La Nación* (30 de octubre de 1853) anuncian
la apertura de cátedras para el 3 de noviembre y, en efecto, el presidente ateneísta Martínez de la Rosa pronuncia en esta fecha un discurso muy de su
estilo. Titulado «los progresos y adelantos de las ciencias», el discurso trataba
de probar que la generación del día, a pesar de sus defectos, era muy superior
a la de siglos pasados *(La Epoca,* 4 de noviembre de 1853). No podría decirse
otro tanto del Ateneo durante el curso 1853-54. La atención de los socios está
en los sucesos del día, en las continuas convocatorias y disoluciones de Cortes,
en los cambios de Gobierno (Narváez, Bravo Murillo, Roncali, conde de San
Luis) y en la estrategia de la oposición. Entre las nuevas cátedras destaca la
del absolutista Gabino Tejado sobre *Teoría del deber (La Epoca,* 18 de noviembre de 1853), y las de dos progresistas, Patricio de la Escosura sobre *Historia filosófica de los gobiernos parlamentarios* y Antonio Cánovas del Cas-

[28]   A. Cánovas del Castillo, *op. cit.,* p. 92.
[29]   Fermín Caballero, «Vida del Excmo. Sr. Don Joaquín María López», en el volumen VII de la *Colección de discursos parlamentarios, defensas forenses y producciones
literarias de don Joaquín María López,* Madrid, 1857, p. 217, dice que las lecciones
sobre *Elocuencia* dadas en el Ateneo están en el vol. V. No hemos podido encontrar el
mencionado volumen.
[30]   R. M. de Labra, *op. cit.,* p. 127.

tillo, redactor de *La Patria* (1849-51) con Pacheco y de *El Murciélago* (1853) con Luis González Bravo, sobre *Historia general de Europa en el siglo XVII*. Las secciones no se reúnen, pero se celebra una reunión literaria para examinar el *Proyecto de una lengua universal* de Bonifacio Sotos Ochando, participando Martínez de la Rosa, Olózaga, López y Hartzenbusch *(La Nación,* 29 y 31 de enero de 1854). En el mes de noviembre, el poeta genovés Galleano Ravara leyó unos versos consagrados a Cristóbal Colón *(La Epoca,* 6 de noviembre de 1853).

La Nación (9 de enero de 1854) anuncia un cambio de horario en la cátedra de Cánovas del Castillo y poco después, al parecer por hacer demasiadas alusiones a la situación política del día, el Gobierno presidido por el conde de San Luis la suprime [31]. Al cierre de esta cátedra sigue el del propio Ateneo por orden del socio y gobernador civil de Madrid, conde de Quinto (22 de febrero de 1854), decisión que es ampliamente reseñada y aplaudida por la prensa reaccionaria. Resulta interesante comprobar que las acusaciones contra el Ateneo en un periódico como *La Esperanza* son más o menos las mismas que lanzara la prensa progresista en 1842, es decir, el haberse convertido en un club político. *La Esperanza* (6 de marzo de 1854) acusa directamente a los liberales y progresistas «que en el Ateneo se entusiasmaban cuando el Sr. D. N. explicaba derecho constitucional, o cuando el Sr. D. F. declamaba contra los déspotas y el fanatismo clerical, o cuando el Sr. D. J. se dirigía a la opinión pública contra los que no quisimos cantar himnos de gloria al Sr. Mendizábal después de su muerte» y a «los que van al teatro de la Cruz a expresar su odio a todo poder monárquico, celebrando con estrepitosos aplausos la derrota y el degüello de los cosacos». En carta dirigida al director de *La Esperanza* (publicada en el número del 11 de marzo de 1854), el secretario del Ateneo, marqués de la Vega de Armijo, declaraba que «jamás se han tratado las cuestiones, por mucho que fuera su roce con la política, sino en el terreno de la ciencia», a lo que contestaba el periódico en el mismo número: «en respuesta a la anterior comunicación, nos limitaremos a decir: 1. Que el que las cuestiones que se rozan con la política sean tratadas en el terreno de la ciencia, no quita que puedan ser tratadas de una manera perniciosísima. 2. Que, sabiéndolo o ignorándolo la Junta de Gobierno, en el Ateneo se han tratado muchas con visible aplicación a las circunstancias políticas del momento». La acusación tenía fundamento, pues, como sabemos, Cánovas y González Bravo hacían política de oposición desde sus cátedras ateneístas. Esto, sin embargo, no constituía novedad alguna en un centro que desde su fundación había servido de

---

[31] *Ibíd.,* p. 128. Véase también Antonio Espina, *Cánovas del Castillo,* Madrid, 1946, p. 38.

tribuna a los partidos alejados del poder, aunque sus Estatutos prohibieran expresamente tratar de temas políticos. El cierre del Ateneo en 1854 está motivado, como en 1842, por su abierta politización. Aunque el 20 de abril de 1854 la autoridad permite la reapertura del local (parcialmente, ya que sus cátedras debían permanecer cerradas hasta nueva orden, *La Epoca,* 21 de abril de 1854), el Ateneo no vuelve a la normalidad hasta el curso siguiente.

CAPÍTULO V

EL ATENEO DEL BIENIO PROGRESISTA (1854-1856) Y DEL PERIODO DE LA UNION LIBERAL (1856-1868)

Con el levantamiento de 1854, justificado ideológicamente por el manifiesto que redacta Cánovas del Castillo y apoyado por las jornadas callejeras de julio en Madrid, se inicia el breve paréntesis del bienio progresista (1854-56). Espartero y O'Donnell gobiernan, apoyados, respectivamente, por progresistas puros y por el elemento moderado de ambos partidos que más tarde formará el núcleo de la Unión Liberal. A la derecha, y fuera del equipo gobernante, se encuentra el carlismo, y a la izquierda el joven partido demócrata de Castelar y Martos, entre otros. El Ateneo, que había sido abierto parcialmente en abril de 1854, vuelve a inaugurar su cátedra el 27 de noviembre, con un discurso del presidente Martínez de la Rosa sobre la validez doctrinaria del justo medio. Discurso de oposición, ya que defiende la postura moderada y de conciliación que falta en el Gobierno de Espartero, quien, por su progresismo puro, no admite entendimientos de ninguna clase con los conservadores. En cierto modo, el discurso presidencial de Martínez de la Rosa define los ideales unionistas que llevarán a O'Donnell al poder en julio de 1856 y que dominarán en la esfera política hasta la septembrina (1868).

Desde el punto de vista docente, el Ateneo mantiene pocas cátedras y sólo una sección celebra debates, la de *ciencias matemáticas, físicas y naturales* sobre *si los principios de la frenología son probables, ciertos o evidentes,* con intervención de Pedro Mata *(La Iberia ,29* de marzo de 1855). Alcalá Galiano da un curso de *Historia general, política y literaria del siglo XVI (La Epoca,* 16 de febrero; *La Nación,* 17 de febrero; *La Iberia,* 1 de marzo de 1855); y el ingeniero demócrata Gabriel Rodríguez, redactor de la *Revista de obras públicas,* otro sobre *La Economía política aplicada a las obras públicas.* El 25 de enero de 1856, el joven ingeniero, diputado progresista y director

de *La Iberia,* Práxedes Mateo Sagasta, inicia sus explicaciones sobre el mismo
tema que Gabriel Rodríguez *(La Nación,* 27 de enero de 1856), en el que se
reflejan las direcciones librecambistas en el terreno económico. Sabido es que
el momento mundial es de gran auge del comercio internacional, por lo que el
transporte se hace imprescindible para la integración de las economías locales
en la nacional y ésta en la internacional. El tendido de vías férreas y la construcción de caminos, canales, puentes y puertos tienden a vivificar las economías locales sacándolas de sus demarcaciones y poniéndolas en contacto con los
mercados exteriores. Las vías públicas, por otra parte, sacan a las orbajosas
galdosianas de su rincón no sólo en cuanto a su economía, sino también cultural y políticamente. En este sentido, es interesante recordar que el ingeniero
progresista y ateneísta de *Doña Perfecta,* Pepe Rey, no llegaba al islote
reaccionario de Orbajosa —reaccionario precisamente por su aislamiento—
en tren, sino a caballo. Las conferencias de Gabriel Rodríguez y de Sagasta
definen los principios económicos librecambistas del progresismo y de la democracia que volverán a ser gran tema ateneísta en el período de oposición
a la Unión Liberal (1856-68).

También durante el curso 1855-56 mantiene el Ateneo cátedras sobre *El
estado de las escuelas filosóficas entre los árabes,* por el joven diputado José
Moreno Nieto *(La España,* 30 de enero, y *La Nación,* 4 de marzo y 22 de
mayo de 1856); *La razón humana en estado de salud,* por Pedro Mata *(La
Nación,* 19 de abril de 1856) [1]; *Lengua sánscrita en España,* por Assas *(Sema-*

----

[1] «Fruto de tres cursos dados por Mata en el Ateneo de Madrid es una trilogía
sobre la razón humana, presentada en tres volúmenes, bajo el título genérico de *Filosofía española.* Se titulan: «*Tratado de la Razón humana en estado de salud,* con aplicación a la práctica del foro» (Madrid, 1878, la 2.ª edición); «*Tratado de la Razón humana en sus estados intermedios.* Sueños, pesadillas, sonambulismo, etc., con aplicación
a la práctica del foro» (Madrid, 1864), y «*Tratado de la Razón humana en estado de
enfermedad,* o sea de la locura y de sus diferentes formas, con aplicación a las prácticas
del foro» (Madrid, 1878)», Tomás Carreras y Artau, *Médicos-filósofos españoles del
siglo XIX,* Barcelona, 1952, p. 69. El autor, que «se jacta de publicar estas lecciones
tal como fueron pronunciadas, con sus arrebatos oratorios, repeticiones sinnúmero, répli-
cas mordaces a los contradictores del curso, etc.» (p. 70), rechazó en ellas el contenido
de las *Lecciones de Filosofía ecléctica* de Tomás García Luna (p. 70). Sobre las 26 lecciones del vol. I, es decir, las explicadas en el curso de 1855-56 que nos ocupa, véanse
pp. 70-5. La obra de Mata fue duramente criticada por Ramón de Campoamor en sus
Polémicas con la democracia (artículo XXV), *Obras completas,* vol. II, Madrid, 1901,
pp. 630-642. En 1859 pronunció Mata un discurso en la Real Academia de Medicina
de Madrid en que atacaba a *Hipócrates y las escuelas hipocráticas,* y en el que terminaba
incitando a los médicos a que «no se dejen arrastrar por el torrente reaccionario que
baja de la política a la Filosofía y de la Filosofía a la Medicina» (T. Carreras y Artau,
op. cit., p. 76). El discurso levantó una gran polémica, encargándose Anastasio Chinchilla de defender el hipocratismo en nueve artículos publicados en *El Siglo médico
(ibíd.).* Años atrás, Chinchilla había criticado a Pedro Mata en sus *Anales históricos de
la Medicina en general y biográfico-bibliográfico de la española en particular* (Valencia, 1846, vol. IV, pp. 572-4), precisamente por las ideas políticas de Mata. Años más
tarde, sin embargo, Rafael Chichón («La escuela española en el Ateneo», *Revista de
España,* XCIV (1883), pp. 562-3) dedica un elogioso recuerdo al doctor Mata que «en-

nario pintoresco español, 1856); *Cuestiones administrativas,* por el librecambista Manuel Colmeiro, e *Historia de Francia,* por E. Gaytté y Chaplet. En esta última cátedra, años antes tan concurrida y elogiada, se produjeron, en febrero de 1856, unos incidentes que podríamos calificar de galofobia. El 15 de febrero, según *La España* (17 de febrero) y *La Esperanza* (18 de febrero), el señor Gaytté tuvo que retirarse de la cátedra porque los asistentes, que al parecer no comprendían sus explicaciones en francés, protestaron ruidosamente. Como a pesar del alboroto insistiera el señor Gaytté en seguir hablando en francés, se armó tal jaleo que el catedrático tuvo que salir corriendo [2].

señó las deficiencias de nuestro Código y ciertos procedimientos absurdos de la administración de justicia; reveló los crímenes jurídicos que por tales defectos se venían cometiendo en daño de los intereses de todos, de la moral y de la caridad; expuso el estado de la ciencia y dio reglas y propuso soluciones que atajaran el mal, e influyó en la opinión pública, echando de esta suerte los cimientos en que habría de erigirse en el porvenir un cuerpo de derecho, bastante a salvar los intereses sociales y poner a cubierto los de aquellos que padecieran bajo el poder de una acusación fiscal, cuando realmente fueran víctimas de una afección frenopática».

[2] Según Rafael María de Labra, *El Ateneo de Madrid, sus orígenes, desenvolvimiento, representación y porvenir,* Madrid, 1878, pp. 132-3, entre 1855 y 1859 se dieron en el Ateneo los cursos siguientes. Ponemos entre paréntesis los datos que hayamos podido obtener de cada uno.

Fernando Corradi, *Filosofía de la historia.* (Dado en 1856-57; véase *La España,* 19 de marzo, y *La Epoca,* 26 de abril de 1857.)

Anastasio Chinchilla, *Historia de la medicina.* (Siendo catedrático de Zoología en el Museo de Historia Natural de Madrid, dio este mismo curso en 1837-38. ¿Volvió a darlo ahora, o es un error de Labra?)

Manuel Colmeiro, *Cuestiones administrativas.* (Dado en 1855-56 por el catedrático de Derecho político de la Universidad de Madrid, librecambista y autor, en 1845, de un *Tratado elemental de Economía ecléctica.)*

José Echegaray, *Astronomía popular.* (Aunque no sabemos exactamente cuándo se dio este curso, el catedrático lo menciona en sus *Recuerdos,* Madrid, 1917 (3 volúmenes), vol. I, pp. 384 y 385. Después de los aplausos de cortesía a la primera conferencia, los amigos le dijeron que su tono había sido «duro, seco y agresivo». «La causa —según Echegaray— no era otra sino un miedo descomunal...». Esto lo decía todo un catedrático de Cálculo y Mecánica.)

Ramón Frau y Armendáriz, *Fisiología* [ya en 1838-39 había dado un curso de *Fisiología aplicada a la legislación* (véase A. Chinchilla, *op. cit.,* p. 472; más datos sobre Frau en pp. 472-8). ¿Volvió a dar el mismo curso, o se trata de un error de Labra? Con un discurso pronunciado en 1842, *La Medicina es entre todas las ciencias la que se ocupa más filosóficamente en el estudio del hombre físico, moral e intelectual,* en que trata de la «influencia de las formas de gobierno en la salud y el bienestar del hombre...» (véase, T. Carreras y Artau, *op. cit.,* p. 383), se insertaba Frau en el grupo de médicos polémicos. Su libro *La homeopatía juzgada en el terreno de los hechos* (Madrid, 1851) causó también gran revuelo.]

Fragoso, *Física.*

Manuel María José de Galdo López, *Mineralogía.* (Dado por el catedrático de Historia natural en el Instituto del Cardenal Cisneros, y autor de un *Manual de Historia natural,* Madrid, 1855.)

Galiano y Trujillo, *Procedimientos judiciales.*

Gayoso, *Literatura árabe.* (¿Se refiere Labra a la cátedra de Pascual de Gayangos en 1836-37 sobre el mismo tema?)

Fermín Gonzalo Morón, *Literatura española en sus relaciones con el arte y la literatura europea.*

Joaquín Hysern y Molleras, *Fisiología comparada.* (Ya había dado el mismo curso en

Recordando a los ateneístas que pululaban por la casa antes de la revolución de septiembre (1868), escribe Benito Pérez Galdós que «iban allí personas de todas edades, jóvenes y viejos, de diferentes ideas, dominando los

1837-38. ¿Se trata de un error de Labra, o volvió a desempeñar ahora la misma cátedra? El doctor Hysern es una figura interesante; estudió en Paris la reforma hahnemanniana, fundó la Academia Médico-Homeopática de Barcelona y dirigió la revista *El Propagador homeopático*. Más datos sobre Hysern en A. Chinchilla, *op. cit.*, pp. 455-72.)

Pedro Mata y Fontanet, *La razón humana en estado de salud y enfermedad*. (Véase la nota 1 de este capítulo.)

Gabriel Rodríguez, *Las vías de comunicación bajo el aspecto económico*. (Dado en 1854-55.)

A partir del curso 1857-58, y hasta 1868, se dieron, según Labra *(op. cit.,* pp. 134-6) los siguientes cursos:

Nicolás María Rivero, *El origen, progreso y tendencias del espíritu moderno*. (Dado en 1856-57.)

Manuel Ascensión Berzosa, *Los principios fundamentales de la moderna filosofía alemana y su influencia en materias religiosas, morales, sociales y políticas*. (Dado en 1856-57.)

Gabino Tejado y Rodríguez, *Teoría del deber*. [Este profesor, a quien se llamaba «el Luis Veuillot español», había dado ya este curso en 1853-54 (véase *La Epoca*, 18 de noviembre de 1853). ¿Volvió a darlo?]

Laureano Figuerola y Ballester, *Economía política*. [Progresista, librecambista y krausista, Figuerola era catedrático de Derecho político y Legislación en la Universidad de Madrid (desde 1853), diputado desde 1854, y había representado a España, en unión de Colmeiro y G. Rodríguez, en el Congreso de economistas celebrado en Bruselas en 1856.]

José Echegaray, *Cuestiones sociales*.

Rodríguez Leal, *Derecho de propiedad*.

Facundo Goñi, *Situación moral y política de los pueblos contemporáneos*. (Dado en 1858-59, véase *La España,* 15 de enero de 1859.)

Malo, *Política exterior*.

Juan Vilanova y Piera, *Geología aplicada*. [Dado en 1857-58 por el catedrático del Museo de Ciencias Naturales (véase *La Esperanza,* 1 de abril de 1858). Repetido en 1859-60, siendo ya catedrático de la Universidad Central (véase *La Iberia,* 12.I.1860) y de nuevo en 1862-63 *(La Iberia,* 14.I y 19.IV.1863).]

Antonio Mena y Zorrilla, *Derecho penal*. (El catedrático era diputado en 1857.)

Aureliano Maestre de San Juan y Muñoz, *Frenología filosófica*. (El profesor fue redactor de *El Eco de la medicina* en 1848-50 y catedrático de Anatomía en la Universidad de Granada desde 1860. Ya hemos mencionado al principio de este capítulo que se debatió sobre la frenología en una sección del Ateneo durante el curso 1854-55. Sobre los antecedentes de la frenología en España, véase Menéndez Pelayo, *Historia de los heterodoxos españoles,* Santander, 1948, vol. VI, libro VIII, páginas 345-348.)

Ramón Llorente y Lázaro, *Aplicaciones de las ciencias naturales*. (Dado por el catedrático de Patología y director de la Escuela superior de Veterinaria.)

Emilio Castelar, *Historia de la civilización en los cinco primeros siglos del cristianismo*. (Dado en 1857-63, véase nota 34 de este capítulo.)

Francisco de Paula Canalejas, *Filosofía de las naciones latinas durante el siglo presente*. (Dado en 1860-61; véase *La Epoca,* 27 de noviembre de 1860.)

Manuel Becerra y Bermúdez, *Astronomía*. (El pintoresco catedrático que, además de matemático y geómetra, era demócrata federal y autor de un *Imperio ibérico,* de inconfundible matiz político, dio este curso en 1860-61; véase *El Contemporáneo,* 19.II.1861.)

Fernando Corradi, *Filosofía del derecho con relación a la política*. [Dado en 1858-59. Véase *La España* (15 de enero de 1859)] y *Derecho público constitucional*. (Dado

liberales [progresistas] y demócratas, y los moderados que habían afinado con viajatas al extranjero su cultura. Iban también neos, no de los enfurru-

en 1863-64; véase *La Discusión,* 20.XI.1863, *La Iberia,* 4.XII.63 y *La España,* 5.XII.63.)

Juan Valera, *Filosofía de lo bello.* (Dado en 1859-60, véase *La España,* 30 de noviembre de 1859 y *La Esperanza,* 16.I.1860.)

Alfredo A. Camús, *Latinistas españoles del Renacimiento.* (Esta cátedra del catedrático de literatura griega y latina en la Universidad de Madrid fue dada en 1857-58, y es mencionada también en la prensa como *Historia literaria del pensamiento (La Discusión,* 21 de noviembre de 1857) y como *Historia literaria del Renacimiento (La Epoca,* 25 de noviembre de 1857 y 7 de enero de 1858. Volvió a darse en 1863-64; véase *La Discusión,* 20.XI.63, 25.XI.63, 6.XII.63; *La Iberia,* 22.XI.63 y *La España* y *El Contemporáneo,* 31.I.1864.)

Gabriel Rodríguez, *Crítica del llamado sistema protector.* (Dado en 1858-60) y *Estudios políticos* (o *Cuestiones políticas contemporáneas,* dado en 1862-63.)

José Echegaray, *Relaciones internacionales.*

Juan López Serrano, *Idea del Derecho en su desenvolvimiento filosófico y su desarrollo histórico.* (Dado en 1861-62; véase *El Contemporáneo,* 3.XII.1861.)

Lope Gisbert y García Tornel, *Filosofía del lenguaje universal.* [Sabemos que en enero de 1854 el presbítero Bonifacio Sotos Ochando, catedrático de la Universidad de Madrid, había presentado su proyecto de lengua universal en el Ateneo. El 25 de enero de 1860, y bajo la presidencia de Martínez de la Rosa, se declaró instalada en el Ateneo la Sociedad de Lengua Universal *(La España,* 26 de enero). Gisbert, que dirigía el *Boletín de la Sociedad de lengua universal* (1861-64), revista mensual destinada a procurar la formación de un idioma internacional, sin perjuicio de las lenguas particulares, trató de propagar las ideas de Sotos Ochando, pero con muy poca suerte (véase Laureano Figuerola, *Necrología del Excmo. Sr. D. Lope Gisbert y García Tornel,* Madrid, 1888, especialmente p. 6). Gisbert dio este curso en 1862-65. Fue muy reseñado por *La Iberia* (16 de diciembre de 1862 y 8 de febrero de 1865). *La España* (21 y 24 de enero, 3 de febrero de 1863, 23 de enero y 26 de febrero de 1864), *La Discusión* (27 de enero y 22 de marzo de 1863, 18 de mayo de 1864), *La Epoca* (24 de febrero de 1863) y *El Contemporáneo* (28 de enero y 14 de mayo de 1864). El inquieto Pedro Mata escribió un *Curso de lengua universal,* Madrid, 1862).]

Antonio Blanco Fernández, *Principios de Arboricultura.* (El profesor era catedrático en la Escuela central de Agricultura desde 1861.)

Manuel de Assas y de Ereño, *Bases de la Arqueología española.*

Mariano Rementería y Landeta, *Secretos de la Geografía física y de la Hidrología médica.* (Dado por el catedrático de Química inorgánica de la Universidad de Madrid.)

Ramón Torres Muñoz de Luna, *Los cuatro elementos de Aristóteles en el siglo XIX.* (Dado en 1857-59 por el catedrático de Química general de la Universidad de Madrid; véase *La Esperanza,* 9 de marzo de 1858, y *La España,* 15 de enero de 1859. Volvió a darlo en 1859-60; véase *La España,* 20.I.60.)

Antonio Fabié y Escudero, *Historia y carácter de la Comedia.*

Juan Vilanova y Piera, *Geología considerada desde el punto de vista de sus aplicaciones a la agricultura y a la industria.* (Llamado el «Padre de la Prehistoria española», el catedrático de Geología y Palentología de la Universidad de Madrid era autor de un *Manual de Geología aplicada a la agricultura y a las artes industriales,* obra premiada en 1860 por la Academia de Ciencias de Madrid.)

Galdo, *Mineralogía.*

Antonio Alcalá Galiano, *Organización de la aristocracia británica.* [¿Será el curso *Inglaterra social, política y literaria* reseñado por Juan Valera en *El Estado* el 25 de noviembre de 1857? (reproducido por Cyrus C. DeCoster, *Obras desconocidas de Juan Valera,* Madrid, 1965, pp. 317-23). J. Echegaray, *op. cit.,* I, pp. 364-5, men-

ñados e intolerantes...»³. Añadiremos nosotros que, por el encumbramiento
político de la Unión Liberal en 1856, el número de moderados ateneístas se

ciona unas lecciones de Alcalá Galiano sobre literatura inglesa a las que asistía muy
poco público y en las que Galiano hacía alardes de oratoria algo circense.]
Segismundo Moret, *Financieros modernos* (1867-68).
José Fernández Jiménez, *Arte árabe* (1867-68).
Además de estos cursos, entre 1854 y 1868 hubo otros no mencionados por Labra.
Son los siguientes:
Antonio Alcalá Galiano, *Historia general, política y literaria del siglo XVI.* [Dado en
1854-55. Según *La Epoca* y *La España* (15 de enero de 1857), Galiano disertó sobre
La institución de los frailes en ese mismo día. *La Epoca* (26 de noviembre de 1859)
aporta el título de un nuevo curso de Galiano, *Espíritu de la revolución moderna*
(1859-60).]
Práxedes Mateo Sagasta, *La Economía política aplicada a las obras públicas* (1855-56).
(La Nación, 27 de enero de 1856.)
José Moreno Nieto, *El estado de las escuelas filosóficas entre los árabes* (1855-56).
[En esta fecha, Moreno Nieto, que había sido catedrático de Arabe en la Univer-
sidad de Granada, era diputado progresista (desde 1854). Más tarde militó en la
Unión Liberal y fue catedrático de la Historia de los Tratados en la Universidad de
Madrid.]
Manuel de Assas, *Lengua sánscrita en España* (1855-56). [Según el *Semanario pintores-
co español* (1856), pp. 298-9, del que era director, fue el primer catedrático de
esta materia en la Universidad de Madrid.]
E. Gaytté y Chaplet, *Historia de Francia* (1855-56).
Gabriel Rodríguez, *Libertad de comercio* (1857-58) y *La reforma aduanera* (1864-65).
Pedro Mata, *La locura y sus diferentes formas o estados inespensables* (1857-58). [Véase
El Fénix (30 de enero de 1858) y la nota 1 de este capítulo).]
— *Lengua universal* (1860-61). Véase *La Epoca* (31.I.1861) y *El Pensamiento Espa-
ñol* (2.III.1861).
Francisco Javier Simonet, *Arabe vulgar de Marruecos* (1859-60). [Véase *La España* (1
de noviembre de 1859). Simonet era catedrático de árabe en Granada].
Manuel Malo de Molina, *Historia de los Walíes árabes* (1859-60). [Véase *La España*
(4 de diciembre de 1859), *La Iberia* (29.I.60) y *La Discusión* (4.III.60.]
Blanco Fernández, *Estado de la agricultura española* (1859-60). [Véase *La Iberia* y *La
Discusión* (17.I.1860).]
— *Higiene y Medicina popular* (1863-64). [Véase *El Contemporáneo* (18.I.1864), *La
Discusión* (19.I.64) y *La Iberia* (21.I.1864).]
Corradi, *Filosofía de las legislaciones comparadas* (1860-61). Véase *La Iberia* (10.I.
1861).
Manuel Merry y Colona, *Refutación de los errores cristianos y sociales de las modernas
escuelas filosóficas* (1860-61). Véase *El Pensamiento Español* (15.II.1861).
Sagarminaga, *Historia y Geografía de Méjico* (1862-63). Véase *La Iberia* (6.I.1863).
Antonio Angulo y Heredia, *Goethe y Schiller: sus vidas, sus obras y su influencia en
Alemania* (1862-63). Véase *El Contemporáneo* (16.I.63), *La Discusión* (30.I, 3.II,
6.III, 8.IV y 19.IV.1863), *La Epoca* (30.I.63) y *La Iberia* (30.I.63 y 1.III.63).
— *Estados Unidos de América* (1864-65). Véase *La Epoca* (10.XII.64).
Pedro Alejandro Castellanos y Ruiz, *Comparación de las civilizaciones egipcia, griega
y latina* (1863-64). Véase *La España* (10.I.64).
Lorenzo Badioli, *Literatura italiana* (1864-65). Véase *El Contemporáneo* (5.II.1865).
Bonifacio Sotos Ochando, *Lengua universal* (1863-64). Véase *La España* (12.III.64).
Parece ser que en 1862-63 hubo cátedras de *Alemán* y de *Hebreo (La Discusión,* 8 y 22.
XI.62). Desconocemos quiénes las desempeñaron.
³   Benito Pérez Galdós, *Prim,* Madrid, 1906, p. 117. La cita que sigue es extensa,
pero la reproducimos en su totalidad por considerar que remacha este aspecto ateneísta
y otros que se tratan en este trabajo: «Anteanoche, en la sección de ciencias morales
y políticas del Ateneo, que hace días se ocupa en discutir la significación y tendencias
del socialismo, pronunció un excelente discurso el Sr. don Nicolás Malo, abogado del

reduce, y que progresistas y demócratas forman un frente común que da la batalla a las tendencias conservadoras predominantes en la esfera política. Como escribirá años más tarde Manuel de la Revilla, «la vida política en España y la vida del Ateneo están en razón inversa» [4]. La oposición demócrata-progresista se plantea desde tres frentes íntimamente relacionados entre sí: el político propiamente dicho, el político-económico y el político-cultural. En el primero, progresistas y demócratas combaten las estructuras políticas y el ideario de la Unión Liberal; en el segundo, la escuela librecambista, formada a su vez por progresistas y demócratas, da la batalla al sistema proteccionista del partido moderado; en el tercer frente, hegelianos y krausistas rechazan los principios filosóficos del eclecticismo, que aportan la base ideológica del régimen político. Ninguno de los frentes mencionados ofrece una oposición compacta, ya que entre hegelianos y krausistas y entre progresistas y demócratas, e incluso entre estos últimos, existen diferencias de importancia; pero aunque no pueda hablarse de una oposición ideológicamente sólida, el hecho de rechazar, cada cual desde su posición, a la Unión Liberal y sus doctrinas moderadas hace que, por necesidades de estrategia política, se intente suavizar las disidencias. En este sentido, la oposición ateneísta se presenta ante la opinión pública con una trabazón que las polémicas periodísticas se encargarán de debilitar en más de una ocasión. «Los krausistas —escribe el demócrata y librecambista José Echegaray—, que entonces estaban en toda su fuerza, eran nuestros compañeros de combate, aunque no existiese absoluta conformidad de opiniones entre ellos y nosotros. Pero eran matices esas diferencias, y para la lucha contra el enemigo común no había que ahondar mucho en ellas.» Y más adelante, «de buena fe creíamos todos penetrar en el concepto de Dios. Y no en público,

colegio de esta corte, demostrando la necesidad de una restauración monárquica tradicional para corregir la honda perturbación de los Estados regidos por el liberalismo, cuyo término inevitable tiene que ser la república socialista. Aunque la peroración del distinguido monárquico, por la oportunidad y fuerza de los argumentos, por lo enérgico y elocuente del estilo, era bastante a fijar la atención del concurso numeroso que le oía, no sabemos cómo consiguió este fin, atendidas las circunstancias que debieron influir poderosamente para que el éxito fuese contrario. Sabido es que el Ateneo de Madrid es el centro donde se juntan las mayores ilustraciones, como ahora se dice, de la escuela liberal, mientras la de las tradiciones monárquicas apenas tiene allí representantes manifiestos. De aquí el que siendo un palenque abierto a las doctrinas de todas las sectas liberales, inclusas las más exageradas, que la juventud aplaude, esté casi cerrado, a lo menos de hecho, a las de la monarquía tradicional, que consideradas como de moda que pasó, no logran se las escuche por algunos minutos. Necesario fue, pues, que el orador dijese cosas nuevas en aquella ocasión, o que las presentase bajo nueva forma, para detener en el salón por espacio de una hora a un auditorio silencioso, compuesto de notabilidades de todos los matices del liberalismo. Felicitamos al Sr. Malo por el celo que demuestra en la rehabilitación de los principios de la monarquía, únicos que pueden salvar a nuestra patria de la catástrofe que viene sobre ella», *La Esperanza* (2 de abril de 1859). Véase también p. 114 de este capítulo.

    [4]   M. de la Revilla, «Revista crítica», en *Revista Contemporánea*, I (1875), p. 125.

para no mostrar disidencias en la democracia, pero en conferencias particulares discutíamos ampliamente con los krausistas...» [5].

De la cita de Echegaray se desprende otro punto importante, la identificación del krausismo con la democracia, y antes de seguir adelante conviene fijar la dimensión política para comprender el alcance de esta «democratización» que cobra el sistema filosófico al entrar en el ámbito ateneísta. Sabido es que Sanz del Río ocupa la cátedra de Historia de la filosofía en la Universidad de Madrid desde 1854, y que, durante la década moderada, el becario progresista y antiguo ateneísta no había formado parte del claustro de profesores universitarios ni constaba como socio del Ateneo, alternando sus meditaciones y trabajos en la casona de Illescas con el diálogo filosófico del Círculo de la calle de la Luna. Su ausencia de la Universidad ha sido explicada por haberse negado a desempeñar la cátedra que le ofrecía Pedro José Pidal, pero bien pudiera ser que, más que su aludida falta de preparación, el momento político (1845) no fuera el más propicio para que un progresista explicara filosofía en la Universidad.

En todo caso, es significativo que Sanz del Río no aparezca por el Ateneo ni antes ni después de obtener su cátedra. Su preferencia por el Círculo filosófico, domiciliado sucesivamente en la calle de la Luna y en la de Cañizares, puede explicarse por la repugnancia que siempre sintió el catedrático por la exposición en público de la filosofía krausista, y no hay que olvidar que el tono político que se daba en el Ateneo a todas las cuestiones debió alejar a Sanz del Río de una casa que visitó tan asiduamente antes de su viaje a Alemania. La filosofía de Krause podía ser analizada y criticada por católicos y racionalistas en el ámbito tolerante y sosegado del Círculo filosófico, al que asistían, entre otros, Ruiz de Quevedo, Dionisio Gómez, Manuel Ascensión Berzosa, José Moreno Nieto, Salmerón, Moret, etc. [6], pero no en el violento del Ateneo (basta recordar el escándalo producido por Rivero en su curso de *Filosofía moderna*), donde la mayoría de los socios carecía a la vez de una buena formación filosófica y de interés por las ciencias abstractas.

El Ateneo, en cierto modo, presentaba un rasgo odiado por Sanz del Río y sus seguidores, la falta de seriedad intelectual. El ateneísta de esta y otras épocas va por la casa para charlar, para escuchar y para discutir sobre lo que ha oído decir en la cátedra, para ponerse al tanto del último chisme político y, si es joven, para darse a conocer como posible ministerial en una intervención

---

[5] José Echegaray, *op. cit.*, I, p. 382 y III, p. 64.
[6] Véase «Don Manuel Ruiz de Quevedo», *Bol. de la Institución libre de enseñanza* 22 (1898), p. 193; «En el centenario de Sanz del Río», por un discípulo [Giner], *Boletín...* 38 (1914), p. 227: «El maestro de maestros», *Boletín...* 39 (1915), p. 89. Según este último, al Círculo filosófico de Cañizares se le llamaba «el segundo Ateneo».

afortunada, pero no para filosofar [7]. Con esto no quisiéramos negarle del todo al Ateneo su legendario barniz intelectual, como haría años más tarde el joven Menéndez Pelayo, aunque sí rebajarlo al nivel que le corresponde. En ocasiones, quién lo niega, se trataron temas de altura, o por lo menos así lo prometían los títulos de algunos cursos y temas de debate, pero la docta casa, a pesar del mito popular, tenía más de frívola que de sabia. «Allí se condensaba la mayor parte de la acción cerebral de la gente hispánica», ha escrito Galdós [8], afirmación que, aunque cierta, no deja de poner en evidencia el verdadero estado intelectual del país. «Templo intelectual», «gran logia de la inteligencia» [9], «cerebro de la cultura contemporánea» [10], «la Holanda de España» [11], con todos estos y muchos otros ditirambos más ha arrastrado el Ateneo su tradición de casa sabihonda. Más acertadamente a nuestro juicio, Unamuno consideraba al Ateneo como un café, «desde luego con algunas ventanas a Europa» [12]. A nuestro modo de ver, el Ateneo de esta época no era lugar para filosofar; ni existía la costumbre ni la tranquilidad necesaria para estas tareas. Era, eso sí, político hasta la médula, y dentro de la política liberal, avanzado.

Plataforma de las minorías parlamentarias, el Ateneo se parece en ocasiones al Congreso de Diputados. En las cátedras y en las secciones (que reanudan sus debates en el curso 1858-59), por ejemplo, los socios se sientan, según su filiación política, a la izquierda y a la derecha, discutiendo «con absoluta libertad de todo lo humano y de todo lo divino», y «no ya la intolerancia religiosa, sino los mismos dogmas del catolicismo, sufrían ataques formidables y brutales embestidas...» [13]. Y cuando en el ardor de la discusión las izquierdas defendían lo moderadamente indefendible, el unionista José Moreno Nieto, tal vez recordando lo apacible de las reuniones del Círculo filosófico, levantaba los brazos hacia el techo y exclamaba: «al oír a los señores radicales ciertas cosas, yo no sé cómo no se desploman estas augustas bóvedas» [14].

A pesar de este ambiente y del tono de las discusiones, anotemos el testimonio de Francisco Giner de los Ríos cuando dice que «la filosofía de Krause y la del propio Sanz del Río eran discutidas entonces tranquilamente en el

---

[7] Galdós (op. cit., p. 139) menciona a esos «jóvenes que en aquel nido de la inteligencia se criaban para la oratoria y la política, embriones de afamados políticos...». Lo mismo en M. de Unamuno, «La evolución del Ateneo de Madrid». Mi vida y otros recuerdos personales, I, Buenos Aires, 1959, p. 183.

[8] Galdós, op. cit., p. 122.

[9] Ibíd., pp. 117 y 122.

[10] A. Maestre y Alonso, «Los presidentes del Ateneo», Revista de España, 135 (1891), p. 108, asegura que así lo llamaba José Moreno Nieto.

[11] A. Maestre y Alonso, «El Ateneo de Madrid», Revista de España, 144 (1894), p. 159, dice que la expresión fue ideada por Castelar.

[12] Unamuno, op. cit., p. 186.

[13] J. Echegaray, op. cit., I, p. 379.

[14] Ibíd., I, p. 381.

Círculo filosófico y en el Ateneo por Moreno Nieto y otros» [15]. También Galdós afirma que «las disputas eran siempre corteses, y la fraternidad suavizaba el vuelo agresivo de las opiniones opuestas. Sobre las divergencias de criterio fluctuaba, como el espíritu de una madre cariñosa, la estimación general» [16]. El propio Galdós, sin embargo, escribe que Fermín Gonzalo Morón y el padre Sánchez «se pirraban por armar altercados con la juventud» [17]. Creemos, sin embargo, que en el Ateneo no se discutía la filosofía de Krause propiamente dicha, ni era la tranquilidad la nota más sobresaliente de los debates. En un Ateneo donde a Moreno Nieto «se le aplaudía con entusiasmo o se le gritaba con furor», y donde cada vez que Pedro Mata comenzaba su contestación a don Nicolás Malo, diciendo «nos dice el bueno del señor Malo tal o cual cosa, [y] la izquierda con arranques de infantil entusiasmo, rompía en carcajadas y aplausos» [18], no podía existir el diálogo filosófico, apacible y profundo, del Círculo de Sanz del Río.

«Los diez años del 60 al 70 —escribe Francisco Giner de los Ríos— son un despertar de la vieja modorra al murmullo del moderno pensamiento europeo» [19], y, en efecto, la cátedra de Sanz del Río puso a la España vital en contacto con Europa. Pero lo importante de sus lecciones, más que la exposición de un sistema filosófico concreto, es precisamente ese despertar intelectual a todo el pensamiento que describe el señor Cossío con palabras emocionadas: «El krausismo, el bienhechor krausismo, despertándonos de la modorra intelectual, inquietándonos, fustigándonos, removiendo hondamente y para largo tiempo nuestras entrañas espirituales, instauró la corriente educadora, enseñándonos, como Kant mandaba, a filosofar, en vez de enseñarnos una filosofía» [20]. Lo que Sanz del Río enseñó fue, además de la filosofía krausista, una actitud de seriedad y honradez ante los problemas intelectuales y de la vida en general, encerrada en ese filosofar de que habla Cossío. Las jóvenes generaciones se enfrentarán, de Sanz del Río en adelante, y sobre todo a partir de 1857, con la crisis nacional, cada cual desde su puesto y profesión, su partido político, su cátedra o su sillón ateneísta. En este sentido, la enrevesada filosofía de Krause permite un nuevo y vigoroso replanteamiento del ideario liberal de regeneración española. El espíritu krausista alista a una serie de hombres en las gra-

---

[15]   «En el centenario de Sanz del Río», *Boletín de la Institución libre de Enseñanza* 38 (1914), p. 228. J. López Morillas, *El krausismo español*, México, 1956, dice que en el Ateneo se exponía abiertamente la filosofía krausista (p. 58), con escasa oposición (p. 63).

[16]   Galdós, *op. cit.*, p. 117. Lo mismo en Labra, *op. cit.*, p. 204; y en Leopoldo Alas «Clarín», «Revilla», *La literatura en 1881*, Madrid, 1882.

[17]   Galdós, *op. cit.*, p. 122.

[18]   J. Echegaray, *op. cit.*, I, p. 381.

[19]   «En el centenario de Sanz del Río», *Boletín...* 38 (1914), p. 230.

[20]   M. C. B., «Guillermo Cifre», *Boletín...* 32 (1908), p. 289.

ves tareas de reforma nacional emprendidas en el siglo anterior por otros españoles a quienes también les dolía España, y la minoría universitaria se reorienta y emprende de nuevo la labor de minorías anteriores que sofoca el régimen de la Unión Liberal.

El primer krausismo filosófico que vertía Sanz del Río en el viejo caserón de la calle de San Bernardo cede el paso, aunque no desaparece, a otro de signo político. Y es precisamente el catedrático krausista quien, en el importante discurso de inauguración del año académico universitario de 1857-58, inicia el proceso de politización del krausismo. El título del discurso es ya significativo: *Lo que debemos a la enseñanza recibida de los siglos pasados y lo que esperan de la nuestra los futuros;* en él, Sanz del Río se inserta en la tradición educadora de Jovellanos, de Quintana, de los innumerables planes de reforma de la enseñanza, del Larra que clamaba en favor de instrucción y educación como única base del edificio nacional. Si en virtud de este discurso el krausismo adquiere una dimensión política que no tenía en el diálogo puramente filosófico de los Círculos filosóficos, se debe en parte también a su conversión en programa o manifiesto político por algunos discípulos de Sanz del Río, que, como en el caso de Francisco de Paula Canalejas, radicalizan el pensamiento del maestro.

En un artículo titulado *La escuela krausista en España* (diciembre de 1860), Canalejas deduce del citado discurso de Sanz del Río en la Universidad el siguiente programa político: «En Política, el filósofo ... procura ... al mismo tiempo concurrir por todos los medios legítimos, pacíficos y acertados y donde es llamado, al progreso, reforma o mejora de su constitución bajo el principio de la tolerancia en el todo y parcialmente en todas las esferas de la sociedad política, desde el Estado hasta la localidad; o el gobierno del país por el país; bajo el principio de la libertad del pensamiento, de la prensa, de la enseñanza, de asociación, de comercio, de industria; la inviolabilidad personal, y de propiedad, en suma, la transformación gradual de las instituciones políticas para el desarrollo pacífico y en forma de derecho de todas las instituciones, fuerzas y fines sociales, apreciables por las leyes. Rechaza el privilegio, el monopolio, la arbitrariedad en el poder; condena la violencia, venga de donde quiera, porque toda reforma sólida y durable debe concertar con el estado contemporáneo social, y debe prepararse mediante la educación, instrucción y civilización del pueblo, y no por otros medios. Procura, pues, y concurre con voto, y consejo, y ejemplo, a universalizar la enseñanza, el amor a las virtudes públicas, la proporcionada distribución del trabajo y del goce, para mejorar el estado social, y mediante éste, el estado y leyes políticas, y condena y combate todo lo que contribuye a embotar la inteligencia, corromper el corazón, e enervar o esclavizar la voluntad, a comprimir el trabajo, a restringir la libertad pública y los derechos de las sociedades locales; en suma, a retardar, estacionar o torcer el movimiento natural progresivo de la inteligencia, la voluntad y las fuerzas materiales del pueblo» [21].

En el mismo artículo, Canalejas veía en el *Ideal de la humanidad para la vida* (1860) «una importantísima aplicación de la filosofía a la esfera de la realidad sensible, al mundo histórico, y aun podríase añadir al estado social y moral en que nos encontramos», porque «la filosofía novísima no ha olvidado que es una potencia social, que debe penetrar en la vida, y sabe que, escuchando sólo el dictado de la razón, debe regular el sentimiento y dirigir la voluntad del hombre» (pp. 146-147). Líneas más adelante, Canalejas hacía una declaración expresa de independencia política: «No se pregunte a qué partido pertenece el autor [Sanz del Río], ni qué ideas políticas refleja el libro de que tratamos [el *Ideal*]. El autor no pertenece a ningún partido militante; está afiliado al partido de la ciencia demostrada por la razón» (p. 149).

Precisamente con el título de *La Razón* se funda en Madrid un revista que dura de 1860 a 1861, en la que figuran como redactores Canalejas, Echegaray, Francisco Fernández y González y Miguel Morayta. En su primer número, y como introducción a la revista, aparece un artículo de Canalejas titulado *Un programa político,* en el que el krausismo se hace militante. «Libres de todo compromiso de partido —escribe Canalejas—, desnudos de preocupaciones y de odios, sin agravios que vengar, venimos a la vida política a pelear, no en nombre del hecho, sino en nombre de la razón; venimos a la vida política a pelear por el derecho y por la libertad..., esclavos del raciocinio... nos ponemos al servicio de las ideas... y como el triunfo de las ideas se consigue conquistando inteligencias... aspiramos a convertir en inteligencias a las plebes... En nombre de la razón combatiremos... y sólo cuando la opinión pública, la inteligencia común, haya hecho suyas las doctrinas que sustentamos, sólo entonces pediremos que se dé un paso en la vía de la reforma» (pp. 67-8).

Con este tinte político, el krausismo entra en el Ateneo en busca de la opinión pública, y entra con Canalejas y no con Sanz del Río ni con Giner, que aunque iba por la casa no intervenía en las discusiones [22]. A pesar de la declaración de independencia política de *La Razón*, el krausismo de Canalejas está más cerca de la democracia que de ningún otro partido político, y dentro de ésta, el krausismo ateneísta es «demócrata socialista» [23], ya que frente a los

---

[21] En F. de Paula Canalejas, *Estudios críticos de filosofía, política y literatura,* Madrid, 1872, pp. 157-8.

[22] Véase «Datos biográficos de Francisco Giner», *Boletín...* 39 (1915), p. 34; también M. B. Cossío, nota preliminar al vol. III de las *Obras completas de Giner*, Madrid, 1919, p. 21.

[23] J. Echegaray, *op. cit.,* I, p. 353. Recuérdese que Canalejas, con Marín, Morayta y Pi y Margall, había fundado en 1856 otra revista llamada también *La Razón*, vehícu-

individualistas, con quienes está de acuerdo sobre los derechos del individuo, afirma el derecho del Estado. «De todas formas —escribe Echegaray—, en el credo democrático juntos comulgábamos. Juntos defendíamos la libertad del pensamiento, la libertad de conciencia, la libertad de imprenta sin censura, la libertad de asociación sin privilegios ni restricciones, la libertad del trabajo, y así sucesivamente todo un santo rosario de libertades» [24]. Esta identificación democracia-krausismo, por otra parte, la vieron también gentes de las derechas y de las izquierdas: «Krausistas, librecambistas, correccionalistas, todas las sectas que bullían y disputaban —ha escrito Salcedo Ruiz [25]—, se derivan del principio individualista, exagerado e intransigente, de cuyo jugo se amamantaba también en el terreno político la entonces niña democracia». La misma idea, aunque tomada desde el punto de vista opuesto, permite a otros dividir la oposición ateneísta en «los demócratas políticos, los demócratas filosóficos, o digamos krausistas, y los economistas...» [26].

Refiriéndose a Azcárate, Costa, Ruiz de Quevedo, Salas, Alas, Castro y otros, escribía Giner años más tarde, que, aunque «son ramas de un mismo tronco» [27], a Krause le sería difícil reconocer en ellos a seguidores de su filosofía. Otro tanto podría decirse de Sanz del Río, en relación a los propagadores del krausismo en el Ateneo, y ello se debe a que los jóvenes formados por el maestro aprendieron de él a filosofar, pero sobre todo a filosofar en libertad. «La libertad, en la meditación que el ilustre profesor aconseja, temeroso de que caigan los que le siguen en un estrecho sentido de escuela —anticipaba Canalejas en *La escuela krausista en España*—, provocará divergencias y variedades en el pensamiento filosófico... en los que hoy siguen la dirección que él les marca..., pero aun cuando esto pueda suceder, y es muy de esperar que suceda, el sentido general y la concepción orgánica de la ciencia enseñada por Sanz del Río subsistirá en España, y bien pudiera profetizarse que sus lecciones dejarán una huella profunda en el pensamiento nacional» (pp. 163-4). Radicalizado, mal interpretado, «deskrausificado», el sistema filosófico de Sanz del Río llega al Ateneo como actitud política. Y si el antiguo becario progresista españolizó en cierto modo la filosofía de Krause, sus discípulos, que ya no siguen la dirección que él les marca, le darán una dimensión política en el Ateneo que, a fin de cuentas, es lo que hizo que el «krausismo», ya entre comillas, asegurara su pervivencia.

lo de las ideas de Pi y anti-monárquica, que fue suspendida el mismo año de su fundación (véase Antonio Jutglar Bernaus, *Federalismo y revolución, las ideas sociales de Pi y Margall,* Barcelona, 1966, p. 31).

[24]   J. Echegaray, *op. cit.,* I, p. 382.
[25]   Angel Salcedo Ruiz, *Francisco Silvela.* Madrid, 1888, pp. 55-6.
[26]   J. Echegaray, *op. cit.,* I, p. 354.
[27]   «Salmerón», *Boletín...* 35 (1911), p. 92.

La polémica en torno a la filosofía krausista comienza en el Ateneo durante el curso 1856-57, un año antes del discurso de Sanz del Río en la Universidad, planteada ya claramente en un nivel más político que filosófico. Manuel Ascensión Berzosa, antiguo asistente al Círculo filosófico de la calle de la Luna, ataca al krausismo en un curso sobre *Los principios fundamentales de la moderna filosofía alemana y su influencia en materias religiosas, morales, sociales y políticas (La España,* 6 de mayo de 1857), contestándole Nicolás María Rivero en el de *Origen, progreso y tendencias del espíritu moderno (La Epoca,* 8 de enero de 1857). Ecos de la polémica ateneísta sobre el krausismo, y muestras a la vez de la interpretación partidista que de él se hizo, son dos artículos periodísticos. *La Discusión,* el periódico demócrata, fundado y dirigido por Nicolás María Rivero, que redactaron, entre otros, Emilio Castelar, Carolina Coronado, Pi y Margall, Manuel Fernández y González, Cristino Martos, José María Orense, Manuel del Palacio y Vicente Romero Girón, publicó el 1 de mayo de 1859 un artículo contestando a algunos errores vertidos en el Ateneo sobre la filosofía armónica. La filiación política del periódico y el papel ateneísta de su director identifican esos errores como moderados. La democracia rompe lanzas por el krausismo. El otro artículo, firmado por otro asistente al Círculo filosófico, Dionisio Gómez, lleva el título de *Carta sobre algunas opiniones expresadas en el Ateneo acerca de la doctrina de Krause* (Madrid, 1860), y apareció primero en la *Revista de Instrucción Pública.*

La galofobia de Sanz del Río y otros krausistas, ha dicho López Morillas, «provenía del convencimiento de que la cultura de Francia... resultaba perjudicial al genio español» [28]. Canalejas, jefe krausista en el Ateneo por ausencia de Sanz del Río y la pasividad de Giner [29], desata toda su galofobia en un discurso acerca *Del estado actual de la filosofía en las naciones latinas,* pronunciado en el Ateneo en diciembre de 1860 y en el que denuncia a Francia como la causa principal de los males filosóficos y políticos que aquejan a España [30]. Es decir, el eclecticismo francés es atacado no sólo como sistema filosófico, sino también como sistema que aporta las bases políticas de la Unión Liberal.

El discurso ateneísta que mejor ilumina el espíritu que movió en política a los krausistas demócratas y progresistas de esta época y a las generaciones liberales, republicanas y socialistas que los siguieron es, sin duda, el pronun-

---

[28] J. López Morillas, *op. cit.,* pp. 110-111, también p. 23 y todo el capítulo VI. Sobre la galofobia de Giner, pp. 114-121. Véase asimismo la reseña de Juan Marichal al libro de López Morillas en *Hispanic Review,* 26 (1958), pp. 334-40.

[29] J. Echegaray, *op. cit.,* I, pp. 354 y 383.

[30] Reproducido en F. de P. Canalejas, *op. cit.,* pp. 17-48. Este discurso era, sin duda, una de las lecciones que Canalejas venía dando sobre la filosofía de las razas latinas *(La Epoca,* 27 de noviembre de 1860).

ciado por Canalejas en la sección de *ciencias morales y políticas* el 19 de diciembre de 1864 [31]. Lleva por título *La reacción y las revoluciones,* es decir, casi el mismo de la obra de Pi y Margall *(La reacción y la revolución,* 1854), fundador con Canalejas y otros de la revista *La Razón,* de 1856. En este discurso, Canalejas vuelve a declarar la independencia política del krausismo, como hiciera en el artículo de *La Razón* de 1860, reafirmando su condición de actitud y no de partido. En un país demasiado acostumbrado a la casi monótona sucesión de revoluciones y reacciones —dice Canalejas—, el intelectual «que juzgue la política como realización racional de las ideas... DEBE SER CONSTANTEMENTE REFORMISTA, NUNCA REACCIONARIO O REVOLUCIONARIO» (p. 304, en mayúsculas en el original), afirmación clave que aleja al krausista de las doctrinas pimargallianas y que ilumina además la intención de Canalejas al poner en plural en su discurso la palabra «revolución» del libro de Pi.

La cita que sigue es extensa, pero sumamente reveladora de la misión del krausismo como partido intelectual: «Yo creo que la administración y el gobierno no son la política, por más que en el sentido lato ésta comprenda al gobierno y la administración. Separemos del hombre administrativo, al hombre de gobierno, del que sólo aspira a ser político, del que desea influir en la opinión pública. Todos los caminos que conducen al poder están tomados, llenos de gentes, llenos de partidos. Pero está solo y desierto el camino de la iniciación política, está sin gentes el partido en que deben colocarse los que, reconociendo y declarando que no pueden, que no quieren ser hombres de gobierno y de administración, aspiren, se consagren, ¡cuán noble empeño!, a facilitar el camino del progreso a la administración y al gobierno, a señalarles los males de hoy, aconsejando la reforma, a pedir la mejora de lo existente, a solicitar la enmienda y corrección de lo desacertado e injusto, a abrir nuevos y más cumplidos horizontes, y a mostrarse siempre, en toda ocasión, en cada instante, descontentos de lo actual, ansiosos del porvenir y con el ánimo dispuesto a llamar a sí la opinión pública, a dirigirla en pos de aquella reforma de carácter más urgente, de más apremiante necesidad. El ideal no se agota». Y continúa: «¿Qué nombre llevarían estos partidarios? No lo sé ni me afano por saberlo: sé que serían progresivos y no progresistas; sé que serían liberales y radicalmente liberales, sin que los republicanos quisieran llamarlos hermanos; sé que la opinión pública, más tarde o más temprano (no hoy, que anda enloquecida y muy ocupada con los adjetivos y con las denominaciones), concluiría por mirar con estima, después con respeto y por último con veneración, a los que ignorando si existen provechos individuales en esto de la política, cuidaran sólo

---

[31]   *Ibíd.,* pp. 293-316. Véase nota 50 de este capítulo.

de dar forma y traer a la realidad las augustas enseñanzas de la ciencia y los consejos y las advertencias que surgen de continuo de la vida real y práctica.

Siempre en la oposición, pero en esta oposición razonada y discreta, poco importa al partidario de esta doctrina progresiva que sean estos o aquellos los que la realicen: lo que le interesa es que se realice. Sean otros, en buen hora, los que administren y gobiernen; para el político racionalista, para el hombre de iniciativa, para el continuo reformista queda la gloria inconcebible hoy de haber iniciado la reforma que causa bienes, de haber sostenido la opinión pública en sus demandas, y la de haber impulsado a los gobernantes a escucharlas» (páginas 312-13 y 314). Recordemos que el testador de la *Minuta de un testamento,* el ateneísta krausista Gumersindo de Azcárate, se declaraba en favor de la República, pero no de la individualista ni de la revolucionaria, sino de la «reformista y conservadora a la vez» [32].

Los ideales krausistas de reforma aparecían claramente en el discurso universitario de Sanz del Río cuando, como Larra, recalcaba la importancia de la instrucción. Toda la obra de Giner de los Ríos, tanto la escrita como la que difundió de mil maneras en su Institución, está llena del mismo concepto pedagógico de que para cambiar a España había que cambiar primero a los españoles. Con Canalejas, sin embargo, aunque el proceso de transformación del individuo sigue vigente, aparece complementado con el de la transformación del Estado. Esta doble vía reformista del krausismo, ausente en las doctrinas moderadas de Sanz del Río y de Giner, se debe en gran parte al proceso de politización a que el sistema filosófico fue sometido en el Ateneo. A partir de Canalejas, muchos «krausistas» impulsarán simultáneamente los ideales de reforma individual y estatal, con el fin de que los españoles cambien a España y de que ésta cambie a los españoles.

«La nota más brillante de aquellos tiempos —escribe Echegaray— era Emilio Castelar en sus lecciones sobre los cinco primeros siglos del cristianismo» [33], y «la mayor gloria, por entonces, era ser amigo íntimo de Castelar». Francisco de Paula Canalejas (redactor con Morayta y Castelar de *El Eco universitario,* Madrid, 1851), Nicolás María Rivero (en cuya *Discusión* colaboró Castelar), Ricardo Alzugaray (redactor en la *Revista ibérica,* dirigida por Canalejas) y Miguel Morayta (redactor, como Canalejas, de *La Razón,* 1860-61, director del periódico republicano *La Reforma,* 1868, y de *La República Ibérica,* 1869, en que colaboraba Canalejas), son los íntimos amigos ateneístas del joven demócrata y estudiante de Sanz del Río. Uno de los ardientes defensores de la democracia en el mitin del Teatro Real (1854), la personalidad

---

[32] *Minuta de un testamento,* publicada y anotada por W..., Madrid, 1876, pp. 85-6.
[33] J. Echegaray, *op. cit.,* I, p. 360.

política del joven orador tenía por fuerza que agitar los ánimos de los asistentes a su curso sobre la *Historia de la civilización en los cinco primeros siglos del cristianismo* (cursos 1857-63), que, según Echegaray, era el más concurrido del Ateneo[34]. Antes del comienzo de cada lección «se oían opiniones contrarias, disputas animadísimas y hasta conatos de conflictos personales..., unos proclamaban a gritos que Castelar era el primer orador del mundo..., los otros se burlaban de él sin piedad, le ponían en ridículo...»[35]. La tempestad se calmaba, sin embargo, en cuanto Castelar empezaba a hilvanar los largos períodos de su admirada oratoria, suspendiendo hostilidades y hermanando a los políticos de las más opuestas tendencias[36].

El público ateneísta quedaba boquiabierto ante los alardes retóricos castelarinos, hipnotizado por su facilidad de palabra. De despertarlo se encargaban gentes como el redactor del periódico neo *El Pensamiento español* (fundado por Gabino Tejado y dirigido por Navarro Villoslada), Juan Manuel Ortí y Lara, y don Juan Valera, que, en folletos y artículos de prensa, denunciaban las ideas democráticas vertidas por el mago Castelar desde su cátedra ateneísta. El título de un folleto de Ortí y Lara, publicado en Granada en 1861, habla por sí solo: *La Sofistería democrática o Examen de las lecciones de don Emilio Castelar acerca de la civilización en los cinco primeros siglos de la Iglesia,* y es que, en efecto, al estudiar el tema, Castelar intercalaba asuntos de la política del momento y atacaba a neos y moderados sin que éstos, más atentos a la forma que al fondo, se dieran cuenta.

Progresistas como Carlos Rubio y krausistas como Giner de los Ríos, sin embargo, elogiaron las lecciones de Emilio Castelar[37], y el detalle es interesante, puesto que por aquellos años de unión demócrata-progresista en el Ateneo, las disidencias entre ambos partidos, y aun dentro del demócrata, salían a relucir en torno del folleto castelarino *La fórmula del progreso* (1858). En

[34] *Ibíd.,* I, pp. 360 y 384. Reseñas del curso en *El Fénix* (24 de noviembre de 1857), *La Época* (16 de enero, 8 de febrero, 9 de marzo, 22 de marzo, 20 de abril de 1858; 22 de enero de 1859, 20 de enero y 11 de febrero de 1863); *La España* (15 de enero de 1859, 11 de noviembre de 1860 y 18 de enero de 1863); *La Discusión* (20 de enero de 1859; 22.II, 9.III, 13.III, 14.III, 6.V de 1862; 11.I, 24.I,8.II, 22.II, 21.IV de 1863); *La Iberia* (8.IV, 27.IV, 30.IV de 1862; 22.I de 1863); *El Contemporáneo* (16.I.1863). Sobre la polémica entre Castelar y Valera en torno a este curso véase Cyrus C. DeCoster, *op. cit.,* p. 324, nota 1. Según Menéndez Pelayo, *op. cit.,* p. 395, Castelar vertía «las más atroces y manifiestas herejías». Véase también C. A. M. Hennessy, *La República federal en España, Pi y Margall y el movimiento republicano federal 1868-74,* Madrid, 1967, pp. 26 y 95, nota 47.

[35] J. Echegaray, *op. cit.,* I, p. 361.

[36] *Ibíd.,* I, p. 362.

[37] Carlos Rubio hizo un gran elogio de las lecciones en un artículo publicado en *La Iberia* (véase Emilio Castelar, *La fórmula del proceso,* Madrid, 1858, p. 54; y Carlos Rubio, *Teoría del progreso,* 3.ª edición, Madrid, 1859, p. 3, nota 1). Giner comentaba mucho después estas lecciones [«El maestro de maestros», *Boletín...* 39 (1915), p. 89].

este librito, a la vez que criticaba al partido moderado y justificaba el desgaja-
miento de la democracia del progresismo por considerar que éste había dejado
fuera de las constituciones de 1837 y 1856 (nonata) los ideales de la del año
12, concretamente el sufragio universal, Castelar defendía su republicanismo
individualista frente al federalismo de la fracción de Pi y Margall. La llave
o fórmula del progreso era, precisamente, la versión castelarina de la democracia, que sería atacada por moderados como Juan Valera y Ramón de Campoamor, progresistas y demócratas, demostrándose así lo ficticio del bloque
de oposición [38].

En 1859 reanudó la sección de *ciencias morales y políticas* del Ateneo sus
debates con el tema *Las ideas socialistas, ¿son un síntoma de decadencia de las
sociedades o una aspiración hacia un perfeccionamiento?,* volviendo Castelar
a defender la democracia individualista frente a la socialista en un discurso
titulado *El socialismo, ¿es un signo de decaimiento de la sociedad o es un sistema de progreso?* (Madrid, 1859). Dos años más tarde, al resumir los debates de la sección sobre *La determinación de la idea del progreso,* Castelar pronunció un discurso (13 de mayo de 1861) abordando el tema desde un plano
hegeliano [39].

En el campo de la economía, como en el de la política (con las salveda-
des mencionadas), la ligazón entre los demócratas políticos y filosóficos del
Ateneo es casi total. Emilio Castelar incluye la libertad de comercio entre los
principios democráticos expuestos en *La fórmula del progreso* (p. 140), y
en una conferencia ateneísta, *Utilidad de la propaganda libre-cambista* (1863),
defiende las teorías de Bastiat, quien, como es sabido, había condenado el socialismo durante la segunda República francesa y había sostenido una furiosa
polémica con Proudhon sobre el libre crédito (1849-50). El librecambismo,
pues, servía de telón de fondo a la polémica entre Castelar y Pi [40]. Canalejas, por
su parte, ensaya justificar filosóficamente el librecambismo en su conferencia

[38]   Véase Cyrus C. DeCoster, *op. cit.,* p. 324, nota 1; R. de Campoamor, *Polémicas
con la democracia* (especialmente el artículo III, pp. 378 y siguientes), en *Obras completas,* II, Madrid, 1901. Carlos Rubio escribió su *Teoría del progreso* en contestación
al folleto de Castelar. La 3.ª edición contiene al final una carta de felicitación de la
minoría progresista en el Congreso. Sobre las polémicas entre demócratas individualistas
(Castelar) y socialistas (Pi y Margall), especialmente violentas en 1860 y 1864, puede
consultarse C. A. M. Hennessy, *op. cit.,* pp. 27-34; Gumersindo Trujillo, «Pi y Margall
y los orígenes del federalismo español», *Boletín informativo del Seminario de Derecho
político* de Princeton, N. J., 26, 2.ª época (marzo de 1962), p. 72, nota 8; Antonio Eiras
Roel, «La democracia socialista del ochocientos español», *Revista de Estudios políticos,*
109 (1960), pp. 131-158, y su libro *El partido demócrata español (1849-1868),* Madrid,
1961, pp. 248-9.
[39]   Véase Luis Vidart, *La Filosofía española,* Madrid, 1866, pp. 168-174.
[40]   Véase C. A. M. Hennessy, *op. cit.,* p. 32, nota 47 y p. 51.

Principios filosóficos en que se funda el sistema de la libertad de comercio
(1863) [41].

En ningún frente se presenta la oposición ateneísta con una solidez comparable a la del frente económico. Como Canalejas en el político-filosófico y Castelar en el político propiamente dicho, el ingeniero y economista demócrata Gabriel Rodríguez es «el jefe, el *leader,* y hasta el censor de todo el grupo librecambista» que, compuesto de progresistas y demócratas, arrincona al proteccionismo moderado en el Ateneo y en la Bolsa [42]. De 1856 a 1857 dirigió *El Economista;* en él figuraba Echegaray como redactor, y ya mencionábamos anteriormente su curso sobre *la economía política aplicada a las obras públicas* (1854-55). Para facilitar el comercio internacional, la escuela librecambista pedía simultáneamente la construcción de vías públicas y la reforma de los aranceles aduaneros, y, en 1859, se fundó la Asociación para la Reforma de los Aranceles. Gabriel Rodríguez prosigue su campaña en el curso de 1857-58 con una cátedra sobre *Libertad de comercio (La Epoca,* 25 de noviembre de 1857) ; en los de 1858-60, sobre *Los sistemas contrarios a la libertad de comercio: crítica del llamado sistema protector (La Discusión,* 20 de enero de 1859) ; en el de 1862-63, sobre *Cuestiones políticas contemporáneas;* en el de 1864-65 sobre *La reforma aduanera,* y en el de 1875-76, sobre *El concepto y las funciones del crédito.*

El jefe librecambista se ve brillantemente secundado por la legión de conferenciantes enviados al Ateneo por la Liga, entre los que figuran Alcalá Galiano, Alzugaray, Aguirre, Canalejas, Carballo, Castelar, Echegaray, Figuerola (que dio también un curso de *Economía política* según las teorías de Bastiat), Gimeno Agius, Gisbert, Madrazo, Márquez, Monasterio, Moret, Pastor, Rodríguez, Sagasta, Sanromá, Segovia y Silvela, que se proclamaron partidarios de la reforma arancelaria [43]. Publicada en Madrid en 1862, apareció una *Impug-*

[41] Véase Pierre Jobit, *Les éducateurs de l'Espagne contemporaine,* Paris, 1936, vol. I, pp. 122-3.

[42] J. Echegaray, *op. cit.,* I, p. 382.

[43] R. M. de Labra, *op. cit.,* p. 136. Alcalá Galiano inició la serie de discursos en defensa del libre-cambio el 6.XII.1861 *(El Contemporáneo,* 7.XII.1861). Durante el curso *1861-62* intervinieron Benigno Carballo *(La Discusión,* 5.I y 24.I.1862), Echegaray, que habló sobre los fundamentos de la escuela proteccionista *(La Discusión,* 15-II-1862), y Mariano Carreras y González *(La Iberia,* 25-IV-1862). La prensa madrileña reseña los discursos librecambistas (curso *1862-63)* de Segismundo Moret *(La Iberia,* 8.I.63), Benigno Carballo *(La Iberia, La Epoca, La Discusión,* 30.I.63), Joaquín María Sanromá *(La Discusión,* 12 y 17.II.63) y Ricardo Alzugaray *(La Discusión,* 17.III.63). Los economistas hicieron acto de presencia en *1863-64:* González Brabo *(La Discusión,* 19.XI.63); Santiago Diego Madrazo, que habló sobre «la influencia del libre cambio en el progreso de la humanidad» *(El Contemporáneo,* 27.I.64); Lope Gisbert, sobre «la influencia que ejerce en la agricultura el libre-cambio» *(El Contemporáneo,* 11.II.64 y *La Iberia,* 17.II.64); Adolfo de Aguirre, sobre «las matrículas de mar en sus relaciones con la libertad del trabajo» *(El Contemporáneo,* 17.II.64 y *La España,* 26.II.64). Según *La España* (4.XII.63) se explicó el siguiente tema: «Importancia de la reforma aran-

nación de las doctrinas libre-cambistas profesadas en el Ateneo de Madrid durante el curso de 1861 a 1862, firmada por Morquecho y Ralma, Rodríguez San Pedro, Menéndez y Luarca y Arcos Orodea. En el curso siguiente, sin embargo, los librecambistas volvieron a la carga. El folleto *Conferencias librecambistas. Discursos pronunciados en el Ateneo científico y literario de Madrid por varios individuos de la Asociación para la Reforma de los Aranceles de Aduanas en el curso de 1862 a 1863* (Madrid, 1863) contiene los siguientes conferenciantes y el título de sus conferencias: Francisco de Paula Canalejas, *Principios filosóficos en que se funda el sistema de la libertad de comercio;* Antonio Alcalá Galiano, *Consideraciones generales sobre la libertad de comercio y necesidad de su planteamiento en España;* Benigno Carballo Wangüemert, *Principios económico-políticos en que se funda el sistema de la libertad de comercio;* Gabriel Rodríguez, *Examen del sistema llamado protector desde el punto de vista económico;* José Echegaray, *Examen de los principios del sistema protector desde el punto de vista filosófico;* Félix de Bona, *El sistema protector perjudica a las industrias que trata de proteger;* Segismundo Moret, *Perjuicios que causa el proteccionismo a las clases obreras;* Luis María Pastor, *Examen de la protección desde el punto de vista fiscal;* Laureano Figuerola, *La cuestión de cereales;* Joaquín María Sanromá, *Las crisis industriales;* Ricardo Alzugaray, *Del monopolio de la industria papelera y sus efectos;* José de Monasterio, *Si conviene mantener la protección a los diferentes ramos de la industria minera;* José Luis Retortillo, *El derecho diferencial de bandera y las Ordenanzas de aduanas;* Mariano Carreras y González, *Examen de los resultados producidos por las principales reformas arancelarias hechas en Europa desde el Zollverein hasta nuestros días;* Emilio Castelar, *Utilidad de la propaganda libre-cambista en España;* Santiago Diego Madrazo, *La libertad de comercio en sus relaciones con la paz universal;* Manuel Malo de Molina, *Del fuero privilegiado de la Hacienda pública,* y Luis Silvela, *La protección desde el punto de vista penal.*

Durante el curso de 1867-68 el antiguo redactor de *El Eco de la ley* (1859-

---

celaria para la reforma de Hacienda». Hubo gran actividad librecambista durante *1864-65:* Gabriel Rodríguez, secretario de la Asociación Arancelaria, pronunció el discurso inaugural de las conferencias. Intervinieron Segismundo Moret, que habló sobre «La crisis, sus causas y sus remedios» *(La Iberia,* 27.I.65); Laureano Figuerola, sobre «la teoría y la práctica arancelaria» *(La Iberia,* 3.II.65); Joaquín María Sanromá, sobre «el libre cambio y la política de circunstancias» *(La Iberia,* 10.II.65); Mariano Carreras y González, sobre la «influencia del proteccionismo en la moral y en el orden público» *(La Iberia,* 31.III.65); Lope Gisbert *(El Contemporáneo,* 8.IV.65); Segovia, sobre las «extravagancias y superfluidades del sistema protector» *(El Contemporáneo,* 6.V.65). Luis María Pastor hizo el resumen de las conferencias librecambistas *(El Contemporáneo,* 13. V.65). *La Correspondencia de España* (2.I.66) y *La Democracia* (4.I.66) anuncian que Gabriel Rodríguez inaugurará las conferencias librecambistas el 12.I.66. Desconocemos si llegaron a tener lugar.

61), y futuro redactor en jefe de *La Voz del Siglo* (1868-69), periódico partidario de La Gloriosa, Segismundo Moret y Prendergast, dio seis conferencias sobre *Financieros modernos* desde una perspectiva librecambista, que abordaron los temas siguientes: *William Pitt. La Hacienda de la paz; La Hacienda de la guerra* (continuación de la anterior); *Law Turgot-Necker. La Hacienda de Francia en el siglo XVIII; Roberto Peel. Las grandes reformas financieras; Enrique Federico Stein. El Renacimiento de Prusia, y Don Juan Alvarez Mendizábal. La revolución financiera de España.*

Aunque se declaran libres de todo espíritu de bandería política, los krausistas y librecambistas del Ateneo simpatizan abiertamente con el ideario demócrata, más radical en su programa reformista que el progresista. Ya vimos más arriba que Canalejas, en el artículo de *La Razón* y en el discurso ateneísta *La reacción y las revoluciones,* proclamaba la independencia política del partido racionalista. Y Echegaray, escribiendo sobre el grupo librecambista, viene a decir lo mismo: «Ni éramos progresistas, ni éramos demócratas, simpatizábamos con unos y con otros, sobre todo con los demócratas» [44]. En este sentido, el Ateneo de 1856 a 1868 parece ser una institución demócrata, por el color político de librecambistas y krausistas y por su gran actividad. Sin embargo, el Ateneo sigue siendo una institución templada. «En aquella época (1862-68) —escribe Echegaray—, el Ateneo de Madrid era un centro de gran importancia literaria y aun política; pero en él dominaban los moderados» [45]. No cabe duda que en él se fraguaron en parte las ideas triunfadoras en 1868, y que la actividad de librecambistas y krausistas hizo del período 1856-68 uno de los más brillantes de la casa. La democracia, sin embargo, tuvo en el Ateneo más voz que voto, y esto se comprueba claramente en el régimen interior. Hemos visto cómo progresistas y demócratas formaron durante estos años un frente común contra moderados y neos, y hemos mencionado también las disidencias internas de ese frente. La vitalidad de demócratas y progresistas en la cátedra y en la sección da, sin embargo, una impresión falsa, y la realidad es que, aunque la oposición multiplique sus esfuerzos, está, como en el Congreso, en minoría. En todo este período de gestación democrática, el Ateneo sigue eligiendo Juntas de Gobierno moderadas. Martínez de la Rosa (1852-62), Antonio Alcalá Galiano (1863-64) y José Posada Herrera (1865-67) ocupan la presidencia, y este último, que derrotó a Olózaga por sólo seis votos de diferencia en diciembre de 1864, a pesar de no ocuparse más del Ateneo al ser nombrado ministro, volvió a ser reelegido en diciembre del 67, aunque renunció al cargo. En la Junta general en que se dio cuenta de su renuncia, fue elegido por aclama-

---

[44]   J. Echegaray, *op. cit.,* II, p. 278. Veíamos anteriormente que Angel Salcedo Ruiz, *op. cit.,* pp. 55-6, identificaba a krausistas y librecambistas con las ideas demócratas.
[45]   J. Echegaray, *op. cit.,* II, p. 218.

ción Laureano Figuerola, que había dirigido el Ateneo como consiliario primero en ausencia del Gran Elector. El progresista, librecambista y krausista Figuerola fue presidente activo hasta 1870, a pesar de sus obligaciones como
ministro de Hacienda en los Gobiernos de Serrano y Prim (1868-69) [46]. Así,
pues, y a pesar de las apariencias, este Ateneo está tan lejos de admitir un régimen demócrata como de elegir presidente a un neo. El caserón de la calle de
la Montera sigue rechazando los extremos.

Si las cátedras ateneístas sirven de plataforma a la oposición en este período,
otro tanto ocurre con las secciones. Durante el curso 1858-59 (y no en otoño
de 1859, como dice Labra), las secciones cobran nuevos ímpetus, y no decimos
que resucitan porque, como hemos visto, no habían dejado de reunirse completamente. La nueva vitalidad está determinada, como en las cátedras, por el
interés político que ofrecen los temas. *La Epoca* (19 de enero de 1859) anuncia
la reunión de las Mesas de sección para fijar los temas de debate, y en febrero
se inician las reuniones discutiéndose en la sección de *ciencias morales y políticas: Si el socialismo es síntoma de progreso o de decadencia en las sociedades (La España,* 15 de febrero; *El Fénix,* 21 de febrero), con intervención de
Castelar y del abogado Nicolás Malo *(La Esperanza,* 2 de abril de 1859). Durante el curso académico de 1859 a 1860 se debatió sobre *qué relación existe
entre las libertades de imprenta, de enseñanza y de religión;* en el de 1860-61,
sobre *la determinación de la idea del progreso,* con nueva y brillante intervención de Emilio Castelar, y en los de 1861 a 1864 sobre *qué relación hay
entre el progreso científico e intelectual de nuestra época con el progreso moral
(1861-62), si será conveniente la libertad absoluta de discusión y de enseñanza
(1862-63),* y sobre *qué principios filosóficos pueden determinar la idea de
nacionalidad (1863-64)* [47].

---

[46]   A. Maestre y Alonso, *op. cit.,* p. 105. Antonio Alcalá Galiano fue elegido presidente el 31.XII.1862 *(La Epoca,* 2.I.1863). Nombrado Ministro de Fomento, dimitió
del cargo ateneísta *(La Epoca,* 1.XII.1864). Aunque se habló de Ríos Rosas para la
presidencia *(La Epoca,* 12.XII.1864), los candidatos finales fueron José Posada Herrera y Salustiano Olózaga *(La Epoca,* 24.XII.1864). El presidente, Laureano Figuerola, fue derrotado por Antonio Cánovas del Castillo (150 votos contra 37) el 31.XII.
1869 *(La Correspondencia de España,* 1.I.1870). Las ideologías de estos candidatos, y el
resultado de la votación, perfilan una vez más al Ateneo como casa de oposición.

[47]   R. M. de Labra, *op. cit.,* pp. 137-8. Sobre las discusiones del curso 1859-60,
véase *La España* (21.III y 25.V.1860). Durante 1860-61, la sección de *ciencias morales
y políticas* estuvo presidida por Antonio de los Ríos y Rosas, después de derrotar en la
elección a Olózaga y a Rivero *(El Contemporáneo,* 6.I.1861). Sus sesiones, muy concurridas, están reseñadas en *La Epoca* (15.IV.1861) y en *El Contemporáneo* (14.V.1861).
Para el curso 1861-62 se eligió la siguiente Mesa: Pastor Díaz (presidente), Castelar (vicepresidente), Echegaray y Moret (secretarios) *(La Discusión,* 12.I.1862). Según *La
Epoca* (2.I.1863), y para el curso 1862-63, se eligió la siguiente Mesa: Moreno Nieto
(presidente), Canalejas (vicepresidente), Moret y Salmerón (secretarios). Las discusiones fueron enconadas y brillantes; el tema, evidentemente, se prestaba a ello *(El Contemporáneo,* 15.I.1863). Intervinieron, entre otros, Gisbert *(La España,* 3.II.1863); el

El 3 de febrero de 1859 celebra la sección de *literatura* su primera sesión (*La Discusión,* 5 y 13 de febrero y 5 de marzo; *El Fénix,* 5 de febrero y 1 de marzo; *La España,* 6 de febrero y 20 de marzo), sobre *la influencia de la literatura clásica francesa del siglo XVIII en la lengua y literatura castellanas.* Tomaron parte en el debate el presidente de la sección, Martínez de la Rosa, —componían el resto de la Mesa los señores Alfredo Adolfo Camús (vicepresidente), Juan Valera (secretario) y Alcalá Galiano (vicesecretario)—, el propio Camús, Fermín Gonzalo Morón (que había sido director y redactor de la *Revista de España y del Extranjero,* 1842-48; de *El Trono y la Constitución,* 1853; de *La Verdad,* 1853-55, y que en 1859 dirigía *El Ateneo de Madrid,* revista quincenal de literatura y bellas artes, dedicada a las damas de la aristocracia española), Vergara, que se declaró partidario de la libre emisión del pensamiento literario (*La Discusión,* 5 de marzo), Marichalar y Valera.

El tema siguiente, todavía en el curso 1858-59, fue *la influencia de la prensa periódica y de la elocuencia parlamentaria en la lengua y literatura castellanas* (*La Discusión,* 26 de marzo), seguido de *la influencia de la literatura española en la francesa del tiempo de Luis XIV.* En los cursos 1860-64 se debatieron los temas siguientes: *¿Qué es, qué ha sido y qué debe ser el arte en el siglo actual?, Significación literaria, política, social y religiosa del Cid* (1860-61); *¿Qué ha sido, qué es y qué debe ser la crítica literaria?* (1861-62); *¿Es el teatro escuela de costumbres?, ¿Qué debe ser la elocuencia en nuestro siglo?* (1862-63); *¿Cuáles son las condiciones de una buena historia?* (1863-64) [48].

presbítero Tristán Medina que, después de defender la libertad absoluta de discusión y enseñanza, fue aplaudido repetida y estrepitosamente (*La Discusión, La Epoca, La Iberia,* 26.II.1863); Ortí y Lara (*La Esperanza,* 16.III.1863); Gisbert, Angulo y Sánchez atacaron a Rodríguez, que defendió la posición de Medina (*La Epoca,* 27.III.1863; *La Iberia,* 28.III.1863); Pedro Mata también la defendió (*La Discusión,* 10.IV.1863); en sesiones posteriores hablaron Mena y Zorrilla, Pablo Nogués (*La Discusión,* 1.V. 1863), Echegaray, Luis Pastor, Dacarrete (*La Discusión,* 7.V.63) y Castelar (*El Contemporáneo,* 21.V.63). En la última sesión intervinieron Canalejas, Medina y el P. Sánchez, entre otros (*La Epoca,* 26.V.63) y, como presidente de la sección, Moreno Nieto resumió el debate (*La Epoca,* 28.V.63 y *La Discusión,* 30.V.63).

[48] R. M. de Labra, *op. cit.,* p. 138. Parece ser que, durante el curso 1859-60, la *sección de literatura* celebró al menos dos sesiones sobre *la novela.* Intervinieron Vergara, Fernández Jiménez, Fabié y Balart (*La Iberia,* 13.I.1860; *La España,* 17.IV.1860). Durante el curso 1860-61 formaban la Mesa los señores Antonio Alcalá Galiano (presidente) y Antonio Mena y Zorrilla (vicepresidente) (*El Contemporáneo,* 6.I.1861). Las sesiones, poco animadas, están reseñadas en *La Epoca* y en *El Contemporáneo* (29.I.61, 26.II.1861 y 27.III.61). Parecido letargo acusan las sesiones de 1861-62 (reseñadas en *La Discusión,* 1.II.1862), dirigidas por la Mesa siguiente: Alcalá Galiano (presidente), Antonio Mena y Zorrilla (vicepresidente), Vergara y Balart (secretarios) (*La Discusión,* 12.I.62). Durante el curso 1862-63 hubo más animación. Intervinieron Juan Valera, Fernández Jiménez, Alcalá Galiano y Dacarrete (*La Epoca,* 2.II.63; *La Discusión,* 17.II.63; *La Iberia,* 21.II.63; *El Contemporáneo,* 15.II.63). Componían la Mesa: Antonio Alcalá Galiano (presidente) y Valera (vicepresidente) (*La Epoca,* 2.I.63). La Mesa para el curso 1863-64 se eligió en mayo del 63. Era la siguiente: Alcala Galiano (presidente), Valera (vicepresidente), Fernández Jiménez y Ojesto (secretarios) (*La*

La sección de *ciencias matemáticas, físicas y naturales,* por último, debatió sobre *si los seres animales forman o no una serie continua,* y *la influencia de los alimentos en las cualidades de los seres animados* (1858-59); *¿cuál de los ramos de las ciencias físico-químico-naturales es el que suministra más datos para el adelanto de la agricultura?,* y *el progreso de las ciencias naturales, con aplicación a la industria, ¿ha sido favorable o contrario al desarrollo intelectual y a la mejora de los sentimientos?* (1860-61); *¿qué relaciones existen entre las diferencias orgánicas de los sexos y las intelectuales y morales que observamos en los mismos?* (1861-62); *¿cuál es el sistema más aceptable para la mejora de la higiene pública y qué grado de intervención debe tener el Estado en este asunto?* (1862-63); y *¿hay preceptos higiénicos aplicables especialmente a las diversas industrias? y acaso de existir, ¿deben ser objeto de reglamentos públicos?* (1863-64) [49].

Toda esta actividad cesa en 1865, año en que, como en épocas anteriores, los sucesos de la calle distraen a los ateneístas del quehacer intelectual [50]. A primeros de abril, un artículo de Castelar titulado *El Rasgo* desencadena una serie de sucesos que culmina en la sangrienta noche de San Daniel (10 de abril de

---

España, 3.V.1863). Se iniciaron las discusiones en diciembre de 1863 *(El Contemporáneo, La Iberia,* 10.XII.1863) y terminaron en febrero de 1864 *(La España, El Contemporáneo,* 24.II.1864). Alcalá Galiano resumió los debates *(La Epoca,* 29.II.1864). Según *La Epoca* y *La Iberia* (12.IV.1864) la *sección de literatura* acababa de celebrar su tercera sesión en la que, continuando la discusión iniciada por Valera y Fernández Jiménez, y a petición de éste, habló Aguilar Campuzano. Desconocemos el tema tratado, a no ser que fuera la *Filosofía del Quijote,* tema elegido por una de las secciones del Ateneo según *La Discusión* (5.I.64), *El Contemporáneo* (7.I.64) y *La España* (8.I.64).

[49] R. M. de Labra, *op. cit.,* p. 139. Mesas de la sección: En 1860-61: Presidente, Ramón Llorente; Vicepresidente, N. Ametller *(El Contemporáneo,* 6.I.61). En 1861-62: presidente, R. Llorente; vicepresidente, Pérez Arcos; secretarios, Ametller y Balart *(La Discusión,* 12.I.62). En 1862-63: presidente, R. Llorente; vicepresidente, Vilanova; secretarios, Ametller y Yáñez *(La Epoca, El Contemporáneo,* 3.I.63).

[50] Más que cese total, hubo una marcada disminución de actividades de 1864 a 1868. Dirigida por la Mesa siguiente: José Moreno Nieto, presidente; Santiago Madrazo, vicepresidente; Vidal y Azcárate, secretarios *(La Epoca, El Contemporáneo,* 1.XII. 1864), la sección de *ciencias morales y políticas* comenzó sus sesiones el 13 de diciembre de 1864 *(El Contemporáneo,* 11.XII.1864). Los debates se centraron sobre *la justicia y conveniencia de las revoluciones modernas,* con escasa animación e intervenciones de Canalejas, Madrazo, Giménez, Angulo y Heredia *(La Discusión,* 10.I.1865), Moreno Nieto, Bravo y Tudela *(La Epoca,* 15.XII.1864), Figuerola, Echegaray, Sánchez Ruano, Vals y Luarca *(El Contemporáneo,* 31.III.1865). En 1865-66 se debatió el tema siguiente: *Examen crítico del cesarismo (La Democracia,* 5.IV.1866). En 1867-68 se debatió la cuestión de *la unión ibérica.* Hubo, al menos, una intervención del catedrático Pisa Pajares *(La Esperanza,* 27.II.1868). Según Labra, en 1867-68, se discutió el tema *Entre las dos formas de gobierno, la monarquía y la república, ¿cuál se halla más conforme con el ideal del derecho; e históricamente considerada, cuál debe prevalecer hoy en los pueblos europeos?* En cuanto a la sección de *literatura,* sólo sabemos que durante el curso 1864-65 formaban la Mesa los siguientes socios: Presidente, Campoamor; Vicepresidente, Fernández Jiménez; Secretarios, Federico Balart y Valle *(La Epoca, El Contemporáneo,* 1.XII.1864). Durante el mismo curso, la Mesa de la sección de *ciencias naturales* era la siguiente: Presidente, R. Llorente; vicepresidente, Pérez Arcos; secretarios, Ametller y Anglés *(La Epoca, El Contemporáneo,* 1.XII.1864).

1865). Castelar pierde su cátedra de Historia en la Universidad, y Montalbán, por haberse negado a formarle expediente, su rectorado. Casi inmediatamente después se produce la cuestión de los «Textos vivos», que alcanza a ateneístas como Castelar, Canalejas, Figuerola, ¡Moreno Nieto!, y otros[51]. Benito Pérez Galdós describe la reacción producida en el Ateneo por todos estos acontecimientos, los corrillos comentando las últimas noticias, la indignación por las suspensiones, la simbólica acción de asomarse a los balcones de la calle de la Montera, en detrimento de la cátedra y la sección, para presenciar el principio del fin de un período[52].

Como cabía esperar dada la fama de la casa, la reacción alcanza también al Ateneo. El 2 de enero de 1866, estando Madrid en estado de sitio por la sublevación de Prim en Villarejo de Salvanés, el capitán general ordena la clausura total de las cátedras y de los salones ateneístas. El día 26 se permite la reapertura de los salones de lectura y de conversación, pero no la de las cátedras, y el 23 de octubre se obliga al consiliario primero, Laureano Figuerola, a que ordene la retirada del salón de lectura de todos los periódicos y revistas extranjeros que «hubieran dado a luz un solo artículo en que se atacase u ofendiese a la religión o a S. M. la reina y la real familia»[53]. Dos meses más tarde, el 30 de diciembre de 1866, el gobernador civil prohibe la reunión anual de la Junta general para elección de cargos, por temer que en ella «pudiera darse, directa o indirectamente, el más insignificante carácter político»[54]. En abril de 1867 pidió el gobernador civil los Estatutos fundacionales, reglamentos y órdenes que aprobaron la fundación, haciendo temer a los ateneístas la clausura de la casa. Por fin, en diciembre de 1867 se permitió que el Ateneo reanudara su vida normal, ajustándose, por supuesto, a la rígida ley de reuniones públicas. Con el triunfo de la revolución de 1868 el Ateneo, como el país, se sacude las trabas gubernamentales, y el 15 de octubre del mismo año un grupo de socios solicita de la Junta de Gobierno la reapertura de cátedras y secciones a la mayor brevedad. Entre los firmantes de la petición figuran gentes de todos los matices políticos, aunque dominando los demócratas: Gregorio Cruzada Villaamil (antiguo director de La Razón, 1860-61 y el redactor de la Revista ibérica, 1861-63), Francisco de Paula Canalejas (director de la anterior), Ca-

---

[51] Véase Pierre Jobit, op. cit., I, pp. 51 y 59.

[52] En Prim, pp. 123-5 y 129-41. Aunque Galdós no fue socio del Ateneo hasta el 30 de noviembre de 1865, estudiaba Derecho en la Universidad de Madrid desde otoño de 1862, por lo que pudo bien estar presente en la docta casa durante estos días del mes de abril, o reconstruir la reacción ateneísta recogiendo los testimonios de los que los habían vivido. Véase José Pérez Vidal, «Pérez Galdós y la Noche de San Daniel», Revista hispánica moderna, 17 (1951), pp. 94-110; H. Chonon Berkowitz, Pérez Galdós, Spanish Liberal Crusader, Madison, 1948, p. 81; Joaquín Casalduero, Vida y obra de Galdós (1843-1920), Buenos Aires, 1943, pp. 12 y 15.

[53] R. M. de Labra, op. cit., p. 145.

[54] Ibíd.

lixto Bernal (redactor de *La Discusión*), Nicolás Rico y Urosa (redactor del periódico republicano *La Reforma*, 1865-69), etc. [55]. La solicitud será atendida y el Ateneo reanudará su vida normal. Es decir, vuelve a ser casa de oposición. Durante los agitados años que transcurren entre el asesinato de Prim y la caída de la República, Cánovas del Castillo, desde la presidencia del Ateneo, da los últimos toques ideológicos a su Restauración.

[55] Véase la lista completa de firmantes en Labra, *op. cit.*, p. 147.

Capítulo VI

REVOLUCION, REPUBLICA Y RESTAURACION (1868-1882)

El brusco viraje que se produce con la Gloriosa en la esfera política española repercute en el Ateneo de Madrid. Llegada la hora de poner en práctica las ideas y programas elaborados en la oposición, el Ateneo presencia la desbandada de sus fuerzas más radicales. A partir de septiembre de 1868, krausistas, librecambistas, demócratas y progresistas toman el poder en sus esferas correspondientes: la Universidad, las carteras ministeriales, los escaños del Congreso, las presidencias del Consejo. Las voces de la oposición del período 1856-1868 resuenan desde febrero de 1869 en el ámbito parlamentario; catedráticos demócratas como Manuel Becerra y José Echegaray son ministros de Ultramar y Fomento en el Gobierno de Prim (julio 1869), en el que figuran (desde el 18 de junio), como ministros de Hacienda y Gobernación, los progresistas Laureano Figuerola y Práxedes Mateo Sagasta, que desempeñaron los mismos cargos en el Gobierno provisional de Serrano (9.X.1868). Otro catedrático ateneista, el demócrata Nicolás María Rivero (que no aceptó Gracia y Justicia en el mismo Gobierno), es alcalde de Madrid; el republicano Emilio Castelar pasa de ser diputado a ministro de Estado (con Figueras) y a Jefe de Gobierno; Manuel Pedregal y Cañedo, uno de los representantes del librecambismo en el Ateneo, es diputado federal y ministro de Hacienda con Pi y con Castelar; el krausista Nicolás Salmerón, diputado federal, es ministro de Gracia y Justicia en el Gobierno de Figueras.

Durante el período revolucionario, pues, las fuerzas demócratas, progresistas y unionistas que lo han hecho posible se debilitan en el Ateneo. La casa vuelve a experimentar el flujo de otras épocas de transición política, convirtiéndose de nuevo en refugio de las ideologías desbancadas del poder, en este caso la moderada o conservadora, que copa la cátedra en busca de una reconquista de la opinión pública. El Ateneo vuelve a ser una casa de oposición de 1868 a 1875, aunque no exclusivamente de oposición moderada. A los Gobiernos de Serrano y Prim, de Ruiz Zorrilla, Malcampo y Sagasta, seguirán los cuatro de la República, y los hombres más moderados de la ficticia unión de Ostende engrosarán las filas de la oposición ateneísta al ser desplazados de la esfera política. Moderados de Cánovas, progresistas de Prim, unionistas de Serrano y demócratas-monárquicos o «cimbrios» compartirán la tribuna ateneísta. A raíz de la escisión del republicanismo en torno a la cuestión federal, se oirán en el Ateneo voces republicanas de oposición al ideario de Pi y Margall.

Significativamente, el hombre que preside el Ateneo durante el período revolucionario es Antonio Cánovas del Castillo, que se encargará de dirigir los destinos de España en lo que queda de siglo. Ya el hecho de presentar a Cánovas como candidato a la presidencia es interesante desde un punto de vista político. Los presidentes ateneístas que lo precedieron (Martínez de la Rosa, Alcalá Galiano, Olózaga, Cortés, etc.), además de ser socios de la casa y de haber hecho del Ateneo su segundo domicilio, probaron sus dotes de mando en la cátedra y en la sección. No así Cánovas. El único dato oficial que tenemos de su presencia ateneísta son las breves lecciones que dio, cuajadas de intención política, sobre la *Historia general de Europa en el siglo XVI* (curso 1853-54) que, como sabemos, fueron clausuradas casi inmediatamente. Escribe Antonio Espina que Cánovas «hizo una intensa vida de ateneísta ya desde los primeros meses de su estancia en Madrid» [1], en el Ateneo de la calle de Carretas y, más tarde, en el de la Montera. Si fue así, no hemos encontrado huellas de su paso por la casa que lo prueben. Sólo sabemos que asistió a las lecciones de Pastor Díaz sobre socialismo (curso 1848-49) y que, de no habérselo impedido sus ocupaciones políticas, hubiera dado un curso en 1857-58 [2].

En el momento de presentar el marqués de Sardoal la candidatura de Cánovas, parece ser que don Antonio «ni era socio en aquel período ni era ateneísta siquiera de platónica afición» [3], y, sin embargo, Cánovas sale elegido a pesar de la ardiente oposición de Rafael María de Labra. «La votación fue numerosísima —escribe Solsona— como siempre lo son las votaciones del cargo presidencial, en el que para nada se apuntan las diferencias de partidos ni las

---

[1]   Antonio Espina García, *Cánovas del Castillo,* Madrid, 1946, p. 38.

[2]   Cánovas iba a hablar de la influencia del gobierno absoluto en España, pero tuvo que ausentarse de Madrid al ser nombrado gobernador civil de Cádiz [véase Juan Valera, «Las cátedras del Ateneo», artículo publicado en *El Estado* (25 de noviembre de 1857) y reproducido en Cyrus C. DeCoster, *Obras desconocidas de Juan Valera,* Madrid, 1965, p. 317]. *La Epoca* (29.XII.1864) anunciaba que Cánovas se encargaría de algunas sesiones en el curso 1864-65. No hay datos de que lo hiciera.

[3]   Conrado Solsona, «El Ateneo de Madrid», *Revista de España,* 75 (1880), p. 58.

tendencias políticas» [4]. Creemos que Solsona se equivoca en este punto, y el mero detalle de que el republicano Labra se oponga a la candidatura canovista nos parece sobradamente significativo. En la persona de Cánovas elige un Ateneo lleno de conservadores al hombre político más que al historiador, al diputado por Málaga (1854-56), al subsecretario de la Gobernación (1858), al ministro unionista de la Gobernación (1864, con Mon) y de Ultramar (1865, con O'Donnell). El relevo de los cuadros de mando moderados se hace necesario con las muertes de O'Donnell (1867) y de Narváez (1868), y, en este sentido puede afirmarse que el espaldarazo ateneísta constituye un paso importante en la ascensión de Cánovas (diputado desde enero de 1869) hacia la jefatura moderada que la reina ratificará años después (22 de agosto de 1873) desde París.

Como presidente del Ateneo (1870-73), Cánovas remoza el ideario ecléctico de épocas moderadas anteriores en los cuatro discursos pronunciados con motivo de la inauguración de cátedras, introduciendo la novedad de tratar en ellos de cuestiones políticas de candente actualidad. Los títulos son significativos: *La cuestión de Roma bajo su aspecto universal, y la supremacía germánica en Europa desde la guerra franco-prusiana* (26 de noviembre de 1870). *El pesimismo y el optimismo en relación con los problemas de la época actual* (25 de noviembre de 1871), *Relaciones del problema religioso con el político, con el económico, con el socialista y con el moral* (26 de noviembre de 1872) y *La libertad y el progreso en el mundo moderno* (25 de noviembre de 1873) [5].

Si los discursos presidenciales de Cánovas reflejan la postura moderada ante las cuestiones palpitantes del momento político, otro tanto ocurre en las cátedras y secciones, especialmente en la de *ciencias morales y políticas* que preside José Moreno Nieto. Los temas debatidos en la sección son expuestos a la vez desde la cátedra, y esta repetición muestra claramente cuáles son los problemas que preocupan al socio ateneísta de este turbulento período. Durante el curso 1867-68, la sección de *ciencias morales y políticas* había debatido el tema que separa a demócratas-republicanos de «cimbrios», progresistas, moderados y unionistas: *Entre las dos formas de gobierno, la monarquía y la república, ¿cuál se halla más conforme con el ideal del derecho; e históricamente considerada, cuál debe prevalecer hoy en los pueblos europeos?* En 1868-69 la sección se ocupa de *La unión ibérica desde el punto de vista del porvenir político, económico y social de Portugal y España* (La Iberia, 29.I y 5.II.1869),

---

[4] *Ibíd.* Tengamos en cuenta que al elegir a Cánovas, el Ateneo votaba no reelegir a Figuerola. Véase la nota 46 del capítulo V de este trabajo.

[5] Véanse las reseñas de Fernando Cos Gayon a los discursos de 1871 y 1872 en *Revista de España*, 25 (1872), pp. 631-2; 29 (1872), pp. 565-72. Los discursos están reproducidos en A. Cánovas del Castillo, *Problemas contemporáneos*, vol. I. *La Correspondencia de España* (27.XI.70) reseñó el primero.

tema de importancia en el ideario federalista tratado también por Alcalá Galiano (hijo) en su cátedra *Portugal: su pasado y su presente*. En alza la candidatura del rey portugués, Fernando de Coburgo, para el trono de España, el Ateneo de Madrid corteja al de Lisboa en busca de una «unidad ibérica» [léase reconocimiento de los ateneístas madrileños como socios del Ateneo de Lisboa, y viceversa *(La Esperanza,* 14.V.1870)]. La sección debate, además, sobre *si las naciones europeas deben conservar los ejércitos permanentes, dadas sus condiciones históricas, y sobre qué medios deben adoptarse para su formación,* eco, como el discurso de Cánovas (noviembre de 1870), del conflicto francoprusiano del mismo año.

En 1869-70 discutió la sección sobre *el principio federativo en la organización interior política de los pueblos y en la esfera de las relaciones internacionales,* defendiendo el principio federal Manuel de la Revilla y Francisco María Tubino frente al grupo progresista. De estos debates, en los que Revilla concluyó que lo único que separaba a federales y unitarios era la doctrina pimargalliana del pacto, salió la llamada Declaración antipactista de la Prensa (7 de mayo de 1870), en que los firmantes, que se consideraban como los «verdaderos» federales, se oponían a las ideas de Pi dominantes en la Asamblea [6]. Además de al federalismo pactista, los firmantes se oponían a la tendencia radical y socialista de la cuestión social. Revilla consideraba que el auge de la Internacional acabaría por separar de nuevo a los demócratas en individualistas y socialistas, y en apoyo de su postura firmaba la Declaración de la Prensa y daba un curso en el Ateneo sobre el *Estado presente de la cuestión social.*

También en 1869-1870 debatió la sección sobre las *relaciones entre la Iglesia y el Estado. ¿Cómo deben ordenarse dada la situación actual de los pueblos europeos? ¿Cuál es el ideal que proclama la ciencia en esta parte del derecho? (La Correspondencia de España,* 5.II.1870), y sobre *el fundamento del derecho de castigar.* El primer tema, de ardiente actualidad por los principios de libertad religiosa de la Constitución de 1869, era tratado también por el incansable Padre Sánchez en un curso sobre *Polémica religiosa.* Se observa en ambos temas el continuo interés de los socios por materias jurídicas, apetito ateneísta que sacian cátedras de *Derecho público constitucional,* por Fernando Corradi y *Filosofía del Derecho,* por López Serrano y por Leal.

En 1870-71 los temas son los siguientes: 1. *La transformación que ha tenido la propiedad inmueble a poder de las revoluciones modernas, ¿es conforme al ideal del derecho? ¿Qué influencia habrá de ejercer en el porvenir de las clases menesterosas?* El segundo tema debatido por la sección refleja discusiones del período anterior, *Caracteres distintivos de las razas latina y ger-*

---

[6] Véase C. A. M. Hennessy, *La República federal en España,* Madrid, 1966, páginas 135-6 y nota 15 de la p. 135.

mánica. Causas de su oposición histórica. ¿Es de tal manera inherente la idea católica a la raza latina, que la actual decadencia de ésta pueda explicarse por la de aquélla?, es decir, de nuevo la cuestión religiosa con ribetes krausistas.

En el curso de 1871-72, la sección ataca la cuestión social preguntándose *si las relaciones del capital y el trabajo industrial son racionales y justas en la actualidad, y si no lo son, ¿qué medios podrían adoptarse para mejorarlas? (La Correspondencia de España,* 18.I.72; *La Época,* 26.I.72; *La Discusión,* 4.V.72). Lo inminente del triunfo demócrata en la esfera política conduce a la sección a comparar la democracia antigua con la moderna, preguntándose *si ésta lleva en sí los gérmenes de disolución que acarrearon la ruina de la antigua.* Según *La Correspondencia de España* (6.I.73), el tema se debatió (¿también?) en 1872-73.

En 1872-73 la sección se ocupó de *si la moral es independiente de toda religión positiva,* y de *si la pena de muerte es justa y eficaz, y, en caso negativo, si cabe sostener su aplicación por razones históricas.* En 1873-74 el tema fue: *¿qué medios deben y pueden adoptarse para precaver los males que amenazan a la familia en los tiempos modernos? ¿Será necesario o conveniente introducir en ella alguna reforma? ¿Podrán mejorarla, como algunos pretenden, el establecimiento del divorcio y la emancipación de la mujer?*

En 1874-75 la sección volvió a tratar este mismo tema. *La Correspondencia de España* (25.III.75) reseña el brillante discurso con que Moreno Nieto resumió los debates relativos al matrimonio y a la emancipación de la mujer. Pasó a debatirse a continuación un tema que provocó hasta altercados entre los contendientes: *¿hay antagonismo o concordancia entre los deberes que la Iglesia Católica impone a sus fieles y los que el Estado exige a sus súbditos?* Manuel de la Revilla habló de la incompatibilidad de algunos preceptos de la Iglesia con los deberes de ciudadano, contestándole el presbítero Sr. Crespo *(El Imparcial,* 30.IV.1875). Pacheco trató de demostrar la incompatibilidad de las pretensiones de los ultramontanos con los derechos del Estado, y defendió, como medio de lucha contra el ultramontanismo, la política religiosa de Alemania *(La Correspondencia de España,* 1.VI.1875). Intervino también Vidart *(La Correspondencia de España,* 4.VI.75). La sesión del 10 de junio, para la que tenían pedida la palabra Perier y Carballeda, tuvo que ser suspendida por armarse un gran alboroto *(La Correspondencia de España,* 11. VI.75). El mismo periódico, en su número siguiente, quita importancia al incidente, y el 15 de junio asegura que la cuestión surgida en la última sesión quedó honrosa y satisfactoriamente terminada en la del 13, en que intervinieron Moreno Nieto y Galvete.

Durante todo este período (1868-75), la sección de *ciencias matemáticas, físicas y naturales* no se reunió. La de *literatura,* aunque con menos concurrencia que la de *ciencias morales y políticas,* trató de estos temas: *Idea de la historia y métodos más convenientes para su estudio (La Iberia,* 9.II.69), *Del influjo de la palabra en la educación del género humano, determinando sus caracteres particulares en las edades antigua y moderna* (en 1868-69 y bajo la presidencia de Canalejas; véase *La Iberia,* 16.II.1869), y *¿Hasta qué punto los progresos y descubrimientos en las ciencias experimentales, y el más perfecto conocimiento de la naturaleza y del hombre, son o no perjudiciales a la poesía y al arte?* (en 1873-74 y bajo la presidencia de Juan Valera). La Mesa, en 1872-73: Presidente, Valera; Vicepresidente, Galdós; Secretarios, José Alcalá Galiano y Ricardo Blanco *(La Correspondencia de España,* 27.XII. 1872).

Todavía presidida por Valera en 1874-75, la sección discutió animadamente sobre las *ventajas e inconvenientes del realismo en el arte dramático, y con particularidad en el teatro* (arte, según Labra) *contemporáneo.* Intervinieron en los debates (además de Valera) Montoro, Moreno Nieto, Calavia, F. de P. Canalejas, Menéndez Rayón, Manuel de la Revilla, Luis Vidart y Navarrete [7]. Hubo además una proposición de que la sección se reuniera, además de las sesiones ordinarias, una vez por semana para dar a conocer trabajos científico-literarios publicados en España y en el extranjero. La creación de estas reuniones o tertulias literarias, de fuerte sabor krausista, fue defendida por Francisco A. Pacheco y, finalmente, aprobada, quedando encargados de discutir en la primera tertulia los señores Perojo, Pacheco y Galvete, sobre *Cartas inéditas* de Heine, *Literatura inglesa contemporánea* de Odysse-Barot y *Escritos religiosos* de Gladstone, respectivamente. El 28 de marzo de 1875 se reunió la tertulia literaria. Además de lo proyectado para esta primera reunión se leyeron (traducidos) poemas de Heine y de Goethe, y originales de López Iriarte, Revilla y Alcalá Galiano *(La Correspondencia de España,* 29.III.75). Volvió a reunirse la tertulia literaria el 4 de abril: Calavia hizo un juicio crítico del *Fausto;* Vidart leyó un artículo y varios poemas de Alcalá Galiano *(La Correspondencia de España,* 5.IV). El 26 de abril, José Alcalá Galiano leyó un cuento *(La bruja del ideal)* y Juan Valera una traducción de un fragmento del *Mahabarata.* Se leyó también un soneto a Cervantes *(La Correspondencia de España,* 27.IV). El 5 de mayo, Patricio de la Escosura leyó un trabajo sobre Calderón de la Barca *(La Correspondencia de España,* 6.V). Según *La Epoca* (1.V.75), se organizó un certamen literario sobre Cervantes y Alcalá de Henares. Se habló también en la sección de *literatura* de inaugurar conferencias *públicas* científico-literarias «encaminadas a exponer de un modo *breve* el estado de los proble-

---

[7] Véanse los extractos de las discusiones en la *Revista Europea,* 4 (1875), pp. 115-119, 194-9, 273-4, 318-20, 400, 475-9. Las reseñas, en *La Correspondencia de España* (14.III, 28.III, 25.IV y 11.V.1875) y *La Epoca* (25.IV.75).

mas que en estos momentos preocupan al mundo intelectual» [8], y aunque no llegó a decirse nada sobre este asunto, por ser materia de la Junta de Gobierno, la idea es de enorme importancia. Conferencias *públicas* (los subrayados son nuestros) y *breves*. Nos parece indudable que la idea forma parte del ideario krausista, y veremos más adelante que ateneístas de presente o pasada filiación krausista seguirán pidiendo con insistencia su adopción por el Ateneo. Y no se olvide que estamos en 1875, en el mes de marzo para ser exactos, año de la «cuestión universitaria» promovida por el decreto del marqués de Orovio (26 de febrero de 1875) [9].

Recuérdese que en el período revolucionario los profesores krausistas habían complementado sus labores de cátedra con conferencias de vulgarización en el Colegio internacional de Salmerón, en la Escuela de Institutrices y en la Universidad de Madrid (Conferencias dominicales) [10]. Esta actividad docente produce, casi simultáneamente, innovaciones de importancia en la cátedra ateneísta. Por lo pronto, y a partir del curso 1869-70, las enseñanzas son públicas y gratuitas *(La Iberia,* 23.XI.69). La Junta directiva —informa *La Correspondencia de España* (6.I.70)— ha resuelto dispensar del requisito de la papeleta al público; la entrada es, pues, libre. Para el curso 1870-71 —se lee en *La Epoca* (19.X.70)— la Junta de Gobierno se ocupa sin descanso de la instalación de las cátedras públicas y gratuitas. En 1871-72, se establecen cátedras gratuitas de canto, solfeo y declamación para forjar buenos artistas para la ópera española *(La Iberia,* 4.IV.72). No es demasiado suponer que en el concierto (celebrado en la Zarzuela) a beneficio de las cátedras del Ateneo, se intentara recaudar fondos para las gratuitas y públicas *(La Discusión,* 1.VI.72). Anotemos, además, la inauguración en el Ateneo de clases para señoritas *(La Iberia,* 7.VII.70).

Durante el período 1868-75 sólo tenemos noticia de dos conferencias dadas, por dos socios, acerca de un mismo tema, Egipto, de interés por la inauguración del Canal de Suez. La primera corrió a cargo de José de Castro y Serrano *(La Epoca,* 27.I.1871) y la segunda fue dada por Manuel María José de Galdo *(La Epoca,* 22.III.71). Se trata, evidentemente, de un ciclo de conferencias; es decir, ni curso ni conferencia. Esta idea, como veremos en el próximo capítulo, cuajó. La de las conferencias de vulgarización lo hará, a partir de 1876, en la Institución Libre de Enseñanza. Años más tarde, la idea

[8]   *Revista Europea,* IV (1875), p. 118.
[9]   Sobre estos sucesos puede consultarse Manuel Ruiz de Quevedo, *Cuestión universitaria,* Madrid, 1876, y Alberto Jiménez, *Ocaso y Restauración,* México, 1948, páginas 139-52.
[10]   Véase Pierre Jobit, *Les éducateurs de l'Espagne contemporaine,* París, 1936, vol. I, p. 58; María Dolores Gómez Molleda, *Los reformadores de la España contemporánea,* Madrid, 1966, pp. 211 y 212.

de conferencias sueltas será adoptada por el Ateneo que, aburrido de sus sesudas cátedras (individuales y colectivas), se fijará en lo ameno de las conferencias de la Institución. Dejemos anotado, sin embargo, este gesto «pre-institucionista» de la sección de literatura del Ateneo de Madrid [11].

[11] Los temas de sección están tomados de Rafael María de Labra, *El Ateneo de Madrid, sus orígenes — desenvolvimiento, representación y porvenir,* Madrid, 1878, pp. 157-9 y 160. Durante el período 1868-75 se dieron en el Ateneo los cursos siguientes (pp. 151-153). Ponemos entre paréntesis los datos que hemos podido encontrar sobre cada uno.

Francisco de Paula Canalejas, *Teodicea popular.* [Dado en 1870-71. Véase *La Epoca* (13 de enero de 1871).]

—, *Poesía heroica.*

Antonio Benavides, *Historia política de España de 1820 a 1823.* [Dado en 1870-71. Véase *La Epoca* (4 de marzo y 5 de mayo de 1871).]

Juan Vilanova, *Origen y antigüedad del hombre.* [Dado en 1871-72. Véase *La Iberia* (15 de febrero, 22 de marzo y 9 de mayo de 1872).]

—, *Geología.* [Dado en 1869-70. Véase *La Correspondencia de España* (23 de enero de 1870).]

—, *Ciencia prehistórica.* [Dado en 1874-75. Véase *La Epoca* (29 de septiembre de 1874) y *El Imparcial* (11 de mayo de 1875).]

Estas lecciones fueron extractadas por la *Revista Europea,* 3 (1874-75), pp. 159, 189-91, 263-4, 293-4, 421-3, 484-6, 550-2 y 585-6; 4 (1875), pp. 36-7, 78-9, 113-5, 236-40, 275-8, 316-8, 397-400 y 637-40.

José Amador de los Ríos, *Estudios sobre los judíos de España y Portugal.* [Dado en 1870-71. Véase *La Epoca* (5 de febrero de 1871).]

—, *Estado y educación de las clases sociales en España durante la Edad Media.* [Dado en 1871-72. Véase *La Correspondencia de España* (16 de enero de 1872).]

Vizconde del Pontón, *La libertad política en Inglaterra.* [Dado en 1870-71 y publicado con el título *De la libertad política en Inglaterra desde 1845 hasta 1869* (Madrid, 1871). Véase la reseña de F. Cos Gayon en la *Revista de España,* 25 (1872), páginas 632-5. *La Epoca* (28 de enero de 1871) informa que el vizconde pronunció un discurso sobre el mismo tema en la sección de ciencias morales.]

Bravo y Tudela, *La elocuencia cristiana en los primeros tiempos.* [Dado en 1870-71. Véase *La Correspondencia de España* (11 de diciembre de 1870).]

José Villaamil y Castro, *Arqueología sagrada.* [Dado en 1874-75. Véase *La Epoca* (29 de septiembre de 1874) y la *Revista Europea,* III (1874), p. 158.]

Raimundo González Andrés, *Oraciones políticas de Demóstenes.* [Dado en 1869-70. Véase *La Correspondencia de España* (24 de enero de 1870).]

Francisco Fernández y González, *Historia literaria de los árabes españoles.* [Dado en 1869-70. Véase *La Discusión* (15 de diciembre de 1869) y *La Correspondencia de España* (11 y 25 de enero de 1870).]

—, *Ciencia del Arte.* [Dado en 1874-75. Véase *La Epoca* (29 de septiembre de 1874) y *La Correspondencia de España* (14 de abril de 1875).]

Rafael María de Labra, *Política y sistemas coloniales.* [Curso dado en 1869-70 y publicado en Madrid, 1874. La edición de estas conferencias hecha en 1876 lleva el título de *La colonización en la historia.* La edición de 1877 consta de dos tomos y contiene las veintidós lecciones del curso. Véanse las reseñas de Luis Vidart, «Noticias literarias», *Revista de España,* 56 (1877), pp. 140-4, y de Manuel Pedregal en la *Revista Europea,* 9 (1877), pp. 458-63. Sobre el curso: *La Correspondencia de España* (5 y 20 de enero de 1870).]

Vicuña, *Historia de las matemáticas.* [Dado en 1868-69. Véase *La Iberia* (26 de febrero y 12 de marzo de 1869).]

Emilio Ruiz Salazar, *Astronomía.* [Dado en 1869-70. Véase *La Correspondencia de España* (6 y 27 de enero de 1870).]

Eduardo Saavedra, *Estudios sobre la sociedad oriental.* [Debe tratarse de su curso (¿tal

El 22 de agosto de 1873, la reina Isabel, que había abdicado el 25 de junio de 1870, pone definitivamente en manos del presidente ateneísta la causa del joven Alfonso. De nuevo las ocupaciones políticas alejan a Cánovas del Ateneo, siendo substituido en la presidencia por un viejo ateneísta moderado, que ha sido uno de los mentores de Cánovas ante Isabel II, el marqués de Molins. Don Mariano Roca de Togores ocupa el cargo sin pena ni gloria

vez conferencia?) *Estudios sobre el Nilo,* de 1874-75. Véase la *Revista Europea,* III (1874), p. 158.]
—, *Estudios sobre el disco solar.*
Cayetano Rosell, *Historia de la imprenta.*
Antonio María Fabié, *Prolegómenos de la ciencia del derecho.*
—, *Historia del derecho público en Inglaterra.*
Luis Silvela, *Ideas económicas.*
Manuel María José de Galdo, *Higiene pública.*
—, *Administración municipal de Madrid.* [«También desempeñarán cátedras en este curso (1874-75), Antonio María Fabié, Luis Silvela, Luis Vidart, Manuel María de Galdo, Cayetano Rosell, Juan Valera, el vizconde del Pontón y Antonio Cánovas del Castillo, pero todavía no se han indicado las asignaturas, ni se han fijado los días», *Revista Europea,* III (1874), p. 159. De los citados sólo sabemos con certeza que Cánovas no llegó a dar ningún curso.]
Manuel Cañete, *Poetas y dramáticos del siglo XVI.* [Dado en 1874-75. Véase *La Correspondencia de España* (4 de abril y 7 de mayo de 1875).]
José Fernández Jiménez, *Orígenes de Roma.*
—, *Arte hispano-mahometano.* (Ya lo había dado en 1867-68. ¿Volvió a darlo?)
Manuel de la Revilla, *Estado presente de la cuestión social.*
Juan Valera, *Historia de la literatura europea del siglo XIX.* [Dado en 1871-72 *(La Correspondencia de España,* 7 de febrero de 1872), en 1872-73 *(La Correspondencia de España,* 6 y 9 de enero de 1873, y *La Discusión,* 10 de enero de 1873). Es posible que volviera a darlo en 1874-75 *(Revista Europea,* III (1874), p. 159).]
Alcaráz, *Estudios económicos.*
Patricio de la Escosura, *El demonio como personaje del teatro antigüo.*
Regules, *Estudios sobre Virgilio.*
P. Miguel Sánchez, *Polémica religiosa.*
Alcalá Galiano (hijo), *Portugal: su pasado y su presente.*
Pelayo Cuesta, *Historia política de la antigüa república romana según la crítica moderna.*
Arcadio Roda, *Los oradores griegos.* (Dado en 1872-73.)
—, *Los oradores romanos.* [Dado en 1873-74. Las ocho lecciones dadas por Roda en el Ateneo fueron publicadas con el artículo *Los oradores griegos* (Madrid, 1874). El curso sobre *Los oradores romanos* se publicó en Madrid, 1883, también con prólogo de Cánovas. Véase la crítica a este último de X., «Los oradores romanos», Madrid, 1883, en la *Revista contemporánea,* 45 (1883), pp. 122-3, y la del prólogo en *Revista contemporánea,* 44 (1883), pp. 129-50.
—, *Los oradores modernos.* [Dado en 1874-75. Véase *Revista Europea,* III (1874), p. 159.]
Joaquín Maldonado Macanaz, *Historia del gobierno inglés en la India.* [Dado en 1874-75. Véase *La Epoca* (29 de septiembre de 1874) y la *Revista Europea,* III (1874), p. 159.]
Francisco María Tubino, *Pedro I de Castilla ante la crítica contemporánea.* [Dado en 1873-74. Véase *La Iberia* (7 de enero de 1874).]
Fernando Corradi, *Derecho público constitucional.*
—, *Filosofía de la historia.* [Dado en 1870-71. Véase *La Epoca* (28 de noviembre de 1870 y 5 de febrero de 1871).]
Antonio Vinajeras, *Lecturas poéticas.* [Dado en 1872-73. Véase *La Correspondencia de España* (8 de enero de 1873).]
—, *Fisiología e higiene.* [En 1872-73 dio un curso titulado *La ciencia de la fisiología*

(1874-1875), dejando como única huella de su paso por la casa el discurso
de inauguración de las cátedras pronunciado el 18 de noviembre de 1874, discurso muy criticado por las izquierdas por haberse olvidado el presidente de

en sus manifestaciones filosóficas. (La Correspondencia de España, 8 de enero de
1873). Según la Revista Europea, III (1874), pp. 158-9, Vinajeras explicaría, en
1874-75, sobre Fisiología filosófica, Carácter general del siglo XIX y La civilización
en sus grandes hechos.]

Patricio Aguirre de Tejada, Expediciones y empresas comerciales y militares de las naciones europeas en el Mediterráneo durante la Edad Media. [Dado en 1874-75. Véase
la Revista Europea, III (1874), p. 159.]

Francisco Lastres, Estudios penitenciarios. [Dado en 1874-75. Véase la reseña de esta
cátedra en L. A., Revista de España, 47 (1875), p. 287. También Revista Europea,
III (1874), p. 159.]

Alzugaray, De la intervención del pueblo en el gobierno del Estado.

Lasala, Vicisitudes de la monarquía constitucional en Francia.

Nieto Serrano, Sistemas filosóficos.

Segismundo Moret, Los financieros de la Europa contemporánea. (Lo dio en 1867-68.
No creemos que volviera a darlo.)

Juan López Serrano, Filosofía del Derecho.

Manuel de Assas, Historia de la arquitectura española.

Antonio Mena y Zorrilla, El Estado y sus relaciones con los derechos individuales y
corporativos.

José Moreno Nieto, Estudios sobre las últimas revoluciones de los pueblos europeos y
especialmente del español.

Cortés Suaña, La taquigrafía.

Villaseñor, Taquigrafía. [Dado en 1873-74. Véase La Iberia (7 de enero de 1874).]

Barbery, La telegrafía. [Dado en 1871-72. Véase La Iberia (1 de abril de 1872).]

Bernardo Monreal, Astronomía popular. [Dado en 1872-73. Véase La Correspondencia
de España (9 de enero de 1873).]

Augusto Linares, Goethe, naturalista y filósofo.

Leal, Filosofía del derecho.

Labra incluye en este período tres cursos que se dieron más tarde, en 1875-76. Son los
siguientes:

Luis Vidart, Ciencia de la guerra.

Gabriel Rodríguez, El crédito y sus funciones. [Véase El Imparcial (24 de noviembre
de 1875) y La Iberia (14 de diciembre de 1875).]

José Moreno Nieto, Estado actual del pensamiento europeo. [Véase La Correspondencia
de España (4 y 18 de noviembre de 1875) y La Época (4 y 19 de noviembre de
1875).]

Labra no menciona los cursos siguientes:

En 1869-70: Ruso, cátedra establecida con la cooperación del socio Constantino Kusto-
dieff. (La Discusión, 23 de noviembre de 1869.)

Estudios histórico-críticos acerca de los humanistas españoles del Renacimiento, por Alfredo A. Camús. (La Discusión, 11 de diciembre de 1869, y La Correspondencia de
España, 14 de enero de 1870.)

Cuestiones económicas, por José Luis Gimeno. (La Correspondencia de España, 23 de
enero de 1870.)

En 1870-71: El cristianismo bajo el triple objeto de la filosofía, la historia y la moral,
por Federico Torralba. (La Correspondencia de España, 27 de junio de 1870; La
Época, 5 de febrero de 1871, y La Iberia, 5 y 12 de enero de 1871.)

En 1871-73: Contabilidad general, por José Salvador y Gamboa (La Correspondencia
de España, 16 de enero de 1872 y 9 de enero de 1873.)

Lectura de autores clásicos alemanes, por Enrique Lemming (La Correspondencia de
España, 7 de febrero de 1872, y La Discusión, 15 de enero de 1873). El señor Lem-
ming daba también clases particulares de alemán a algunos ateneístas, entre ellos a
Labra.

mencionar a Olózaga como presidente ateneísta. Si tenemos en cuenta que el
discurso de Molins casi coincide con el Manifiesto de Sandhurst (1 de diciembre de 1874) y con el alzamiento del general Martínez Campos en Sa-
gunto (29 de diciembre de 1874), comprenderemos que el alfonsino marqués,
ministro de Marina en el Ministerio-Regencia de Cánovas a raíz de estos sucesos y miembro de la comisión que acompaña a Alfonso a su regreso, se le
tenía que olvidar hasta de renunciar oficialmente del cargo ateneísta.

El 19 de octubre de 1875 informaba *El Imparcial* que las cátedras se inau-
gurarían sin formalidades de ningún género. Molins no se molestó en pronunciar el discurso reglamentario de apertura del curso 1875-76, haciéndolo
en su lugar el bibliotecario, José Moreno Nieto, el 3 de noviembre y sobre
los principales errores de la ciencia filosófica moderna (La Iberia, 27 de octubre; *La Epoca,* 3 y 4 de noviembre). Este discurso constituía, a la vez, la primera conferencia de su curso *Escuelas filosóficas contemporáneas.* En diciembre de 1875 el Ateneo elige a Moreno Nieto para la presidencia, cargo que
ocupará hasta 1881, y aprueba un nuevo *Reglamento* (28 de diciembre de
1875) que ordena que la elección presidencial sea anual (en vez de cada dos
años) y que los miembros de la Junta de Gobierno residan en Madrid [12]. La
medida iba evidentemente encaminada a evitar en el futuro otro caso Molins,
repetición, a su vez, del caso Posada Herrera. Lo que el Ateneo no puede impedir, sin embargo, son los cambios políticos que motivan la inestabilidad de
sus Juntas de Gobierno, porque la acción de Molins es representativa de las
de los socios y catedráticos conservadores que, a raíz de los sucesos de Sa-
gunto, pasan de la esfera ateneísta, donde han velado sus armas, a la política.

Con la Restauración, en efecto, se produce en el Ateneo el tradicional relevo de figuras. Muchos conservadores abandonan la cátedra y el cargo ateneísta
por el escaño o la poltrona ministerial, con lo que la enseñanza pública de la
casa se resiente, si bien los debates de las secciones cobran gran animación. Al
éxodo conservador corresponde un lento retorno de las fuerzas políticas del
período revolucionario, aunque maltrechas y divididas por la derrota. Vuelven
a oírse en las secciones las voces de la democracia, voces contradictorias, sin
embargo, por ser representativas de todos los matices en que se ha escindido
el partido demócrata. La democracia ateneísta de los primeros años de la Restauración no es ya la agresiva y optimista del período anterior a 1868, sino una
de signo moderado y escarmentada por el fracaso de su revolución; es, salvo

---

[12]   El 7 de junio de 1875 se celebró una sesión en que se acordó reformar el Reglamento vigente (el de 1850) y publicar una revista *(La Epoca,* 9 de junio). El 28
de diciembre terminó la discusión sobre el nuevo Reglamento *(La Epoca,* 29 de diciembre de 1875). Una de las reformas: redacción de actas de sesiones por los secretarios de cada
sección. Con el título de *Boletín del Ateneo,* y en marzo de 1877, surgió la planeada revista. Véase Labra *(op. cit.),* pp. 171, 179-180, 185-202.

contadas excepciones, democracia castelarina o posibilista. Reaparecen también en el caserón de la calle de la Montera los librecambistas, desprestigiados por su identificación con la obra democrática. Y los krausistas, sin jefe por la muerte de Sanz del Río, son atacados por sus enemigos de siempre y por el joven grupo de los positivistas al recalar en el Ateneo a raíz de la «cuestión universitaria».

No puede hablarse, pues, de una oposición trabada como la de los años sesenta, ya que la vieja coalición que hizo posible el triunfo de la Gloriosa se encuentra en un momento de desintegración. Convertidos sus idearios en utopía por el fracaso político, demócratas, librecambistas y krausistas se ven acosados no sólo desde el frente ultramontano, como ocurriera en el período anterior, sino también desde el positivista y neokantiano. Puede afirmarse que los ideales conciliadores por que aboga Cánovas en la esfera política, repercuten en la ateneísta. El Ateneo, como el país, escarmentado por los desmanes del período revolucionario, busca la sensatez y el sosiego de un justo medio.

El krausismo, se lee en el número de la *Revista de España* correspondiente a 1869, «priva hoy en Madrid» y tiene una «importancia, no sólo filosófica, sino política, administrativa, jurídica, artística, y sobre todo religiosa y social»[13]. El año de 1869, en efecto, marca la toma de poder de los krausistas en todas las esferas como consecuencia de la politización del sistema filosófico y de su identificación con los ideales del año 68. «El krausismo —escribe Manuel de la Revilla en 1875— avasallaba todas las inteligencias, imperaba en Universidades y Ateneos, educaba bajo su exclusiva influencia a la juventud y era el único representante en España de la filosofía moderna»[14]. Este monopolio educador cesa, sin embargo, con la Restauración. Los profesores krausistas son desbancados de su República y, en el nuevo planteamiento de los «textos vivos», que ahora se llama «cuestión universitaria», de sus cátedras. Estrechamente vinculados a la obra de la Septembrina, los krausistas son arrastrados en la derrota de la democracia y, atacados en el Ateneo por neos y positivistas, hacen de la Institución Libre de Enseñanza su cuartel general para volver a salir a la palestra, ya en forma de institucionismo, con los liberales de Sagasta.

El relevo intelectual del krausismo por el neokantismo y el positivismo se produce en el Ateneo de los primeros años de la Restauración, concretamente en sus secciones. Las dos nuevas corrientes dan la batalla a ultramontanos y espiritualistas, a la vez que, juvenilmente, afirman su idoneidad filosófica frente a

---

13   F. C., «Examen crítico del krausismo», *Revista de España,* X (1869), pp. 254 y 255.

14   Manuel de la Revilla, «El Neokantismo en España — Ensayos sobre el movimiento intelectual en Alemania, por don José del Perojo», *Revista de España,* 47 (1875), p. 145. Revilla (hijo del gran amigo de Sanz del Río, José de la Revilla) era estudiante de Salmerón en la Universidad de Madrid y reciente converso al neokantismo.

los krausistas. Los jóvenes positivistas reconocerán al krausismo su noble «intento de renovar el lenguaje técnico» [15] y de abrir paso a las corrientes filosóficas europeas, pero por la ventanuca que Sanz del Río abriera a Europa se cuelan nuevas corrientes que los jóvenes adoptan, defendiendo su superioridad como sistemas filosóficos sobre el krausismo y, desde luego, sobre el ultramontanismo y el espiritualismo cousiniano. «En los primeros años de la Restauración —escribe Méndez Bejarano— el positivismo spenceriano sustentado por Tubino, Cortezo y Simarro, penetró en el Ateneo y combatió con ardor juvenil la consagración panenteísta» [16]. Pero hay más que un simple relevo filosófico. Cuando el joven Manuel de la Revilla escribe que «todo el que tenga por costumbre asistir a los importantísimos debates del Ateneo y leer las revistas que entre nosotros se publican, habrá observado ... que una generación ilustrada, independiente en sus juicios, ávida de saber, llena de esperanzas y rica en promesas, comienza a iniciar su grande y fecundo movimiento» [17], nos parece estar oyendo de nuevo el manifiesto generacional de los hombres de 1836 con que Larra encuadraba a la juventud estudiosa de sus días. El positivismo, como sistema filosófico juvenil, arrincona al krausismo científica y biológicamente.

Por otra parte, y como herederos del krausismo, positivistas y neokantianos combaten los principios filosóficos de neos y cousinianos. «Desalojadas de la política y concentradas en el Ateneo y en la prensa las mayores actividades intelectuales del país —escribe Sánchez de los Santos—, Perojo [neokantiano], entusiasta como un joven y reflexivo como un viejo, contendía en el Ateneo con el Padre Sánchez y otros representantes de la reacción filosófica y política» [18]. Precisamente este rasgo político de lo que debiera ser contienda filosófica exclusivamente es lo que convierte la polémica en altercado. La ausencia de di-

---

[15] Francisco María Tubino, «La crisis del pensamiento nacional y el positivismo en el Ateneo», *Revista de España,* 47 (1875), p. 421.

[16] Mario Méndez Bejarano, *Historia de la filosofía en España hasta el siglo XX,* Madrid, s. a., p. 397. También pp. 493 y 494.

[17] M. de la Revilla, *op. cit.,* p. 146. Los jóvenes del Ateneo de los primeros años de la Restauración se aposentan «generacionalmente» en una trastera de la casa, la celebérrima «Cacharrería». Para decorar el cuartucho recuerda A. Palacio Valdés que los socios más viejos «nos enviaron, a guisa de burla, como regalo, el retrato al óleo de don Julián Sanz del Río, filósofo tan profundo como feo, importador en España de la filosofía de Krause. A estas horas pocos recuerdan en el mundo a Sanz del Río ni a Krause, pero en aquella fecha eran tan odiados de los hombres de orden como hoy lo son los anarquistas, y sus preceptos «vive una vida íntegra», «realiza tu esencia», etc., inspiraban el mismo terror que las bombas de dinamita. Nosotros acogimos con júbilo al laberíntico filósofo y le colgamos respetuosamente de la pared, aunque jurando con las manos extendidas no leer jamás su *Filosofía analítica*» (Armando Palacio Valdés», «Los oradores del Ateneo», en *Semblanzas literarias,* Madrid, 1908, pp. 10-11). En la Universidad se había derribado el busto de Sanz del Río, forma más violenta, pero no menos expresiva, de cerrar la época krausista.

[18] Modesto Sánchez de los Santos, *Las Cortes españolas, las de 1907,* Madrid, 1908, p. 270.

ferencias políticas tajantes entre krausistas y positivistas, por otra parte, hará que sus debates se mantengan en un nivel científico, pero los ataques de neos y espiritualistas a unos y otros carecerán siempre de tacto, teniendo más de rencilla personal que de debate intelectual.

El impertinente Menéndez Pelayo de *La ciencia española,* por ejemplo, cuando se refiere a «esos filósofos que discuten en el Ateneo y sentencian en las revistas sobre todo lo discutible y sentenciable», o a los «tétricos y cejijuntos krausistas ... incansables discutidores de Ateneo» [19], está muy cerca de los absolutistas fernandinos que se imponían la rigurosa disciplina de no discurrir. Y cuando en la misma obra hace coincidir la decadencia intelectual de España «con la corte volteriana de Carlos IV, con las Constituyentes de Cádiz, con los acordes del himno de Riego, con la desamortización de Mendizábal, con la quema de los conventos y las palizas a los clérigos, con la fundación del Ateneo de Madrid y con el viaje de Sanz del Río a Alemania», el joven Marcelino se autodefine como neo de pro [20]. Leopoldo Alas se encargó de contestar a estas insolencias en una carta publicada por *El Solfeo* (29 de noviembre de 1876). «¿Qué falta hacía burlarse del Ateneo y de las revistas? —escribe «Clarín»— ciertamente, en el Ateneo hablan, tal cual vez, algunos señoritos que no saben lo que se dicen; pero no hay mayor injusticia posible que condenar en montón las discusiones del Ateneo, donde se manifiesta lo mejor de nuestros conocimientos científicos. ¿No ve, mi amigo y condiscípulo, que por defender la ciencia patria de ayer desprecia la ciencia patria de hoy? Francamente, yo creo que Moreno Nieto vale tanto como Fox Morcillo, y el mismo Revilla no es inferior a Doña Oliva Sabuco de Nantes...» [21]. Las palabras de «Clarín» destacan dos puntos de interés; por un lado, la falta de serenidad intelectual y la obcecación partidista que dominan los debates entre los que se asoman a la ventana abierta por Sanz del Río y los que se empeñan en cerrarla; por otra, la importancia del Ateneo, a pesar de sus muchas limitaciones, como islote intelectual.

Por la triste coyuntura de la «cuestión universitaria», que hace que la actividad intelectual se reduzca al ámbito ateneísta, algunos de los catedráticos

---

[19] M. Menéndez Pelayo, *La ciencia española,* Santander, 1953, vol. I, pp. 109 y 176. «De sofistas y oradores de Ateneo —escribe en otro lugar— estamos hartos en España» (p. 120).

[20] *Ibíd.,* p. 266. Véanse otras opiniones de este tipo en la *Historia de los heterodoxos españoles,* Santander, 1948, vol. VI, libro VIII, pp. 390, 402, 478, 479 y 481. El joven Menéndez Pelayo se parece bastante al canónigo de *Doña Perfecta,* quien, según propia confesión, no sabía «filosofía alemana en que hay aquello de yo y no yo», y se había asombrado, al visitar el Ateneo, del ingenio dado por Dios a «los ateos y protestantes» (B. Pérez Galdós, *Doña Perfecta,* Madrid, 1964, pp. 52 y 53).

[21] Carta reproducida en Joaquín Iriarte, *Menéndez Pelayo y la filosofía española,* Madrid, 1947, pp. 132-3.

krausistas y hegelianos expulsados, suspendidos o dimitidos pueden intervenir personalmente en los debates del Ateneo. En el curso de 1875-76 las secciones de *ciencias morales y políticas* y de *ciencias matemáticas, físicas y naturales* tratan de un mismo tema, el positivismo. Dirigida por una Mesa compuesta por Gumersindo de Azcárate (presidente y uno de los catedráticos expulsados), Manuel de la Revilla (vicepresidente), Francisco Lastres (secretario 1.º), Javier Galvete (secretario 2.º), Félix González Carballeda (secretario 3.º) y Luis Simarro (secretario 4.º), la sección primera discute *si es cierto que las tendencias positivas de las ciencias físicas y exactas deben arruinar las grandes verdades sociales, religiosas y morales sobre que la sociedad descansa.* La sección tercera se preguntó *si debe y puede considerarse la vida en los seres organizados como necesaria manifestación o resultado de la energía universal* [22], dirigiendo los debates el presidente de la sección, José Echegaray, y los señores Francisco María Tubino, Francisco de P. Arrillaga, Luis de la Escosura, Carlos María Cortezo y Alberto Bosch, vicepresidente y secretarios, respectivamente.

El tema del positivismo se discute en ambas secciones y por las mismas personas, pues un cambio en el *Reglamento* permite intervenir a los socios en todas las discusiones sin tener que reducirse, como antes, a las de aquella sección en que estuvieran inscritos. En la sección de *ciencias morales y políticas* defendieron el positivismo F. M. Tubino, Camó, Morales Díaz, Ustáriz y los jóvenes médicos Luis Simarro y Lacabra y Carlos María Cortezo, y lo atacaron Rafael Montoro, González Serrano, Francisco Pisa Pajares (consiliario 1.º del Ateneo) y José Moreno Nieto (presidente). Por su alianza con los positivistas frente a los espiritualistas y krausistas, los neokantianos Manuel de la Revilla y José del Perojo lo ampararon [23]. Aunque el joven Simarro sacó a colación

[22]   Francisco María Tubino, *op. cit.,* pp. 444, 446 y 448. Ligeros cambios en los títulos de los temas debatidos en Labra, *op. cit.,* p. 169. Véanse las reseñas de las discusiones en Manuel de la Revilla, «Revista Crítica», *Revista Contemporánea,* I (diciembre de 1875), pp. 121-8 y 246-7. También en *El Imparcial* (14 y 21.XI), *La Epoca* (21.XI y 22.XII) y *La Iberia* (27.XI y 12.XII).

[23]   Sobre las polémicas entre Moreno Nieto y Revilla véase Rafael Montoro, «Crónica del Ateneo», *Revista Contemporánea,* 2 (1876), pp. 121-30, *La Ilustración Española y Americana* (1879), pp. 178 y 210. Sobre Revilla, «una de las inteligencias más miserablemente asesinadas por el Ateneo y por la cátedra de Sanz del Río» (M. Pelayo, *op. cit.,* p. 476), véase A. Palacio Valdés, *op. cit.,* pp. 65-71. En un discurso pronunciado en la velada necrológica de Moreno Nieto (4 de marzo de 1882), Cánovas hizo un elogioso retrato de ambos contendientes. El discurso fue publicado como prólogo de *Discursos académicos del Ilmo. Señor Don José Moreno Nieto,* Madrid, 1882 [véase una reseña del mismo de D. Ch., «Boletín bibliográfico», *Revista contemporánea,* 53 (1884), pp. 378-82]. A pesar de discutir de todo y contra todos, la figura de Moreno Nieto es una de las más queridas de los que le conocieron. Entre otros muchos testimonios, véase Aureliano Linares Rivas, «La primera Cámara de la Restauración — Retratos y Semblanzas — Don José Moreno Nieto», *Revista de España,* 64 (1878), pp. 93-103 (sobre su quehacer ateneísta, pp. 102-3); Leopoldo Alas hace una gran defensa suya en el vol. II de los *Folletos literarios,* Madrid, 1887, p. 34; Eusebio Blasco, *Mis contemporáneos,* Madrid, 1886, pp. 23-7; Urbano González Serrano, «Bocetos filosóficos, VIII — Mo-

la cuestión religiosa y política [24], resulta interesante señalar la inhibición ultramontana en estos debates sobre un tema aparentemente tan de su jurisdicción. Al hacer el resumen reglamentario de las discusiones en un buen discurso, *El positivismo en el Ateneo de Madrid,* Azcárate hacía notar esta ausencia y se lamentaba del silencio de la escuela católica [25].

Por este motivo, el bueno de don José Moreno Nieto, celoso espiritualista e insigne ecléctico, no da abasto para discutir con unos y con otros sobre el positivismo. El silencio ultramontano en la primera sección hace que gran parte del peso de la defensa de las tradiciones caiga sobre él, aunque, siempre en el justo medio, Moreno Nieto ataca simultáneamente a Simarro y a los conservadores Magaz, Vincent y Vicuña en los debates de la sección tercera [26]. Los

reno Nieto», *Revista Contemporánea,* 124 (1902), pp. 659-85. Conrado Solsona le dedicó un sentido recuerdo en la *Revista de España,* 85 (1882), pp. 110-21, y el poeta José Velarde, en el poema «A la muerte de don José Moreno Nieto», leído en la velada que le dedicó el Ateneo, dice entre otras lindezas:

> Nada que iguale al pesar
> De este centro del saber,
> Que fue su amor, su placer,
> Su templo, casi su hogar.
> ¿Quién le dejó de admirar
> Y de amarle si le oyó?
> ¿Quién del sabio no aprendió?
> ¡Cuánta ciencia que aquí brilla
> Es fruto de la semilla
> Que su palabra sembró!
> ¡Que blasfema el ateísmo;
> Que amenaza la anarquía;
> Que hunde en lodo a la pöesía
> El procaz naturalismo;
> Que maldice el pesimismo;
> Que todo es horror y duelo!...
> ¿Qué importa? Reine el consuelo.
> Su voz, que al bien rinde palmas,
> Va a caer, sobre las almas,
> Como rocío del cielo..., etc.
>
> *(La Ilustración Española y Americana,* 26 (1882), pp. 167 y 170).

[24] M. de la Revilla, «Revista crítica», *Revista Contemporánea,* 2 (marzo de 1876), pp. 383-6.

[25] Véase el discurso de Azcárate en la *Revista Contemporánea,* 3 (mayo de 1876), pp. 350-367, y la reseña del mismo en la *Revista Europea,* 7 (1876), p. 239. Azcárate resumió las opiniones de los contrincantes y se declaró en contra del positivismo crítico y dogmático. Complétese este discurso con su «El Positivismo y la civilización», publicado en la *Revista Contemporánea,* 4 (junio-julio de 1876), pp. 230-50 y 465-99, y reproducido en sus *Estudios filosóficos y políticos* (Madrid, 1877), pp. 1-125. Por otra parte, el silencio de la escuela ultramontana había sido ya señalado por M. de la Revilla, «Revista crítica», *Revista Contemporánea,* 1 (diciembre de 1875), refiriéndose concretamente a los señores Perier y González Carballeda. Lo mismo en F. M. Tubino, *op. cit.,* pp. 446 y 448.

[26] Véase M. de la Revilla, «Revista crítica», *Revista Contemporánea,* I (diciembre de 1875) y II (febrero de 1876), pp. 252-3. También Rafael Montoro, *op. cit.,* pp. 121 y siguientes.

debates se mantuvieron dentro de un plano científico por lo general, aunque los aspectos social, religioso y moral del tema invitaban a politizar la polémica. Si esto no ocurrió, a pesar del planteamiento de la cuestión religiosa y política por Simarro, se debe al bendito silencio de los ultramontanos, debido, a juicio de Revilla, a un enfurruñamiento algo infantil por haber sido derrotados en las elecciones de cargos para el año 1876, no dándose cuenta de que como los otros radicalismos se hallaban en minoría en un Ateneo decididamente liberal-conservador [27].

Este tono ateneísta se muestra claramente en los debates sobre el nuevo tema propuesto por la Mesa de la sección primera en abril de 1876, *¿son necesarios los partidos políticos? Caso de serlo, ¿a qué principios ha de someterse su organización?* Ausente Azcárate, Revilla presidió los debates, en que intervinieron, entre otros, Rafael Montoro (hegeliano) [28], Nieto y Pérez, Moreno Nieto, Moret, Figuerola, Vidart, Iñigo, Revilla, Perier y Galvete [29]. Es decir, todas las escuelas políticas, aunque dominando un liberalismo conservador sobre aislados casos de radicalismo y ultramontanismo. El propio Revilla reseña que se observó en los debates «una liberalización del constitucionalismo y una moderación conservadora de la democracia», añadiendo que ésta es ahora «hostil a los ensueños proudhonianos y krausistas que la llevaron al federalismo» [30]. Y de éste, va implícito, a la derrota.

En los debates, ambas tendencias políticas llegaron a identificarse en la aceptación común de una serie de puntos teórico-políticos sobre libertades necesarias y legalidad de los partidos. La mayoría de los asistentes empezó por reconocer la existencia de dos grandes partidos, el ultramontano y el liberal, y la escisión de éste en un radicalismo revolucionario y un constitucionalismo monárquico o republicano. Este constitucionalismo, ajeno tanto a los extremismos ultramontanos como a los de la fracción radical-revolucionaria, está integrado por los futuros partidos turnantes de la Restauración y el republicanismo posibilista de Castelar. Recuérdese que en 1881 escribía Castelar a E. de Girardin, «a esta obra [cambiar la complexión revolucionaria de la democracia española en complexión pacífica y legal] me he consagrado desde 1874, y en esta obra he prevalecido gracias, no a mi talento, a mi tenacidad» [31]. De-

[27]   M. de la Revilla, «Revista crítica», *Revista Contemporánea*, 1 (enero de 1876), p. 386.

[28]   Véase Alfredo Martín Morales, «Rafael Montoro», en *Artículos políticos y literarios,* Habana, 1886, especialmente, pp. 240-1.

[29]   Sobre Francisco Javier Galvete véase A. Palacio Valdés, *op. cit.,* pp. 89-97.

[30]   M. de la Revilla, «Revista crítica», *Revista Contemporánea*, 4 (julio de 1876), p. 375. Más datos sobre los debates en el vol. 3 (abril-mayo de 1876), pp. 125-7, 247-8 y 383-4.

[31]   Citado en Melchor Fernández Almagro, *Historia política de la España contemporánea,* Madrid, 1956, vol. I, pp. 383-4. Años más tarde, Laureano Figuerola afirma-

mócratas y constitucionalistas elaboraron en las discusiones ateneístas el siguiente memorándum político, fiel reflejo de una oposición al canovismo más inclinada a la convivencia que a la barricada: preferencia de los partidos políticos puros sobre los constituyentes, debiendo desaparecer los religiosos, los de localidad, clase y los personales. Se reconoce como indispensable un régimen de libertades necesarias (cultos, ciencia, imprenta, asociación y reunión) que mientras existiera convertiría en criminal a todo partido que recurriera a la fuerza (digamos entre paréntesis que estas libertades necesarias o derechos individuales pasaron casi intactas de la Constitución del 69 a la de 1876). Se afirma la legalidad de los partidos, siendo ilegales por sus hechos y no por sus ideas, y la necesidad de que se amolden a la realidad de la vida y a la fuerza de las circunstancias. Se establece, por último, que el principio de la autoridad debe ser tan importante como el de la libertad. En todos estos puntos, demócratas y constitucionalistas están de acuerdo. Al surgir la cuestión religiosa, sin embargo, los primeros defenderán la secularización del Estado frente a ultramontanos y católicos liberales [32].

Después de establecer estos puntos, que al fin y al cabo se ajustan a los principios de la nueva Constitución, la sección inicia el estudio de un tema relacionado con ésta, *¿debe la Gran Bretaña el carácter a la vez estable y progresivo de su actual civilización a la Constitución política? En caso afirmativo, ¿qué hay en ésta de peculiar y propio de aquel país y qué de común que pueda ser aplicado a los demás pueblos?* El estudio del modelo constitucional británico, tema de 1876-77, podría tal vez arrojar cierta luz sobre el futuro del texto canovista.

El grupo liberal interpretó la prosperidad política y social de la Gran Bretaña enumerando una serie de causas: práctica leal y sincera del sistema representativo, régimen de libertades necesarias, influencia decisiva de la opinión en la marcha de la política, moralidad y patriotismo de los partidos, sanas costumbres públicas, gran organización de la justicia e institución del jurado.

---

ría que «la República española será conservadora o no será» *(ibíd.,* p. 401). El mismo espíritu de moderación dentro de la democracia aparece claramente en el ruego de Palacio Valdés a Emilio Castelar, pidiéndole, en nombre de la juventud ateneísta, que vuelva por el Ateneo: «¿Pero se figura usted que en el Ateneo no hacemos política? Vaya si la hacemos y muy flamante y muy seria», y añade, «es necesario hacerles entender [a los jóvenes] que aún hay para la democracia española una bandera, símbolo de progreso y compatible con la paz y la salud de la patria, y esta bandera es la que usted ha levantado valerosamente sobre los restos de un partido ensangrentado y delirante» *(op. cit.,* p. 117).

[32] Véase M. de la Revilla, «Revista crítica», *Revista Contemporánea,* 4 (julio de 1876), pp. 376-7. Azcárate, que resumió los debates, desarrolló las ideas sobre la legalidad de los partidos en «Los partidos políticos», artículo de 1876 reproducido en *Estudios filosóficos y políticos* (Madrid, 1877), pp. 209-68, y en *El Self Government y la Monarquía doctrinaria* (Madrid, 1877). Anticipemos que Cánovas adoptó la clasificación de los partidos políticos en legales e ilegales (1884) en contra de estas ideas.

Vistas las causas de la estabilidad británica, una situación parecida en España tenía, por fuerza, que ser vista con pesimismo. La falta de muchas de ellas hacía llegar a los liberales, llamémoslos constitucionalistas, a la conclusión de que lo único que España podía importar de la Gran Bretaña era su conjunto de libertades. Los ateneístas ultramontanos, por su parte, se dedicaron a hacer resaltar los fallos británicos, la confusión del poder espiritual y el temporal en un rey-pontífice, el predominio de la aristocracia, la miseria de las clases proletarias, la mala organización del ejército, las tendencias reaccionarias del clero anglicano, la existencia de usos poco en armonía con la civilización, como la pena de los azotes, etc. Si tenemos en cuenta que muchos de los puntos atacados formaban en gran parte el meollo del ideario ultramontano, podemos atribuir la contradicción a que el ataque iba dirigido contra los constitucionalistas más que al régimen británico.

«¡Con cuánta frecuencia se extreman las ideas, se abandonan los verdaderos puntos cardinales de la cuestión para examinar tan sólo los detalles... y degenera la argumentación en pura sofistería!», escribe Palacio Valdés en enero de 1877 refiriéndose a estos debates ateneístas [33]. En el mismo mes reseña Revilla que en el Ateneo se continúa «discutiendo acerca de la constitución inglesa, o mejor dicho, ventilando multitud de cuestiones que nada tienen que ver con ella. El debate se ha extraviado lastimosamente... llevada la cuestión al candente terreno de la política» [34]. En este terreno, y como en el Congreso, surgen incidentes personales provocados casi siempre por el indómito P. Sánchez y por Moreno Nieto. El primero, de quien Palacio Valdés decía que «no para mientes jamás en las doctrinas, sino en la persona que las representa», y al que llamaba «demagogo del apostolado» y «descamisado del Catolicismo» [35], tuvo un altercado con Pedregal y Figuerola al traer a colación la personalidad política de éste e inoportunas cuestiones teológicas que, además, provocaron la intervención de algunos pastores protestantes en defensa de sus doctrinas. Moreno Nieto, por su parte, «se permitió dirigir a los demócratas ciertos retos y a exigirles ciertas declaraciones, con notoria inoportunidad», que hicieron que Figuerola le contestara «con excesiva dureza» [36]. Y no se olvide que don Laureano Figuerola, que aquel mismo año era el primer presidente

---

[33] A. Palacio Valdés, «Apuntes críticos», *Revista Europea,* 9 (enero de 1877), p. 115.

[34] M. de la Revilla, «Revista crítica», *Revista Contemporánea,* 7 (enero de 1877), p. 157.

[35] A. Palacio Valdés, «Los oradores del Ateneo», en *Semblanzas literarias,* Madrid, 1908, pp. 27 y 28.

[36] M. de la Revilla, *op. cit.,* p. 158. Véase su descripción del incidente del P. Sánchez en la *Revista Contemporánea,* 6 (diciembre de 1876), pp. 624-5. Sobre M. Pedregal véase A. Palacio Valdés, «Los oradores del Ateneo», *Revista Europa,* 9 (1877), pp. 792-4.

de la Institución, tenía «fama de orador acre o virulento», diciéndose «con verdadero escándalo que come cura y almuerza fraile». «Nada más curioso —sigue Palacio Valdés— que ver cómo sale el señor Figuerola de las juntas del Ateneo después de haber dado a beber a los señores de la derecha hiel y vinagre»[37].

La bandería política, pues, divide de nuevo a los socios; «todas sus discusiones, previamente anunciadas en un tema concreto, vienen precipitadamente a parar en puro asunto teológico o político». El Ateneo, escribe Palacio Valdés, se parece al Congreso, «hay una derecha y hay una izquierda. Sentada la una enfrente de la otra, se miran con recelosa antipatía, y tienen por costumbre aplaudir tan sólo a sus respectivos oradores. Excusado será advertir que los años de las personas que en la derecha se sientan suman bastante más que los de aquellos que tienen su asiento en la izquierda. Esto no obstante, el ardor, el entusiasmo y aun la intransigencia es igual por ambas partes»[38].

Significativamente, tampoco los temas tratados en la sección de *literatura* se salvan de los derroteros políticos tomados por los de la sección primera. En febrero de 1876 se sometió a discusión el tema siguiente: *¿Se halla en decadencia el teatro español? Si se halla, ¿por qué medios pudiera procurarse su regeneración?,* título de la Memoria leída por José Alcalá Galiano, secretario primero de la sección (formaban la Mesa los señores F. de P. Canalejas, Luis Vidart, Ernesto López Iriarte, Francisco A. Pacheco y Aureliano Beruete y Moret, como presidente, vicepresidente y secretarios 2.º, 3.º y 4.º, respectivamente), en que afirmaba el estado de decadencia y abogaba por la creación de un teatro oficial, oponiéndose, sin embargo, a la intervención oficial[39].

En las sesiones siguientes, Reus, Montoro, Canalejas y Valera[40] negaron que el teatro español se encontrara en decadencia, aunque algunos disintieron respecto a la creación de un teatro oficial. Valera y Fernández Jiménez, por ejemplo, se opusieron terminantemente a la idea, mientras que Canalejas, Rodríguez Correa, Reus, Montoro, Menéndez Rayón, Vidart, Revilla y Núñez de Arce defendieron la postura contraria, aunque escindiéndose a su vez respecto a la intervención gubernamental en la creación de un teatro oficial. «La opinión general en el Ateneo —reseña Revilla— es contraria a la solución proteccionista, siendo de notar que a esta solución se inclinan los que tienen motivos para

---

[37]   *Ibíd.,* p. 408.

[38]   A. Palacio Valdés, «Los oradores del Ateneo», *Semblanzas literarias,* Madrid, 1908, pp. 20 y 22. Lo mismo en F. M. Tubino, *op. cit.,* p. 438.

[39]   Véase la Memoria de Galiano en la *Revista Contemporánea,* 2 (marzo de 1876), pp. 467-93, y una reseña de la misma en «Boletín de las Asociaciones científicas — Ateneo de Madrid», *Revista Europea,* 7 (1876), pp. 237-9.

[40]   Extracto del discurso de Valera, «La decadencia del teatro español y la protección oficial», en la *Revista Europea,* 7 (1876), pp. 274-77. Sobre el Valera ateneísta véase A. Palacio Valdés, *op. cit.,* pp. 47-56. Las sesiones de la sección están reseñadas por Revilla en la *Revista Contemporánea,* 2 (febrero-marzo de 1876), 3 (abril-mayo de 1876) y 4 (junio de 1876).

conocer las intimidades del teatro y los que sostienen en política doctrinas avanzadas, con excepción del señor Montoro» [41]. En efecto, Vidart, Revilla y Núñez de Arce abogaron por la intervención oficial en contra de Alcalá Galiano, Fernández Jiménez, Valera, Rodríguez Correa y Rafael Montoro. Canalejas, en el discurso que pronunció como presidente resumiendo los debates, mantuvo que no existía decadencia alguna en el teatro y defendió la necesidad de crear un teatro oficial. Dirigiéndose a Montoro, que lo afirmaba, Canalejas declaró que el proteccionismo teatral no era antiliberal [42].

Durante el curso siguiente (1876-77), la sección discutió sobre *el estado actual de la poesía lírica en España,* interviniendo en los debates los señores Valera, Vidart, Montoro, Carvajal, Núñez de Arce, Puelma, Rodríguez Correa, Bravo y Tudela, Reus, González Serrano, Lozano y Manuel de la Revilla [43]. Aunque la atención del Ateneo está centrada en las discusiones que sostiene la sección de *ciencias morales y políticas* sobre la Constitución inglesa, los debates sobre la lírica contemporánea tienen gran importancia. En ellos se estableció la superioridad del lirismo contemporáneo sobre el de épocas anteriores, resaltándose la importancia de las escuelas poéticas de Quintana, Bécquer y Campoamor. A pesar de que Canalejas criticó duramente en su discurso-resumen a Bécquer y a Campoamor (a éste tal vez por las cuestiones personales surgidas a raíz de su polémica periodística), los debates ateneístas lograron dignificar la lírica contemporánea haciendo hincapié en su carácter subjetivo y docente. Tal vez como consecuencia de esta actitud, la poesía pasa de la discusión al salón de actos. El 19 de enero de 1877, Zorrilla lee sus versos en el Ateneo. «Después de él —escribe Sánchez Moguel— Campoamor, Núñez de Arce, Selgas, Fernández y González, Ruiz Aguilera, Palacio y otros muchos subieron sucesivamente a la cátedra. La Poesía tomó posesión con ellos del Ateneo. Hasta entonces habían dominado allí las ciencias casi por completo» [44].

Cabe añadir que, a pesar del éxito de estas veladas poéticas, lo que si-

[41]   M. de la Revilla, «Revista crítica», *Revista Contemporánea,* 3 (mayo de 1876), p. 383.
[42]   Véase el discurso de Canalejas, «La poesía dramática en España» (27 de mayo de 1876), en la *Revista Europea,* 7 (junio de 1876), pp. 546-557. Sobre Canalejas véase A. Palacio Valdés, *op. cit.,* pp. 81-7.
[43]   Véanse las reseñas de las sesiones en M. de la Revilla, «Revista crítica», *Revista Contemporánea,* 6 (1876), y en la *Revista Europea,* 8 (1876), pp. 671-2, 703-4, 735-6, 798-800 y 830-1. Resumió los debates el presidente Canalejas, «Del estado actual de la poesía lírica en España», *Revista Europea,* 8 (1876), pp. 801-10.
[44]   Antonio Sánchez Moguel, «Zorrilla», *La Ilustración Española y Americana,* 55 (1893), p. 66. Reseñas del acto en M. de la Revilla, «Revista crítica», *Revista Contemporánea,* 7 (enero de 1877), pp. 275-9, y en A. Palacio Valdés, «Apuntes críticos», *Revista Europea,* 9 (1877), pp. 115-7. F. B. Navarro, al reseñar el libro de Labra en su «Crónica bibliográfica», *Revista de España,* 66 (1879), pp. 281-2, se queja del poco espacio dedicado por el autor a este movimiento artístico. Labra lo menciona de pasada en las pp. 177 y 179.

guió privando en el Ateneo fue la polémica política. Buena prueba de ello son los debates sobre el nuevo tema de la sección de *literatura, la poesía religiosa en España,* que, saliéndose de los límites asignados por la Mesa, vino a convertirse en un sangriento alegato a favor o en contra de la libertad de cultos. El tema fue presentado en un discurso por el secretario de la sección, Sánchez Moguel [45], siendo continuado por Moreno Nieto, celoso cancerbero de la tradición católica, al que el joven José Canalejas combatió «con una energía y un calor que en más de una ocasión pasaron de excesivos» [46].

Ya fuera del tema de discusión, y en pleno oreo de sus posiciones políticas, intervinieron el ultramontano Hinojosa en defensa de las doctrinas escolásticas, Reus, que contestó a Hinojosa entonando un himno platónico-hegeliano-krausista, Moguel, Simarro, el idealista Valle, el hegeliano Montoro, y el espiritualista tradicional Amat. Luis Vidart, descrito por Palacio Valdés como «hereje contumaz ... que se ríe de todo; de todo hasta del Padre Sánchez», lanzó la opinión incendiaria de que la poesía religiosa «sólo era bella en lo que tenía de anticatólica» [47]. Y Sánchez Moguel, al rebajar la importancia del elemento religioso en la literatura española, provocó una vehemente intervención del P. Sánchez [48].

Veíamos más arriba, al tratar de las discusiones sobre la Constitución inglesa, que la opinión liberal llegaba a la conclusión de que lo único que podía, y debía, ser importado de la Gran Bretaña era su régimen de libertades o derechos individuales. A partir de esta conclusión, el debate gira, casi exclusivamente, en torno de la libertad de cultos. El grupo demócrata-krausista, formado por Gabriel Rodríguez, Carvajal, Pelayo Cuesta, Rafael María de Labra y Gumersindo de Azcárate, la defienden, más o menos intransigentemente, frente a Moreno Nieto, Fuentes, el P. Sánchez, Rodríguez San Pedro y Perier [49]. Gabriel Rodríguez contestó a los conservadores haciendo un gran elogio de

---

[45] «La poesía religiosa en España», reproducido en la *Revista Contemporánea,* 9 (mayo-junio de 1877), pp. 166-86 y 316-34. Véanse las reseñas de M. de la Revilla en la *Revista Contemporánea,* 7 (enero de 1877), 8 (marzo de 1877) y 9 (mayo-junio de 1877). Labra *(op. cit.,* p. 170) se equivoca al decir que estos debates se celebraron en 1878. Fueron resumidos por el presidente Canalejas.

[46] M. de la Revilla, «Revista crítica», *Revista Contemporánea,* 8 (marzo de 1877), p. 127.

[47] A. Palacio Valdés, «Los oradores del Ateneo», *Revista Europea,* 9 (1877), páginas 702 y 703. Según M. de la Revilla, «Revista crítica», *Revista Contemporánea,* 9 (mayo de 1877), p. 117, Vidart dijo que la religión no era buena fuente de inspiración para el arte.

[48] *Ibíd.*

[49] Véanse los medallones de Azcárate y Carvajal en A. Palacio Valdés, *op. cit.,* pp. 765-7 y 631-2, respectivamente. Los de Gabriel Rodríguez, «el último abencerraje del progresismo», y de Perier en A. Palacio Valdés, «Los oradores del Ateneo», *Semblanzas literarias,* Madrid, 1908, pp. 73-80 y 41-6, respectivamente. Las sesiones están reseñadas muy detalladamente en la *Revista Europea,* 8 (1876), pp. 702-3, 733-5, 767-8, 800, 829-30, 862-4; 9 (1877), pp. 92-4, 159-60 y 189-90.

las libertades políticas británicas, atribuyendo su consolidación a la ruptura con Roma, y poniendo de relieve los servicios prestados por el protestantismo a la causa de la libertad en la Gran Bretaña. Después de defender la libertad religiosa, sin embargo, «cayó en la fatal tentación de sustentar los funestos principios de la escuela economista ... aquellas desacreditadas doctrinas que tantos daños han originado a la democracia» [50]. Y aunque muchos liberales y demócratas aplaudieron la parte económica del discurso, otros socios pertenecientes a las mismas tendencias políticas aprobaron la intervención de Moreno Nieto, quien, «inspirándose en las doctrinas de los grandes publicistas alemanes, singularmente en los krausistas» [51], tachó de absurdos los individualismos de Rodríguez.

Siguieron las intervenciones del republicano José Muro, ministro de Estado con Pi y profesor de Geografía e Historia en el Instituto de Valladolid (protestó contra el decreto de Orovio de 1875), y el demócrata posibilista Carvajal, antiguo ministro de Hacienda con Pi y de Estado con Castelar. Después de declararse católico y partidario de la libertad de cultos, Carvajal «expuso un programa político que, en suma, era el tradicional programa del partido democrático», mostrándose, a juicio de Revilla, «demasiado entusiasta del sufragio universal...» [52]. Le contestó Pelayo Cuesta desde una posición monárquico-constitucional que no admitía tal tipo de sufragio ni la forma republicana de gobierno, provocando una contestación intransigente de Carvajal y otra más discreta de Pedregal. Defendía Pelayo Cuesta, sin embargo, el reconocimiento de los derechos individuales, la institución del jurado como medio de educación de las clases populares, y la libertad religiosa, aunque señalando la conveniencia de que el Estado siguiera unido a la religión profesada por la mayoría de los españoles [53].

Este justo medio de la cuestión religiosa no satisfacía a los extremos ateneístas, y a la caústica intervención del P. Sánchez seguía la del republicano Labra, resueltamente a favor de la separación de Iglesia y Estado. «Conservador y sensato dentro de la democracia —escribe Revilla— juntamente con los señores Montoro, Moret, Pedregal y Rodríguez, ha sabido dar la fórmula de la democracia novísima...». Habló, sin embargo, y de esto se queja Revilla, de fe-

---

[50] M. de la Revilla, «Revista crítica», *Revista Contemporánea,* 7 (febrero de 1877), p. 412.

[51] *Ibíd.,* p. 413.

[52] M. de la Revilla, «Revista crítica», *Revista Contemporánea,* 8 (marzo de 1877), p. 125. Recuérdese que el posibilismo se reorganiza con la circular de Castelar a sus seguidores para que se preparen para la lucha electoral (1 de enero de 1877). Esto explica la nueva militancia posibilista en el Ateneo.

[53] *Ibíd.,* p. 375.

deralismo [54]. Frente al grupo de la «democracia novísima» se alzaron, aunque sin los desplantes del P. Sánchez, los católicos liberales (Fernández García, Rodríguez San Pedro —«conservador de los más conservadores» [55]—, Moreno Nieto, que volvió sobre el tema en su discurso de apertura del curso 1877-78 [56]), los reaccionarios (Fuentes), los ultramontanos (Perier) y los demócratas radicales (Grael). En un último desbordamiento del tema, y provocado por las impertinencias del P. Sánchez, el pastor evangélico de la Embajada alemana, Fliedner, defendió el protestantismo. Gumersindo de Azcárate, en su discurso-resumen, defendió un «Socialismo terapéutico» o «prudente intervención del Estado en todo aquello en que la acción individual fuera impotente», volviendo a afirmar la separación entre Iglesia y Estado [57].

Presentado por el secretario Eduardo García Díaz [58], la sección volvió a tratar en 1877-78 de un tema debatido ya en 1871-72, *cuestiones que entrañan el problema social y medida en que toca su solución al inviduo, a la sociedad y al Estado.* Por lo general, vuelven a intervenir los mismos socios de las sesiones anteriores, Azcárate, Santero, Romero Girón, Vidart, Tubino, Fliedner, Fernández y González, el P. Sánchez, Figuerola, Perier, Ibáñez, Jameson, Pedregal, Revilla, Pisa Pajares, Navarrete, Moreno Nieto, Gabriel Rodríguez, Magaz, Simarro, Fuentes, José Canalejas y Alvarado. La gran novedad en estos debates es, sin duda, la aparición del socialismo colectivista en la persona del obrero Borrell, quien, con F. Mora, A. Lorenzo y Morago, formó parte de la sección madrileña de la Federación Regional Española de la Asociación Internacional de los trabajadores, disuelta por Sagasta (17 de enero de 1872) y por Serrano (1874), después de haber sido defendida en Cortes por Salmerón, Castelar y Pi (1871). De gran interés también es la petición dirigida por va-

---

[54] *Revista Contemporánea,* 9 (mayo de 1877), p. 115. Véase el medallón de Moret en A. Palacio Valdés, *op. cit.,* pp. 33-9.

[55] *Revista Contemporánea,* 9 (mayo de 1877), p. 255.

[56] Titulado *El espíritu del Cristianismo* [véase la reseña del mismo en M. de la Revilla, «Revista crítica», *Revista Contemporánea,* 12 (noviembre de 1877), pp. 114-7]. El curso 1876-77 había sido inaugurado por Moreno Nieto con un discurso sobre *el destino de la religión cristiana* [véanse las reseñas de Revilla en la *Revista Contemporánea,* 6 (noviembre de 1876), pp. 366-9, y de A. Palacio Valdés en la *Revista Europea,* 8 (noviembre de 1876), pp. 633-5].

[57] M. de la Revilla, «Revista crítica», *Revista Contemporánea,* 9 (junio de 1877), p. 504. Véase la reseña de N., «Crónica bibliográfica — La Constitución inglesa y la política del continente, por Gumersindo de Azcárate, Madrid, 1878», *Revista de España,* 64 (1878), pp. 267-8.

[58] Fernández García, según M. de la Revilla, «Revista crítica», *Revista Contemporánea,* 12 (noviembre de 1877), p. 245. Componían la Mesa G. de Azcárate (presidente), Carlos María Perier (vicepresidente) y Emilio Reus Bahamonde, Onofre Arnat y Francisco Cañamaque (secretarios 2.º, 3.º, 4.º, respectivamente). Véanse las reseñas de Revilla sobre los debates acerca de la cuestión social en la *Revista Contemporánea,* 12 (diciembre de 1877), 13 (enero-febrero de 1878), 14 (marzo-abril de 1878) y 15 (mayo-junio de 1878).

rios obreros a la Junta de Gobierno ateneísta para que les fuera permitido asistir a estos debates, y que no pudo ser aprobada por estar reservadas las discusiones de sección a los socios exclusivamente (Borrell, por lo tanto, debía serlo). En diciembre de 1877 escribe Revilla que «la prensa reaccionaria ha declamado y disparatado con tal motivo [la petición obrera], y no ha faltado quien llame la atención del Gobierno acerca de lo que pasa en el Ateneo» [59].

Salvo las intervenciones de Borrell, que formuló un plan completo de revolución social y atacó la renta, el capital y la propiedad de la tierra, los debates se mantuvieron en el tradicional nivel teórico-político del Ateneo. En este plano, sin embargo, la solución de la cuestión social volvió a enfrentar a socialistas e individualistas con conservadores y neos. Francisco María Tubino tomó una postura socialista, combatida por el P. Sánchez con la solución cristiana del problema social, es decir, ejercicio de la caridad por los ricos y de la resignación por los pobres. Romero Girón se proclamó partidario de la intervención del Estado en la cuestión social, provocando con su discurso rectificaciones de los librecambistas y demócratas individualistas Pedregal y G. Rodríguez, y del espiritualista Moreno Nieto. De la contestación de éste, dice Revilla, poco amigo de los viejos librecambistas, que estuvo bien «salvo en cierto desdichado paréntesis contra los socialistas» [60]. También Santero se declaró en favor de un socialismo gubernamental y José Canalejas de uno de tipo armónico de base krausista, siendo contestado por Moreno Nieto. Gabriel Rodríguez y Alvarado intervinieron como representantes de la democracia individualista, y el positivista Luis Simarro aplicó las leyes de Darwin al problema social, provocando una intervención del reaccionario Fuentes. Gumersindo de Azcárate se encargó de resumir las opiniones expresadas en los debates en un discurso-resumen en que rechazó el exclusivismo individualista, el colectivismo y el socialismo autoritario, optando, como solución, por un vago régimen de libertad [61].

A pesar de las veladas poéticas, la sección de *literatura* no presenta la animación de la de *ciencias morales,* y esto se debe, en gran parte, a la falta de dimensión política de los temas debatidos. Las escaramuzas de partido en torno al tema de la poesía religiosa cesan, y con ello la sección languidece, al tratar de *los fines y condiciones de la Oratoria como Arte bello, ¿se han cumplido*

[59] M. de la Revilla, «Revista crítica», *Revista Contemporánea*, 12 (diciembre de 1877), p. 379.

[60] *Revista Contemporánea*, 14 (marzo de 1878), p. 251.

[61] Titulado «El problema social» y reproducido en la *Revista de España*, 64 (1878), pp. 433-55; 65 (1878), pp. 5-19, 145-67, 288-319, 433-49; 66 (1879), pp. 5-23. Véase la reseña del discurso en M. de la Revilla, «Revista crítica», *Revista Contemporánea*, 16 (julio de 1878), pp. 127-8. Moreno Nieto volvió a tratar del tema en su discurso de apertura del curso 1879-80, combatiendo a las escuelas socialistas y doctrinas afines (véase Julián Apráiz, *Colección de discursos y artículos, Vitoria,* 1889, vol. I, pp. 218 y 219).

mejor en la Antigüedad o en los tiempos presentes? [62] y de *la novela* [63], temas de debate que llenaron el curso 1877-78. La misma desgana se apodera de la sección durante el de 1878-79, en que se debatió sobre *si la belleza es una cualidad real de los objetos o una creación de la mente humana* y sobre *la crítica,* bajo la dirección de una Mesa compuesta por Manuel de la Revilla (presidente), Antonio Sánchez Moguel (vicepresidente) y Juan Hinojosa, Miguel Moya, Enrique Gómez Ortiz y Juan Gómez Landero (secretarios).

Por el contrario, al inaugurarse de nuevo los debates en la sección de *ciencias matemáticas, físicas y naturales* (en silencio desde el curso 1875-76), la polémica religiosa y política reaparece en torno de un tema tan peregrino como el de *las condiciones higiénicas que deben reunir los cementerios.* A partir de una intervención de Bosch en contra de la cremación de cadáveres y a favor de la inhumación «a larga distancia de los centros de población» [64], los ateneístas toman posición. El doctor Cortezo, secretario 2.º (componían el resto de la Mesa los señores José Echegaray, presidente; Julián Calleja, vicepresidente; Francisco de P. Arrillaga, secretario 1.º; José Ustáriz, 3.º y Enrique Fernández Villaverde, 4.º), defendió la cremación, combatió el embalsamamiento y afirmó, no sin cierta lógica, la existencia de otros problemas de higiene más importantes que el de los cementerios. Rodríguez Carracido se alistó en el «partido cremacionista», Bravo y Tudela adoptó la postura ecléctica de que «todos los sistemas son buenos» y Barreras trató el tema en un «discurso humorístico». «Salvo los oradores de profesión médica —se queja Revilla— los demás pierden el tiempo en discutir si la creación de la necrópolis ataca o no algunos derechos adquiridos, o de si la cremación es o no conforme a los sentimientos religiosos» [65].

[62] Tema presentado el 17 de noviembre de 1877 por el secretario Emilio Reus Bahamonde en un discurso titulado *La oratoria como arte bello,* reproducido en la *Revista Europea,* 10 (1877), pp. 741-53, 774-84, 801-9 y 842-6. Manuel de la Revilla reseña este discurso y las intervenciones de Bravo y Tudela [*Revista Contemporánea,* 12 (noviembre de 1877), p. 246], Bosch, Campillo, Vidart, García Alonso [*Revista Contemporánea,* 12 (diciembre de 1877), p. 507], la languidez de la sección [*Revista Contemporánea,* 13 (febrero de 1878), p. 375] y el discurso-resumen de Canalejas [*Revista Contemporánea,* 14 (abril de 1878), p. 375].

[63] Tema expuesto por el nuevo secretario 1.º, Antonio Sánchez Moguel (componían el resto de la Mesa los señores Canalejas (presidente), Revilla (vicepresidente) y Ricardo Sepúlveda, Enrique Gómez y Julio Burell (secretarios 2.º, 3.º y 4.º, respectivamente). Intervinieron en los debates Luis Vidart, Valera y Campillo (véase M. de la Revilla, «Revista crítica», *Revista Contemporánea,* 14 (abril de 1878), p. 509; 15 (junio de 1878), pp. 383-4.

[64] M. de la Revilla, «Revista crítica», *Revista Contemporánea,* 14 (abril de 1878), p. 376. Más reseñas de las sesiones en *Revista Contemporánea,* 15 (mayo de 1878), pp. 127-8.

[65] *Ibíd.,* p. 127. Intervino también Sáenz de Montoya y resumió los debates el presidente Saavedra (pp. 383-4). Parece haber un error en el nombre del presidente, Echegaray lo fue en 1877-78 y Eduardo Saavedra en 1878-79, con Cortezo (vicepresidente),

Durante el curso siguiente (1878-79) la sección cobró grandes bríos al discutir *si las leyes y fuerzas generales de la materia son las mismas que gobiernan el mundo orgánico*. Intervinieron los naturalistas Rodríguez Carracido y González Encinas, el vitalista Santero, Vilanova, que atacó la doctrina de la evolución con la paleontología, y González Serrano, que buscó una fórmula conciliatoria entre la especulación y la experiencia [66].

La sección de *ciencias morales y políticas* se ocupa en el mismo curso de *la organización de la enseñanza pública*, enfrentándose el ultramontano Carballeda con los representantes de la democracia. Esta, sin embargo, presenta graves escisiones. Por un lado, la democracia conservadora y gubernamental (Revilla y Juan Alvarado), por otro, el radicalismo intransigente (Romero Girón y Torres Campos). Los debates, escribe Revilla, «están emponzoñados por la pasión política» [67].

Durante el curso 1879-80 las secciones discutieron sobre *el origen del lenguaje* (literatura), *el ideal político de la raza latina* (ciencias morales y políticas) y sobre *si la civilización actual se debe principalmente al influjo de las ciencias filosófico-políticas o al de las ciencias naturales y sus aplicaciones* (ciencias exactas, físicas y naturales). Intervinieron en los debates Moreno Nieto, Revilla, el P. Sánchez y Urbano González Serrano, notándose la ausencia de Azcárate, Gabriel Rodríguez, Pedregal, Labra, Muro, Figuerola y Vidart. Azcárate era presidente de la Institución y Muro, Pedregal y Labra eran diputados republicanos desde 1879. También lo eran González Serrano y José de Carvajal, pero sus actividades políticas no les impidieron seguir frecuentando el Ateneo. Carvajal, que el 27 de abril de 1879 había pronunciado un discurso en defensa del posibilismo en Granada, resumió los debates de la sección de *ciencias morales y políticas,* de la que era presidente [68].

Como en las cátedras, se observó cierta languidez en las secciones; «en cambio —escribe Antonio Sánchez Moguel— en el movimiento literario y artístico

José Rodríguez Carracido, Fermín de la Puente, Javier Santero y Francisco Gutiérrez (secretarios 1.º, 2.º, 3.º y 4.º, respectivamente).

[66] M. de la Revilla, «Revista crítica», *Revista Contemporánea,* 19 (febrero de 1879), pp. 382-4.

[67] *Ibíd.* La Mesa de la sección de *ciencias morales y políticas* estaba compuesta en 1878-79 por Justo Pelayo Cuesta (presidente de la sección y de la Institución Libre de Enseñanza y consiliario 2.º del Ateneo en este curso), Urbano González Serrano (vicepresidente), Enrique García Alonso, Juan Alvarado, Manuel González Sigura y Telmo Vega (secretarios).

[68] Componían las Mesas los siguientes señores: sección de *ciencias morales y políticas,* José Carvajal (presidente), Urbano González Serrano (vicepresidente), Miguel Moya, Ignacio Pintado, Juan Reina Iglesia y Manuel de Rueda (secretarios). Sección de *literatura y bellas artes,* José Echegaray (presidente), Eugenio Sellés (vicepresidente), Conrado Solsona, Juan Martos, José Herrero y Enrique Sepúlveda (secretarios). Sección de *ciencias exactas, físicas y naturales,* Melitón Martín (presidente), Gumersindo Vicuña (vicepresidente), José Rodríguez Mourelo, José Monmeneu, Manuel Tolosa y Benjamín Céspedes (secretarios).

se viene alcanzando singular progreso de algunos años acá. Puede decirse que todo lo que en un sentido decae el Ateneo, en otro se levanta. Y que esto se debe a las lecturas literarias, asegúralo la opinión unánime de ateneístas y de personas extrañas al Ateneo»[69]. Sánchez Moguel, dicho sea de paso, fue el principal promotor de estas lecturas o veladas literarias. Se habló también durante este curso de organizar veladas musicales a ejemplo de las de la Institución, pero el proyecto no llegó a cuajar. Dentro de las actividades artísticas, sin embargo, el Ateneo organizó una Exposición con obras de Haes, Beruete, Suárez Llanos, Monleón, Jiménez, Balaca y Mélida. Se recaudaron casi diez mil pesetas, que fueron destinadas íntegramente a edificar escuelas en los pueblos murcianos de Nonduermas, Palmar y Alberca, afectados por las inundaciones.

Madrileñas y Guía de forasteros son los títulos de dos cuentos del joven «Clarín» en que se introduce al lector en los debates ateneístas del curso 1880-81. Un alemán, el señor Jubelhorn, atraído por la fama de la docta casa quiere visitarla, y a ello se brinda un Leopoldo Alas gustoso de mostrar el lugar donde «se alberga la masa encefálica de la Península», el «respetable cráneo que sirve de cajón al cerebro de España»[70]. Lo que sigue es una ingeniosa muestra de la politización que sufre todo tema sometido a debate en el Ateneo, y de los modos polémicos del P. Sánchez: «y habló el Padre Sánchez, que así se llama en el siglo, de política, de mucha política, de toda la política; defendió el poder temporal de los papas, tiró chinitas al difunto Víctor Manuel y a *El Siglo Futuro,* y a los curas que se meten en política, y le corrigió el vocablo al señor Campillo, y habló pestes de los periodistas y de Rosita la Pastelera, etc. Jubelhorn me preguntó, sin quitar ojo al Padre Sánchez: ¿De qué habla este señor sacerdote? Habla de literatura»[71]. Añadamos que el tema de discusión eran *las relaciones entre la política y la literatura.*

En la sección de *ciencias exactas, físicas y naturales,* la actuación del Padre Sánchez tiene el mismo tono que en la de literatura. Se discute sobre *el concepto del cosmos en el siglo XIX* y Sánchez, escribe Alas, «bufón de la corte celestial... ha dicho que todo lo que sabe el darwinismo se aprende en media hora. En efecto, él ha consagrado media hora escasa a estudiar a Haekel y a Darwin»[72]. Frente al P. Sánchez y al joven ultramontano Pintado, Laureano Cal-

---

[69] Antonio Sánchez Moguel, «El Ateneo de Madrid en el Año Académico de 1879-80», *Revista Contemporánea,* 28 (junio de 1880), p. 86.

[70] Leopoldo Alas («Clarín») y A. Palacio Valdés, *La literatura en 1881,* Madrid, 1882, p. 113.

[71] *Ibíd.,* p. 114. Formaban la Mesa de la sección de *literatura* los señores Gaspar Núñez de Arce (presidente), Eugenio Sellés (vicepresidente), José Velarde, Enrique Gómez Ortiz, Ramón Gil Sánchez y José Sánchez Guerra (secretarios).

[72] *Ibíd.,* p. 101. La Mesa de la sección de *ciencias exactas, físicas y naturales* estaba compuesta en 1880-81 por Félix Márquez (presidente), José Rodríguez Carracido (vicepresidente), José Rodríguez Mourelo, Luis Marés, Manuel Tolosa y Latour, Rafael Gago y Palomo (secretarios).

derón ataca a los señores de la derecha en defensa del darwinismo, el naturalismo y la evolución. Curiosamente, y como ocurriera en los primeros años de la Restauración, el P. Sánchez no interviene en los debates de la sección de *ciencias morales y políticas* sobre temas tan de su agrado como *la crisis político-religiosa* y *el concepto de la democracia* [73].

También en 1880-81, las secciones de *literatura* y de *ciencias exactas* debaten dos temas íntimamente relacionados, *el naturalismo en el arte* y *el determinismo y el libre albedrío*. El entusiasmo con que «Clarín» acoge al «nuevo» Galdós de *La desheredada* en el seno naturalista se repite en los elogios al «nuevo» Campoamor de una lectura poética en el Ateneo durante la primavera de 1881 [74]. Si esta velada poética fue acogida entusiásticamente, el Ateneo añadió su voto de censura al silencio de la crítica con motivo de la aparición de *La desheredada*. Al publicarse el primer volumen en enero de 1881, se propuso a Galdós para un puesto literario honorario en el Ateneo, pero la propuesta fue derrotada por los socios en votación secreta. La prensa comentó el incidente como una prueba más de la estupidez característica de los ateneos y academias españoles [75].

En el curso de 1881-82 se debate sobre *la sociología positivista* (sección de ciencias morales y políticas), *la frenopatía legal* (ciencias exactas) y, de nuevo, *el naturalismo en el arte* (literatura). Y sabido es que *Madame Bovary* constituye la última lectura de Moreno Nieto, quien, preparándose a fustigar al nuevo movimiento literario, muere el 24 de febrero de 1882. El 4 de marzo del mismo año celebra el Ateneo una velada necrológica en honor del difunto presidente, encargándose de pronunciar el discurso principal el hombre que va a sucederle en el cargo, Antonio Cánovas del Castillo, reemplazado en el poder por Sagasta trece meses antes (8 de febrero de 1881).

El pulso del Ateneo de 1875 a 1882 se encuentra en las secciones y no en la cátedra, y a ello se debe que hayamos concedido más espacio a los debates que a las explicaciones. Durante todo este período, sin embargo, se observan constantes esfuerzos por sacudir la modorra docente, ensayándose la creación de cursos breves y de conferencias a ejemplo de las de la Institución. La mayor parte de los datos existentes sobre las actividades de la cátedra ateneísta se los

[73] *Ibíd.,* p. 115. Mesa: Gabriel Rodríguez (presidente), Féliz González Carballeda (vicepresidente), Juan Martos Jiménez, Enrique Sepúlveda y Francisco de P. Portuondo (secretarios).
[74] La «novedad» de don Benito y Campoamor, claro está, consiste en su aparente inserción en la corriente naturalista. Véase mi «La función del trasfondo histórico en *La desheredada», Anales Galdosianos,* I (1966), pp. 53-62; y «La lírica y el naturalismo — Los buenos y los sabios (poema de Campoamor)», en L. Alas y A. Palacio Valdés, *op. cit.,* pp. 145-156.
[75] H. Chonon Berkowitz, *Pérez Galdós, Spanish Liberal Crusader,* Madison, 1948, p. 162.

debemos a Rafael María de Labra, quien, como miembro e historiador de la casa, tuvo a mano actas y documentos vedados a otros. Sus valiosos datos (listas de cursos, temas de sección, etc.), sin embargo, no son siempre exactos en lo que se refiere a fechas. Unas veces, don Rafael María aporta una larga lista de cursos sin especificar en qué año fueron dados; otras, cursos incluidos en un vago período tuvieron lugar con anterioridad. A pesar de estos defectos, y estando como estamos faltos de actas ateneístas, la consulta de Labra es esencial, como lo es el tratar de establecer en lo posible la cronología exacta con la ayuda de las revistas de la época.

Entre los cursos incluidos por Labra en el período de 1876 a 1878 figuran cinco que fueron dados en el curso de 1875-76: *Colonias penitenciarias,* por Francisco Lastres [76]; *Estudios sobre las escuelas filosóficas contemporáneas,* por José Moreno Nieto; *Funciones y formas del crédito,* por Gabriel Rodríguez; *Ciencia de la guerra,* por Luis Vidart; y *Ciencia prehistórica,* por Juan Vilanova [77]. La reseña de Revilla a esta cátedra, mencionando que Vilanova, opuesto a Darwin, intentaba inútilmente conciliar la ciencia con la revelación, provocó una airada respuesta del catedrático, quien, entre otras cosas, calificó a Revilla de «crítico imberbe» [78]. Dos nuevas cátedras de Vilanova y de Vidart, *Geología agrícola* y *Estudios sobre la historia militar de España,* respectivamente, tuvieron lugar en los cursos 1876-77 y 1877-78 [79].

Los datos aportados por Manuel de la Revilla nos permiten incluir con certeza en el cuadro de cátedras de 1877-78 cuatro cursos más, además de los ya indicados de Vilanova y Vidart: *Historia de la elocuencia,* por Bravo y Tudela; *Crítica de arte y literatura,* por Francisco Fernández y González; *Aplicaciones del microscopio,* por Maestre de San Juan; y *Química orgánica,* por Rodríguez Carracido [80]. Los cursos que citamos a continuación los incluye Labra en el vago período de 1876 a 1878, pero no hemos podido comprobar

[76] Mencionado por M. de la Revilla, «Revista crítica», *Revista Contemporánea,* 1 (enero de 1876), p. 386.

[77] Véase M. de la Revilla, «Revista crítica», *Revista Contemporánea,* I (diciembre de 1875), pp. 127-128.

[78] Juan Vilanova, «La cátedra de Prehistoria en el Ateneo y su censor Revilla», *Revista Europea,* 8 (junio de 1876), pp. 219-223. Revilla le contestó en «La cátedra de Prehistoria en el Ateneo», *Revista Europea,* 8 (agosto de 1876), pp. 255-6. Las lecciones de este curso están extractadas en la *Revista Europea,* 6 (1875), pp. 75-7, 108-10, 157-60, 196-9 y 277-80; 7 (1876), pp. 356-8 y 436-8.

[79] Las lecciones de Villanova están extractadas en la *Revista Europea,* 8 (1876), pp. 669-71, 732-3, 827-9, 860-2; 9 (1877), pp. 31-2, 63-4, 94-6, 125-6, 187-9, 221-2, 314-6, 350-2, 414-6, 446-8, 511-12, 540-42, 604-7; las de Vidart en la *Revista Europea,* 8 (1876-77), pp. 671, 126-7; 9 (1877), pp. 316-9, 542-3, 10 (1877), pp. 447-8; 11 (1878), pp. 30-2, 189-91 y 607-8. Ambas cátedras, aunque la de Vidart lleva el nuevo título de *Organización militar del imperio alemán* en 1877-78, son mencionadas por Revilla en la *Revista Contemporánea,* 12 (noviembre de 1877), p. 244.

[80] *Ibíd.,* El curso de Rodríguez Carracido lo menciona Revilla en la *Revista Contemporánea,* 15 (mayo de 1878), p. 127.

sus fechas: *Cultura literaria y artística de España durante la dominación goda,* por Amador de los Ríos; *Estudios sobre los humanistas españoles del Renacimiento,* por Camús; *Conferencias sobre algunos poetas hispanoamericanos del presente siglo,* por Cañete; *Biología elemental,* por Cortezo; *Física del sol,* por Escandón; *Astronomía popular,* por Monreal; *La revolución francesa y sus historiadores,* por Montoro; *Hidrología vegetal,* por Peñuelas; *Caracteres distintivos de la filosofía contemporánea,* por Perojo; *Numismática,* por Rada y Delgado; *Literatura contemporánea de España,* por Revilla; *Contabilidad,* por Salvador y Gamboa; *Etnología y etnografía europea y especialmente sobre los primeros habitantes de la Iberia y la Mauritania,* por Tubino; *Los foros de Galicia en la Edad Media,* por Villamil y Castro; y *Taquigrafía,* por Villaseñor [81].

Refiriéndose a los cursos de 1877-78, entre los que incluye los de lenguas vivas (no mencionados por Labra), se queja Revilla de que no bastan para «dar animación a aquella cátedra, acaso porque los asuntos que han elegido no tienen el interés palpitante o la actualidad que poseen los temas explicados en la Institución Libre» [82]. Y para acabar con esta modorra, Revilla vuelve a repetir los consejos que ya diera en mayo del 77: «Creemos que el Ateneo debiera seguir el ejemplo de la Institución y dar mayor interés a sus cátedras públicas que, a pesar de la reconocida competencia de los que las desempeñan, no están a la altura de sus sesiones privadas. Quizá convendría para esto sustituir los largos cursos que hoy dan sus profesores con cursos breves o conferencias sueltas...» [83].

A primeros de 1878 se siguió la idea de dar conferencias como las de la Institución, aunque con poco éxito. En mayo del mismo año reseña Revilla que «en las cátedras, tanto tiempo hace abandonadas, se observa algún movimiento» [84], y meses después, un Labra optimista escribe que «en noviembre y diciembre de 1878 se han consagrado los miércoles y jueves por la noche a conferencias sueltas. Hasta ahora [escribe en 1878] han ocupado la gran cátedra los Sres. Vicuña, Fabié, Corradi, Rodríguez Carracido, Vilanova, Sáez y Galdo. El éxito completo. En lo sucesivo disertarán los Sres. Azcárate, Rodríguez, Núñez de Arce, Moret, Cuesta, Revilla, Romero Girón, Pedregal, el autor de estas líneas y otros muchos profesores de la casa» [85]. En febrero de 1879, sin embargo, Revilla vuelve a quejarse de la languidez de las cátedras y de la decadencia del Ateneo, por lo que el optimismo de Labra parece ser prematuro.

[81] Rafael María de Labra, *El Ateneo —1835-1905—. Notas históricas,* Madrid, 1906, pp. 46-7.
[82] «Revista crítica», *Revista Contemporánea,* 12 (noviembre de 1877), p. 244.
[83] «Revista crítica», *Revista Contemporánea,* 9 (mayo de 1877), p. 117.
[84] «Revista crítica», *Revista Contemporánea,* 15 (mayo de 1878), p. 127.
[85] R. M. de Labra, *El Ateneo de Madrid, sus orígenes — desenvolvimiento, representación y porvenir,* Madrid, 1878, p. 176, nota 1.

De los conferenciantes citados por éste, Revilla sólo menciona a Vilanova, que dio un curso sobre *Pozos artesianos,* a Galdo, Rodríguez Carracido y a Sáenz de Montoya, sin indicar temas [86].

De la lista de cátedras de 1878-79 están ausentes casi todos los profesores mencionados por Labra como futuros conferenciantes, con la excepción del propio Labra, que disertó sobre *Gladstone y su política,* y de Romero Girón, que estableció los *Conceptos fundamentales del Derecho penal.* Es muy posible que la renovación de la actividad docente a principios del curso 1878-79, anotada de forma tan optimista por Labra, estuviera fundada en un espejismo bastante frecuente en la historia ateneísta: los profesores que se brindan a ocupar la cátedra no siempre lo hacen. Además de los mencionados hasta ahora (Vilanova, Galdo, Labra y Romero Girón), hubo cursos sobre *Organización de los seres,* por Maestre; *Congreso penitenciario de Estocolmo,* por Lastres; *Observaciones sobre la marcha de las ideas,* por Becerra; *Medicina legal de la locura,* por Simarro; *La ciencia económica y sus relaciones con la Moral y el Derecho,* por Carreras; *Formación de las sociedades humanas* y *Disolución del Imperio Romano,* por Corradi; *Física molecular,* por Serrano Fatigati; y *Régimen de las cuarentenas,* por Fernández de Castro [87].

Durante 1879-80 —escribe Antonio Sánchez Moguel— las cátedras estuvieron desiertas [88]. El adjetivo, claro está, es algo excesivo puesto que hubo cursos de *Mecánica química,* por Rodríguez Carracido; *El arte en nuestros días,* por Francisco Fernández y González; *Constitución de la materia, Fuerzas moleculares* y *Física molecular,* por Serrano Fatigati; *Textura del sistema nervioso,* por Rodríguez Mourelo; y *Lengua inglesa,* por John Shaw [89]. Los temas, como los del curso anterior, parecen dividir las actividades de cátedra en cursos breves y en conferencias sueltas, pero carecemos de datos para determinar cuáles fueron lo uno y cuáles lo otro.

En 1880-81, y a la vez que cursos sobre *El Congreso prehistórico de Lisboa* y *La prehistoria en España,* por Vilanova; *Ciencia,* por Danero; *Orígenes de la vida,* por Serrano Fatigati; *La Cárcel Modelo,* por Lastres y *El Fósforo,* por Rodríguez Mourelo [90], tiene lugar la solemne conmemoración del segundo centenario de la muerte de Calderón de la Barca. Los diversos actos, que fueron recogidos en el folleto titulado *El Ateneo de Madrid en el centenario de Calderón. Disertaciones, poesías y discursos de los señores Sánchez Moguel, Re-*

---

[86] M. de la Revilla, «Revista crítica», *Revista Contemporánea,* 19 (febrero de 1879), p. 382. El curso (o conferencia) de Galdo fue *La instrucción primaria en Europa* (R. M. de Labra, *El Ateneo —1835-1905—. Notas históricas,* Madrid, 1906, p. 66).

[87] R. M. de Labra, *op. cit.,* p. 66.

[88] A. Sánchez Moguel, *op. cit.,* p. 86.

[89] R. M. de Labra, *op. cit.,* p. 67. A. Sánchez Moguel, *op. cit.,* sólo cita los tres últimos cursos.

[90] R. M. de Labra, *op. cit.,* p. 67.

villa, Ruiz Aguilera, Fernández y González, Palacio, Campillo, Moreno Nieto, Moret y Echegaray (Madrid, 1881), parecen ser el primer gran ensayo ateneísta de tratamiento colectivo de un tema.

En el curso siguiente (1881-82), y no en 1880-81 como dice Labra [91], se continuó la idea, dándose dos cursos, uno de *Historia universal* y otro de *Ciencias naturales*. Del primero hizo la *Introducción* Moreno Nieto el 3 de enero de 1882, siendo ésta su última conferencia ateneísta, interviniendo sucesivamente Juan Vilanova, *Tiempos prehistóricos;* Eduardo Saavedra, *Historia de los pueblos de Oriente;* P. Miguel Sánchez, *Principios traídos a la política por el cristianismo;* Laureano Figuerola, *Invasión de los bárbaros;* Manuel Pedregal y Cañedo, *El feudalismo;* Fernández y González, *La civilización árabe,* y José de Carvajal, *El Renacimiento* [92].

El curso de *Ciencias naturales* lo dieron José Rodríguez Carracido, *Exposición de los métodos experimentales;* Laureano Calderón, *Concepto de la materia;* José Rodríguez Mourelo, *Concepto de la energía;* Francisco Iñiguez e Iñiguez, *Sistema del universo;* Máximo Laguna, *Caracteres esenciales del reino vegetal;* Aureliano Maestre de San Juan, *Idea general de los organismos;* Letamendi, *Concepto del hombre;* Eduardo Saavedra, *Conocimientos científicos en tiempos de Aristóteles;* Gumersindo Vicuña, *Los matemáticos del siglo XVII;* José Ubeda, *La alquimia;* Carlos Castel, *La atmósfera;* Sáez de Montoya, *Análisis espectral;* Vicente Vera, *Las regiones polares;* Serrano Fatigati, *Microfísica,* y Juan Vilanova, *Congresos científicos* [93].

También en 1881-82 intervinieron en cursos o conferencias sueltas Rodríguez Carracido, *Enseñanza de las ciencias naturales en España;* Maldonado Macanaz, *Constitución del Imperio inglés en la India;* Mena Zorrilla, *La extradición;* P. Miguel Sánchez, *Los grandes teólogos;* Vera, *Tránsito de Venus por el disco solar;* Galdo, *Reformas de la instrucción primaria;* Francisco Silvela, *Crítica de nuestras prácticas y costumbres administrativas;* y Escrich, *Demostración de la ley fundamental del féudulo* [94].

[91] *Ibíd.*
[92] Véase la conferencia de Moreno Nieto en la *Revista Contemporánea,* 38 (abril de 1882), pp. 385-404; la de Vilanova en 39 (mayo de 1882), pp. 129-81; la de Saavedra, 42 (noviembre de 1882), pp. 157-85; Figuerola, 45 (1883), pp. 198-211; Pedregal, *ibíd.,* pp. 305-332. Las conferencias de los tres primeros se reunieron en el folleto *Curso de Historia universal,* Madrid, 1883.
[93] Véase la conferencia de Rodríguez Carracido en la *Revista Contemporánea,* 39 (mayo de 1882), pp. 5-24; la de Calderón en 40 (julio de 1882), pp. 129-56; Rodríguez Mourelo, 40 (agosto de 1882), pp. 275-311; Iñiguez, 41 (octubre de 1882), páginas 257-89; Laguna, *ibíd.,* pp. 385-402; Maestre, 45 (1883), pp. 417-43; Vicuña, 46 (1883), pp. 5-21; Castel, *ibíd.,* pp. 153-78. Las cinco primeras conferencias formaron el folleto *Curso de Ciencias Naturales,* Madrid, 1883.
[94] R. M. de Labra, *op. cit.,* p. 67.

CAPÍTULO VII

EL ATENEO HASTA LA REGENCIA (1882-1885)

Cuando los liberales de Sagasta relevan a los conservadores de Cánovas sin violencias ni represalias el 8 de febrero de 1881, se inicia de hecho el turno pacífico de los partidos políticos, que continuará funcionando hasta la muerte del jefe conservador en agosto de 1897 y que hará posible, al menos en la superficie, el período de paz más largo gozado por España en el siglo XIX. La estabilidad política de la Restauración está directamente relacionada con un período de prosperidad económica, debido en gran parte a los estragos de la filoxera en Francia, que permite a España monopolizar virtualmente el mercado mundial del vino. El gran incremento de las redes ferroviarias y la exportación de cultivos de regadío, con la industria vasca y catalana, cooperan también a este bienestar económico. Engañada por el espejismo político-económico de la Pax canovista, la España de la Restauración se da incluso aires de gran potencia, soñando imperios africanos.

La estabilidad política conseguida por la gran artimaña canovista del turno pacífico, sin embargo, por estar basada en una farsa electoral que aprueban apáticamente unas clases neutras despolitizadas, es una estabilidad inmoral que acabará desprestigiando a todo el sistema parlamentario. La oposición política denunciará la corrupción gubernamental a la vez que el desconocimiento de los graves problemas nacionales, y cuando las clases neutras vuelven a politizarse, abandonando la pasividad que mantiene el *status quo* canovista, se hace patente la artificialidad y endeblez de la estabilidad política de la Restauración. «La paz es un mal si representa la pereza de una raza, y su incapacidad para dar práctica solución a los fundamentales empeños del comer y del pensar —escribía Benito Pérez Galdós— siga el lenguaje de los bobos llamando paz a lo que en realidad es consunción y acabamiento» [1]. Despolitizadas

---

[1]   Benito Pérez Galdós, *Cánovas*, en *Obras Completas*, Madrid, 1941, vol. III, páginas 1376 y 1377.

por el bienestar económico del período 1876-86 y por reacción al revolucionario de 1868-73, las clases neutras empiezan a mobilizarse con la depresión económica iniciada en 1886 y agudizada con la aparición de la filoxera en 1892, reclamando reformas en el campo y en la industria. Las escuelas librecambista y proteccionista vuelven a medir sus armas, se denuncia la injusticia en el reparto de la propiedad rural (base de una Restauración oligárquica y caciquista), el atraso técnico, el capital extranjero, etc. Perdida la fidelidad pasiva que Cánovas necesitaba para continuar la historia de España, el espejismo de la Restauración se esfuma, y una generación dolorosamente consciente de su atraso con relación al resto de Europa busca vías de remedio. Como en épocas anteriores, el Ateneo de Madrid sirve de tribuna a la oposición, regeneracionista en este caso.

Un simple vistazo a las juntas que gobiernan el Ateneo de 1882 a finales de siglo revela un turno pacífico semejante al de la esfera política. Veíamos en el capítulo anterior que Cánovas, desplazado de la presidencia del Consejo de Ministros por Sagasta, se encargaba de pronunciar el discurso principal en la solemne velada necrológica organizada por el Ateneo en honor de Moreno Nieto, y que meses más tarde lo sucedía en el cargo presidencial. Elegido a fines de 1882, Cánovas presidió el Ateneo en 1883 y, de nuevo presidente del Consejo (18 de enero de 1884-25 de noviembre de 1885), en 1884. Segismundo Moret, ministro de la Gobernación con Posada Herrera (13 de octubre de 1883) y diputado en 1884, preside en 1885 y 1886, año en que desempeña la cartera de Estado en el Gobierno Sagasta (25 de noviembre de 1885-5 de julio de 1890). El vicepresidente ateneísta de 1885 y 1886, y ministro de Ultramar en el Gobierno Sagasta de 11 de enero de 1883, Gaspar Núñez de Arce, sucede a Moret en la presidencia ateneísta durante los años de 1887 y 1888. En junio de 1888, siendo Moret ministro de la Gobernación con Sagasta, el Ateneo elige a Cristino Martos para la presidencia de 1889. En diciembre de 1888, sin embargo, Martos renuncia al cargo, sucediéndole Cánovas, que gobierna simultáneamente al país (5 de julio de 1890-11 de diciembre de 1892) y al Ateneo (1889-1892). Como indican las fechas, las caídas política y ateneísta de Cánovas son también simultáneas; Sagasta vuelve a ocupar la presidencia del Consejo (11 de diciembre de 1892-23 de marzo de 1895) y Gumersindo de Azcárate, vicepresidente de la casa de 1887 a 1892, la del Ateneo (1893-1894). En 1895, 1896, 1897 y 1898 preside Moret, ministro de Fomento (1892), de Estado (1894) y de Ultramar (1897) con Sagasta, quien, habiendo sido desplazado por Cánovas de la presidencia del Consejo el 23 de marzo de 1895, ocupa su puesto político desde octubre de 1897 por el asesinato de Cánovas. Así, salvo el paréntesis del republicano centralista Azcárate, el Ateneo es presidido, en turno pacífico, por Cánovas y los sagastinos Moret y Núñez de Arce.

El curso de 1882-83 se inaugura con un discurso del presidente Cánovas sobre *el concepto de Nación* pronunciado el 6 de noviembre [2], debatiéndose a lo largo del año académico los siguientes temas: *La Sociología positivista* (sección de ciencias morales y políticas), *El Ideal universal* (literatura) y el *Estado actual de la ciencia frenopática en sus relaciones con el Derecho penal* (ciencias exactas, físicas y naturales) [3]. Las discusiones más animadas tuvieron lugar en esta última, debido a que las opiniones científicas estaban estrechamente ligadas a las políticas, interviniendo los doctores Esquerdo, Encinas, Vera, Escuder, Salinas, Tolosa Latour y Angel Pulido «contra los paladines de la derecha, abogados y teólogos en su mayoría» [4]. La Escuela frenopática española plantea el tema ateneísta desde todos los ángulos y con una vehemencia más parlamentaria que científica. Sus representantes, llamados por Rafael Chichón «diputados de la ciencia», revelaron una «ausencia de todo plan... impaciencia funestísima... lenguaje tan exaltado que raya en las lindes del sectario... exigencias irritantes por lo radicales... falta de flexibilidad y ductilidad en las polémicas... lastimando susceptibilidades personales o de cuerpos profesionales, o hiriendo los sentimientos religiosos en ataques rudos y violentos [5]. Resumió los debates el presidente Letamendi con un discurso titulado *La criminalidad ante la Ciencia,* leído por el doctor Angel Pulido [6].

Lo intolerable de las posiciones respectivas pone en entredicho la legendaria tolerancia ateneísta que, como antaño hicieran el duque de Rivas y Martínez de la Rosa, volvía a ser invocada por Cánovas del Castillo al recordar la

[2]   Véase la reseña de H. en la *Revista Contemporánea,* 42 (1882), pp. 105-108; también D. Ch., «Boletín bibliográfico», *Revista Contemporánea,* 53 (1884), pp. 378-82, y A. Maestre y Alonso, «El Ateneo de Madrid», *Revista de España,* 144 (1894), p. 172. Los discursos ateneístas de Cánovas son comentados por Juan Valera, *Discursos leídos ante la Real Academia de Ciencias Morales y Políticas...,* Madrid, 1904.

[3]   Formaban la Mesa de la sección de *literatura* Ramón de Campoamor (presidente), José Canalejas (vicepresidente), Adelardo Ortiz de Pinedo, José Pérez de Acevedo, Benedicto Antequera y José Pérez Cossío (secretarios); la de *ciencias morales y políticas* Urbano González Serrano (presidente), Juan Hinojosa (vicepresidente), Vicente Colorado, Carlos García Faria, Eduardo Sanz y Escartín y Felipe Pérez de Toro (secretarios), y la de *ciencias exactas, físicas y naturales* José de Letamendi (presidente), Cándido Sebastián (vicepresidente), Máximino Ruiz Díaz, Francisco Iñiguez e Iñiguez, Ramón Torres Insunza y Luis Miquel (secretarios).

[4]   Angel Pulido y Fernández, *Biografía de Letamendi,* p. 18 (citado por Tomás Carreras y Artau, *Estudios sobre médicos-filósofos españoles del siglo XIX,* Barcelona, 1952, p. 306.

[5]   Rafael Chichón, «Revista crítica — La Escuela española en el Ateneo», *Revista de España,* 94 (1883), p. 563.

[6]   T. Carreras y Artau, *op. cit.,* pp. 161 y 307. Letamendi era catedrático de Patología general en San Carlos desde 1878; había sido presidente del Ateneo de Barcelona durante el período revolucionario. Véanse los ataques de su alumno Pío Baroja en *Memorias,* Madrid, 1955, pp. 134-7, 143-6 y 616.

necesidad de convivencia en el Ateneo y, claro está, en la nación: «Forman ante todo las sociedades de esta índole centros de común recreo y de instrucción recíproca y voluntaria, pero suelen al propio tiempo serlo de libre aunque irregular elaboración científica. Ellas están constituidas, no ya por estudiosos de obligación, sino por hombres hechos, independientes, bastante duchos en la vida y en la ciencia y arte de vivir, así como en el conocimiento concreto de las cuestiones capitales que al presente se agitan, entregados ya, en fin, sobre bajeles diversos, al oleaje tempestuoso de los tiempos; motivos por los cuales deben reputarse hoy en día por indispensables órganos de la existencia social. Porque en ellas comparecen, se miden, chocan, batallan todas las ideas sin excepción, por lo que la intolerancia misma de los encontrados sistemas teóricos reclama, y conquista a la postre, la tolerancia práctica; en ellas se aprende así una cosa cual otra ninguna necesaria en nuestra época, a saber, que aquél que en la doctrina es adversario, no es ni debe por eso ser enemigo personal; en ellas, sucesiva y seguramente, se pule el carácter, el entendimiento se afina, a la par que se acrecienta en extensión y alcance, de día en día; realízase en ellas, por conclusión, un fructuoso cambio y comercio libre de los respectivos conocimientos, de las opiniones opuestas que nacen sobre cualquier cuestión, de los efectos del vario punto de vista desde donde cabe contemplar las cosas según las consecutivas edades o circunstancias diversas de la vida humana: cambio y comercio éste en que no hay duda que, sin que se empobrezca nadie, todos se hacen más ricos a un tiempo» [7]. Si en estas líneas no puede reconocerse el Ateneo de la calle de la Montera, se observan, sin embargo, los deseos de convivencia política por que abogaba Cánovas. Su descripción de un Ateneo utópico corresponde a una visión política del mismo signo.

En 1882-83 se dan en el Ateneo los siguientes cursos: *Inglés* y *Alemán,* por Schutz (Unamuno asistió a la segunda cátedra) [8]; *Árabe,* por Bonelli, conocido africanista que en 1884 encabezaría una expedición a Río de Oro; *Latín,* por Vilar; *Prácticas del régimen parlamentario,* por Azcárate; *Deficiencia de la enseñanza del Derecho,* por Lastres; *Los problemas más arduos de la Física moderna,* por Serrano Fatigati; *El deber nacional,* por López Muñoz; *Coaliciones políticas,* por Gabriel Rodríguez y Manuel Pedregal; *Derecho administrativo,* por Pintado; *La justicia en el impuesto,* por Raimundo Fernández Villaverde [9]; *Los novísimos descubrimientos arqueológicos en la Troade, Itaca y Pérgamo,* por Rada y Delgado; *Versión de los sonidos,* por Vicuña;

---

[7] A. Cánovas del Castillo, prólogo a las *Obras de don Manuel de la Revilla,* Madrid, 1883, p. XII.

[8] M. de Unamuno, «La evolución del Ateneo de Madrid», en *Mi vida y otros recuerdos personales* (1889-1916), Buenos Aires, 1959, vol. I, p. 186.

[9] Véanse estas tres conferencias en la *Revista Contemporánea,* 44 (1883), pp. 257-73; 45 (1883), pp. 28-39.

Las consecuencias en la Política, por Rodríguez Carracido; *Ocupación en Santa Cruz de Mar Pequeña,* por Pérez del Toro, uno de los temas del momento africanista. Recuérdese que 1883 es el año de fundación de la Sociedad Española de Africanistas y Colonistas y preámbulo de su famoso mitin en el Teatro de la Alhambra, donde intervinieron Gabriel Rodríguez, Azcárate, Saavedra, Carvajal y Joaquín Costa. Este organizó, el mismo año de 1883, el Congreso de Geografía colonial, trazando, además, el programa de política africana que debía seguir el Gobierno [10]; *Aspiraciones de la clase obrera,* por Laureano Figuerola; *Termodinámica,* por Rodríguez Mourelo; *Micrografía,* por Maestre; *Los administrados en España,* por Valero de Tornos; *Mecánica,* por Bosch; *Reformas monetarias,* por Cos Gayon; *Importancia agrícola del ramié,* por Utor; *Enseñanza de la Física,* por Escrich [11].

Las actividades del curso 1883-84 tuvieron lugar en el local ateneísta de la calle de la Montera y en el nuevo y suntuoso de la del Prado, donde se traslada definitivamente el Ateneo bajo la presidencia de Cánovas. Presidente de la casa y del Consejo de Ministros, Cánovas inaugura el nuevo edificio con un solemne discurso, escuchado, entre otros, por el rey Alfonso XII. «Hubo momentos de peligro, sólo salvados por la gran autoridad de don Antonio —recuerda el conde de Romanones—; el auditorio se hallaba compuesto por gentes poco entusiastas de la Restauración... Esto lo sabía el rey, y el temor a alguna manifestación de hostilidad le impresionó en demasía» [12]. Luis Morote escribe que «no se le hizo ningún desaire al soberano porque los ateneístas son espejo de cortesía, pero muchos, deliberadamente, se retrajeron de asistir a la fiesta por no rendir pleitesía a un rey que lo era de los monárquicos, pero no de los republicanos. Yo recuerdo muy bien que un periodista, corresponsal de un periódico republicano de Valencia, que después fue Gobernador de provincia bajo la Monarquía, soltó una carcajada sonora cuando Cánovas decíale al rey, padre del actual soberano, que el Ateneo consideraba como una gran honra su visita» [13].

[10] Véase Manuel Ciges Aparicio, *Joaquín Costa, el gran fracasado,* Madrid, 1930, pp. 94, 95, 96 y 99. También Tomás García Figueras, *La acción africana de España en torno al 98* (1860-1912), Madrid, 1966, vol. I, especialmente los capítulos VI, VII, X y XI.

[11] Rafael María de Labra, *El Ateneo (1835-1905). Notas históricas,* Madrid, 1906, p. 68.

[12] Conde de Romanones, *Notas de una vida,* Madrid, 1928, vol. I, p. 46.

[13] Luis Morote y Creus, *El Ateneo de Madrid... Labra en Palacio,* Madrid, s. a., p. 3. Véase el discurso de Cánovas (31 de enero de 1884) en *Discursos leídos en el Ateneo científico, literario y artístico de Madrid con motivo de la apertura del curso de 1884,* Madrid, 1884; reseña del conde de las Almenas en la *Revista de España,* 97 (1884), p. 124. La obra citada contiene además los discursos de Laureano Calderón, Manuel Cañete y Francisco Fernández de Henestrosa, inaugurando sus respectivas secciones. Véase la reacción de la prensa ante la inauguración del nuevo edificio ateneísta en V. García Martí, *El Ateneo de Madrid (1835-1935),* Madrid, 1948, pp. 169-184.

Rafael Chichón, cronista de la *Revista de España* y secretario 2.º de la sección de *ciencias morales y políticas* del Ateneo, reseña minuciosamente los pormenores ateneístas del curso 1883-84. Francisco Silvela había sido elegido presidente de esta sección, pero con la subida al poder del partido conservador (18 de enero de 1884), renunció al cargo y pasó a desempeñar la cartera ministerial de Gracia y Justicia en el Gobierno de Cánovas. Siguiendo su ejemplo, y la tradición de la casa en épocas de transición, «los soldados y oficiales de la derecha abandonaron los escaños del Ateneo para ocupar puestos más sabrosos en la alta administración. Quedó dueña del campo la izquierda, y trocada su posición estratégica de defensiva en ofensiva» [14]. El tema de debate eran las *Condiciones necesarias en todo gobierno,* tema presentado por el secretario 1.º de la sección, Juan Reina, siguiendo «un discurso violentísimo de oposición al Gobierno actualmente constituido» de Torres Susunza, un alegato de Zahonero «acerca de la necesidad de resolver previamente el problema social para después dar solución al político», y una intervención de Luis Vidart. Azcárate, Pedregal y Carvajal atacaron las ideas anarquistas de Borrel, y Alvarado, Atienza, Burel, Vera, Morales Díaz y Alfredo Calderón defendieron los ideales democráticos frente a Fuentes, Reina, Torres Susunza, Puig, Pintado, el Padre Sánchez y Andrade. Intervino también Rafael Chichón [15] y resumió los debates Francisco Henestrosa, quien, con la ausencia de Silvela, había pasado de vicepresidente a presidir la sección.

Jaime Vera, secretario 1.º de la sección de *ciencias exactas, físicas y naturales* e «intrépido paladín del materialismo», expuso el tema, *¿Debe considerarse y estudiarse la Psicología como ciencia natural?,* «rompiendo las fronteras del campo reglamentario, [invadiendo] el terreno de la polémica, del ataque y la defensa; y con frase acerada, ímpetu y denuedo sin par, arremete contra los adversarios, excitándolos a la pelea» [16]. Al examinar las posiciones de los adversarios, continúa Chichón, «habla de la derecha, de la izquierda y del centro» [17]. Intervinieron en los debates Somoza, Miranda, Sanz Escartín, Rodríguez Mourelo, Azcárate, González Serrano, San Martín, Alonso Rubio, Pintado, Calvo Martín y Quintana, y resumió los debates el presidente Laureano Calderón [18].

[14] Rafael Chichón, «Revista crítica», *Revista de España,* 99 (1884), p. 471.
[15] Véase la Memoria de Juan Reina en la *Revista Contemporánea,* 50 (1884), pp. 193-210. La intervención de Chichón en *op. cit.,* pp. 472-78. La Mesa de la sección de *ciencias morales y políticas* estaba constituida, al iniciarse el curso 1883-84, por Francisco Silvela (presidente), Francisco Fernández de Henestrosa (vicepresidente), Juan Reina, Rafael Chichón, Alvaro Figueroa y Emilio Moreno Nieto (secretarios).
[16] R. Chichón, *op. cit.,* p. 455.
[17] *Ibíd.,* p. 456.
[18] Véanse los pormenores de los debates en R. Chichón, *op. cit.,* pp. 455-61, y la intervención de J. Rodríguez Mourelo, «Del método experimental en la Psicología», en la *Revista Contemporánea,* 51 (1884), pp. 385-400; 52 (1884), pp. 31-46. Componían

La sección de *literatura* debatió sobre *el teatro* con desgana y presenció un altercado desagradable entre dos de sus miembros. «En una de las sesiones —reseña Chichón— el señor Zahonero, cuyo temperamento genial es de todos conocido, hubo de negar la virtud de la crítica literaria, y creyéndose aludido y lastimado en la alusión el Presidente, Sr. Cañete, prodújose cierta tirantez de relaciones entre el orador y la presidencia, abandonando el sillón presidencial el académico de la lengua después de enojoso y vivo diálogo» [19]. Zahonero defendió en los debates que siguieron el naturalismo, especialmente el novelístico, mientras que el marqués de Figueroa defendió el realismo. Habló Alvaro Figueroa, futuro conde de Romanones, sobre el teatro de Shakespeare, y el Padre Sánchez, cuyos juicios fueron atacados por Luis Vidart. Esta sección careció del interés despertado por las otras dos.

La cátedra ofreció cursos de interés científico: *Los congresos científicos de 1883,* por Juan Vilanova; *Caracteres de la flora española,* por Máximo de la Laguna; *Principios generales de la Higiene,* por Aureliano Maestre de San Juan, catedrático de Histología y muy admirado por su estudiante Pío Baroja por haber sido vecino y amigo de Aviraneta [20]; *La Alquimia y los alquimistas,* por Rodríguez Carracido. El interés por temas geográficos en general mantuvo cátedras de *Topografía del Sudán,* por Eduardo Saavedra, y de *Civilización de los pueblos del mar Pacífico,* por Alejandro Palermo. El curso de José Ramón Mélida sobre *Religión del dogma y religión del culto en el antiguo Egipto* debía atraer a los africanistas, ya que uno de sus intereses era la apertura de una factoría en el Mar Rojo como punto de escala en la nueva ruta de Filipinas abierta por el canal de Suez, y tal y como empezaban los ateneístas sus proyectos, un conocimiento del tema explicado por Mélida sería bienvenido por muy abstracto que fuera [21]. Se trataron también temas literarios y artísticos: *Disertaciones sobre trozos de literatura griega,* por Manuel Marzo; *El naturalismo y el idealismo en las Vírgenes de Murillo,* por el crítico de *La Epoca,* Luis Alfonso; *Observaciones sobre el concepto del arte,* por Ceferino Araújo Sánchez [22]. No faltaron, claro está, los temas políticos: *Administración democrática,* por Anselmo Fuentes; *Historia de España en las postrimerías de la casa de Austria,* por Manuel Pedregal; *De cómo las ideas puramente teóricas*

la Mesa de la sección de *ciencias exactas, físicas y naturales* (1883-84) los señores Laureano Calderón (presidente), Pascual Vicents (vicepresidente), Jaime Vera, Francisco Iñiguez, César Chicote y Luis Miquel y Ruperto (secretarios).

[19] R. Chichón, *op. cit.,* pp. 461-62. Hasta el incidente, la Mesa de *literatura* estaba compuesta por Manuel Cañete (presidente), Federico Jiménez (vicepresidente), Jacinto Octavio Picón, Augusto Charro, Casto Iturralde y José Pérez Cossío (secretarios); a raíz del mismo, Jiménez substituyó a Cañete.

[20] Pío Baroja, *op. cit.,* p. 134.

[21] La conferencia de Mélida, reproducida en la *Revista de España,* 99 (1884), páginas 230-51, fue publicada con el título de *La religión egipcia* (Madrid, 1884).

[22] Conferencia reproducida en la *Revista Contemporánea,* 52 (1884), pp. 296-311.

de los economistas del siglo XVIII han sido realizadas en el XIX, por Segismundo Moret [23]. El abogado Francisco Lastres trató de *Sistemas penitenciarios,* siendo muy aplaudido al criticar la cárcel madrileña («El Saladero») y oído «con silencio, atención, agrado, pero sin asentimiento, sin aprobación», al elogiar el sistema penitenciario español» [24]. A los pocos días, el redactor de *El Progreso,* Julio Burel, anunció una «contra-conferencia... para rebatir las opiniones y juicios emitidos por el penalista Sr. Lastres», en la que censuró la Cárcel Modelo y su Reglamento, no sin advertir que sus ataques no estaban inspirados «en odios de partidos» [25].

El curso de 1884-85 se inicia con la aprobación de un nuevo *Reglamento* (29 de octubre de 1884) que añade dos secciones, *Ciencias históricas y geográficas* y *Bellas Artes o Artes plásticas,* a las tres que ya conocemos. Moret pronuncia el discurso presidencial de apertura de cátedras sobre el *Estado actual de los estudios de Ciencias naturales* [26], organizándose las enseñanzas de la siguiente manera: *Don Alvaro Navia y Osorio, vizconde del Puerto y marqués de Santa Cruz de Marcenado,* por Luis Vidart; *La última Exposición de Amsterdam,* por Enrique Serrano Fatigati; *Estado actual de la Biología,* por José Rodríguez Carracido; *La Universidad en Alemania,* por Laureano Calderón, tal vez envidiándola su serenidad desde un Madrid que acaba de ver los sucesos universitarios de la Santa Isabel [27]; *Las grandes conquistas de la medicina,* por Angel Pulido; *Congreso higiénico de Londres de 1884,* por Rebolledo; *El [pésimo] estado actual del material de la Marina de guerra española,* por Auñón (tema de preocupación en los años que anteceden el Desastre); *La Marina de guerra en Europa (buques de guerra y su organización),* por Federico Ardois; *Los resultados obtenidos por el aparato apellidado el Marfógeno para la producción artificial de tejidos organizados,* por su inventor, García Díaz; *Hacienda nacional y Crédito público,* por Anselmo Fuentes; *Historia y estado actual de la reforma aduanera y de los tratados de comercio,* por Gabriel Rodríguez; *La electricidad como motor,* por Eduardo Echegaray;

[23] Véase el extracto de la primera conferencia en la *Revista de España,* 99 (1884), pp. 310-314.
[24] *Ibíd.,* p. 315.
[25] *Ibíd.,* Las cátedras del curso 1883-84 están tomadas de R. M. de Labra, *op. cit.,* p. 73.
[26] Véase la reseña de Orlando, «Revista literaria — La oratoria del señor Moret y su discurso en la apertura del Ateneo», *Revista de España,* 101 (1884), pp. 304-315.
[27] A raíz del discurso del catedrático de Historia universal, Miguel Morayta, en la inauguración del curso universitario de 1884-85, que el obispo de Avila y el vicario capitular de Toledo consideraron herético, los estudiantes católicos se enfrentaron con los liberales. El gobernador civil, Raimundo Fernández Villaverde, reprimió con demasiada dureza una manifestación de los últimos, el catedrático de Medicina Alejandro San Martín fue arrestado, y el rector, Francisco de la Pisa Pajares, dimitió del cargo. Estos sucesos, ocurridos en noviembre de 1884, se conocen con el nombre de la Santa Isabel.

La navegación aerostática (dirección de los globos), por Enrique Fernández Villaverde. Las epidemias coléricas que azotan Europa en este año son objeto de conferencias ateneístas. El doctor Hauser da una conferencia sobre *El suelo y la casa en relación con las enfermedades;* Alejandro San Martín otra sobre *El Cólera: caracteres generales de las epidemias; medidas preventivas;* Antonio Mendoza habla de *El parasitismo en el cólera,* y Amalio Jimeno defiende *La inoculación preventiva contra el cólera según el método del Doctor Ferrán.* Por último, Escriche trata de los *Parques geográficos,* y Pérez de Rozas de *La riqueza territorial de España en sus relaciones con el Fisco, ocultaciones y modo de descubrirlas, sistema para formar el catastro.*

Labra menciona casi todas las conferencias citadas y añade otras de gran interés, que en algunos casos no hemos podido comprobar: las africanistas de Víctor Concas, *Los intereses de España en la sultanía de Joló;* Carlos Espinosa de los Monteros, *Expedición militar inglesa al Nilo,* y Joaquín Costa, *España en Africa,* publicada esta última con el título de «España en el Sahara» en la *Revista de Geografía Comercial,* I (1885). Costa establecía la necesidad de adquirir y ocupar la costa del Sahara. Menciona también Labra las siguientes: *España y Francia en el siglo XVIII,* por Joaquín Maldonado Macanaz; *Antecedentes de las Conferencias de Berlín,* por Juan Pérez de Acevedo; *Las Islas Filipinas,* por Govantes; *La reforma electoral inglesa,* por G. de Azcárate, y *Caracteres de la democracia moderna,* por Emilio Nieto [28].

Por el Real Decreto de 5 de diciembre de 1883 se había creado una Comisión de Reformas sociales para estudiar todas las cuestiones que pudieran interesar la mejora de las clases obreras, agrícolas e industriales, las relaciones entre el capital y el trabajo, etc. La Comisión, iniciativa de Moret y refrendada por él mismo como ministro de la Gobernación del Gobierno de Posada Herrera, es el primer intento serio de dar solución a la cuestión social, pues el proyecto del ministro de Fomento Francisco Luján, en 1855, de crear una comisión que estudiara las causas de los conflictos entre fabricantes y obreros industriales no llegó a ser votado. En 1885, Moret preside la Comisión y el Ateneo, y Gumersindo de Azcárate, secretario general de la Comisión, preside la sección de *ciencias morales y políticas* del Ateneo que discute un *Cuestionario de la Comisión de Reformas sociales,* del que es autor don Gumersindo. Parece ser que el Cuestionario constaba de treinta y dos temas y que el Ateneo

---

[28] Complementamos los datos de Antonio Maestre y Alonso, «Ateneo de Madrid — Conferencias públicas del curso de 1884 a 85», *Revista de España,* 106 (1885), pp. 446 y siguientes; 107 (1885), pp. 625-41, con R. M. de Labra, *op. cit.,* p. 74. Véase también Orlando, «El último curso del Ateneo» (1884-85), *Revista de España,* 105 (1885), pp. 135 y siguientes. Las conferencias de Joaquín Maldonado Macanaz se encuentran reproducidas en la *Revista de España,* 108 (1886), pp. 481-93; 109 (1886), pp. 5-26 y 161-75.

designó a otros tantos socios para que emitieran dictamen sobre cada uno de ellos. Los temas o preguntas, que luego se sometieron a debate, fueron éstos: Gremios. Huelgas. Jurados mixtos. Asociación. Inválidos del trabajo. Condición económica de los obreros. Industrias domésticas. Condición moral de los obreros. Condición de la familia obrera. Condición social y política de la clase obrera. Salario. Participación en los beneficios. Horas de trabajo. Trabajo de las mujeres. Trabajo de los niños. Cultivo de la tierra. Obreros agrícolas. Labriegos propietarios. Aparcería. Arrendamiento de fincas rústicas. Instituciones censuales. Crédito territorial. Crédito agrícola. Bienes comunales. Montes públicos. Instituciones de previsión, de crédito y de seguros. Beneficencia. Emigración. Sucesión hereditaria. Impuestos. Industrias explotadas por el Estado. Obras públicas [29].

En el mismo curso la sección de *literatura* debatió sobre *Las relaciones entre la ciencia y la poesía,* tema presentado por el secretario 1.º, Carlos Fernández Shaw [30]. La sección de *ciencias exactas, físicas y naturales* sometió a debate *Si existen relaciones positivas entre las fuerzas físicas y las psíquicas,* la de *ciencias históricas* trató de *La influencia de las razas semíticas en la civilización occidental,* y la de *bellas artes* inauguró solemnemente sus sesiones el 10 de diciembre de 1884 con un discurso de su presidente, el maestro Emilio Arrieta, y otro de Gabriel Rodríguez, *Consideraciones generales sobre el origen y naturaleza de la música,* ilustrado por las señoritas Ortiz, Lorenzo y Guidotti, acompañadas al piano por Inzenga y por el pianista González de la Oliva, el violoncelista Gerner y el violinista Tragó. La sesión era una fiel copia de las realizadas en la Institución Libre de Enseñanza por Gabriel Rodríguez e Inzenga [31].

[29]   Rafael Chichón, *op. cit.,* p. 478. Véase el informe de J. Rodríguez Mourelo, «Horas de trabajo», *Revista Contemporánea,* 57 (1885), pp. 196-213, 325-35 y 423-31; el de Benedicto Antequera, «Tema X», en la *Revista Contemporánea,* 58 (1885), páginas 188-210, 269-92. Enrique Borrel presentó un informe sobre *El salario.* Mesa de la sección de *ciencias morales y políticas* en 1885; Gumersindo de Azcárate (presidente), Juan Alvarado (vicepresidente), Benedicto Antequera, Alvaro Figueroa, Emilio Moreno Nieto y José Cánovas (secretarios).

[30]   Véase la Memoria (1 de diciembre de 1884) en la *Revista Contemporánea,* 55 (1885), pp. 5-38. «Obligado lector en las veladas del Ateneo [Fernández Shaw] prometía tales frutos... que ya en el Ateneo, por personas doctas, llamábasele la perlita de la casa...» [Rafael Chichón, «Revista crítica», *Revista de España,* 94 (1883), p. 273]. Mesa de *literatura* en 1885; José Echegaray (presidente), Jacinto Octavio Picón (vicepresidente), Carlos Fernández Shaw, Fernando Maldonado, José Pérez Cossío y Eugenio Silvela (secretarios).

[31]   Véase F. B. N. [Felipe Benicio Navarro], «Revista artística — Inauguración de la sección de Bellas Artes en el Ateneo de Madrid», *Revista de España,* 101 (1884), pp. 617-27. En 1885, las Mesas de las secciones de *ciencias exactas, físicas y naturales, ciencias históricas* y *bellas artes* estaban compuestas por los siguientes socios: *Exactas,* Laureano Calderón (presidente), Pascual Vincent (vicepresidente), Manuel Tolosa Latour, Francisco Iñiguez, Fernando Alarcón y Francisco Chávarri (secretarios); *Históricas,* Eduardo Saavedra (presidente), Francisco Codera (vicepresidente), Eduardo de Hinojosa,

En otoño de 1885 España recibe la asoladora visita del cólera morbo (120.000 víctimas), apellidado «el terrible huésped del Ganges», y la sección de *ciencias exactas, físicas y naturales* organiza unas sesiones dedicadas al esclarecimiento de *La profilaxis anticolérica del Doctor Ferrán,* en que intervinieron Máximo de la Laguna (presidente), Francisco de P. Arrillaga (vicepresidente), Santero, Pulido, Simarro, Ovilo, Fernández Caro, Cortezo, Grinda, Taus y Quintana [32]. En diciembre del mismo año se producen movimientos sísmicos en las provincias de Málaga y Granada y el Ateneo escucha dos conferencias sobre el tema, *Los terremotos de Andalucía,* por Macpherson, y *Tendencia y organización actual de los estudios seismológicos,* por Abella [33].

Con la muerte de Alfonso XII (25 de noviembre de 1885) se abre el período de la Regencia de María Cristina, que durará hasta mayo de 1902. Hacia 1886 se inicia una depresión económica de consecuencias políticas importantes: politizadas las llamadas «clases neutras», el sistema canovista pierde el equilibrio. El problema cubano culminará en el Desastre español. Los últimos quince años del XIX son, para España, años amargos. En cátedras y debates, colérico y compasivo, el socio ateneísta buscará soluciones a unos problemas que, por abandono (y por así decirlo), le vienen grandes.

Victoriano de la Cuesta, Fernando Maldonado, y Fernando Alarcón (secretarios); *Bellas Artes,* Emilio Arrieta (presidente), Luis de Landecho (vicepresidente), Aureliano de Beruete, José Rodríguez Mourelo, Miguel Aguirre y José González Oliva (secretarios). En 1886, esta última sección la formaron Arrieta (presidente), Aureliano de Beruete (vicepresidente), José González Oliva, Salvador Rueda Santos y Augusto Moreno Nieto (secretarios).

[32]   Véase A. Maestre y Alonso, *op. cit.* Mesa de la sección de *ciencias exactas* en 1886: Máximo de la Laguna (presidente), Francisco de P. Arrillaga (vicepresidente), Manuel Antón Ferrándiz, Fernando Alarcón Herrera, Francisco Chávarri y José Hurtado de Mendoza (secretarios).

[33]   *Ibíd.*

BIBLIOGRAFIA

A., M., "Lecciones de Derecho Político Constitucional por don Antonio Alcalá Galiano", *Revista de Madrid,* 2.ª época, II (1844), pp. 217-232.

ALAS, LEOPOLDO, y ARMANDO PALACIO VALDÉS, *La literatura en 1881,* Madrid, 1882.

ALAS, LEOPOLDO, "Crónica literaria — Discursos", *Arte y Letras,* 10 (junio de 1883), pp. 74-5.

—, *Folletos literarios,* II, Madrid, 1887; IV, Madrid, 1888; V, Madrid, 1889.

ALBORNOZ, ALVARO DE, *El partido republicano,* Madrid, 1918.

ALCALÁ GALIANO, ANTONIO (hijo), *Memorias de don Antonio Alcalá Galiano,* Madrid, 1886 (dos volúmenes).

ALCALÁ GALIANO, ANTONIO, *Recuerdos de un anciano,* Madrid, 1890.

ALCALÁ GALIANO, JOSÉ, "¿Se halla en decadencia el teatro español? Si se halla, ¿por qué medios pudiera procurarse su regeneración?" (Memoria leída en el Ateneo de Madrid), *Revista Contemporánea,* 2 (1876), pp. 467-493.

ALMENAS, CONDE DE LAS, "Discurso del Sr. Cánovas del Castillo en la inauguración del nuevo Ateneo de Madrid", *Revista de España,* 97 (1884), pp. 124-134.

ALONSO CORTÉS, NARCISO, "Clarín" y el *Madrid Cómico, Archivum,* II (1952), pp. 43-61.

ALVAREZ, FERNANDO, "Memoria leída por el Secretario del Ateneo científico y literario de Madrid el día 29 de diciembre de 1842", *Revista de Madrid,* 3.ª serie, IV (1842), pp. 87-102.

ANTEQUERA, BENEDICTO, "Memoria sobre el Tema X del cuestionario de la Comisión para la mejora de las clases obreras", *Revista Contemporánea,* 58 (1885), pp. 188-210, 269-292.

APRÁIZ, JULIÁN, *Colección de discursos y artículos,* II, Vitoria, 1889.

ARANGUREN, JOSÉ LUIS, *Obras,* Madrid, 1965.

ARAQUISTAIN, LUIS, *El pensamiento español contemporáneo,* Buenos Aires, 1962.

ARAÚJO COSTA, LUIS, *Biografía del Ateneo de Madrid,* Madrid, 1949.

ARAÚJO SÁNCHEZ, CEFERINO, "Observaciones sobre el concepto del arte" (Conferencia), *Revista Contemporánea,* 52 (1884), pp. 296-311.

ARGÜELLES, AGUSTÍN DE, *De 1820 a 1824,* Madrid, 1864.

ARTILES RODRÍGUEZ, JENARO, "De la época romántica: Larra y el Ateneo", *Revista de la Biblioteca, Archivo y Museo,* 8 (1931), pp. 137-151.

ARTOLA, MIGUEL, "Estudio preliminar", *Memorias de tiempos de Fernando VII,* dos volúmenes, Madrid, 1957.

—, *Obras publicadas e inéditas de don Gaspar Melchor de Jovellanos,* tres volúmenes, Madrid, 1951-1956.

ASOCIACIÓN PARA LA REFORMA DE LOS ARANCELES DE ADUANAS, *Conferencias libre-cambistas. Discursos pronunciados en el Ateneo científico y literario de Madrid por varios individuos de la Asociación... en el curso de 1862 a 1863,* Madrid, 1863.

ATENEO ESPAÑOL DE MADRID, *Observaciones sobre el proyecto del Código penal,* Madrid, 1821.

ATENEO CIENTÍFICO, LITERARIO Y ARTÍSTICO DE MADRID, *Catálogo de las obras existentes en la Biblioteca del Ateneo,* Madrid, 1858.

—, *Estatutos — Lista de los socios,* Madrid, 1861.

—, *Catálogo de las obras existentes en la Biblioteca del Ateneo de Madrid,* Madrid, 1873.

—, *Boletín del Ateneo* (marzo, 1877-febrero, 1878).

—, *El Ateneo de Madrid en el centenario de Calderón. Disertaciones, poesías y discursos...,* Madrid, 1881.

—, *Velada en honor del Excmo. e Ilmo. Señor Don José Moreno Nieto celebrada por el Ateneo científico, literario y artístico de Madrid el 4 de marzo de 1882,* Madrid, 1882.

—, *Discursos académicos del Ilmo. Señor Don José Moreno Nieto, precedidos de un discurso sobre su vida y obras del Excmo. Señor Don Antonio Cánovas del Castillo.* Publícalos el Ateneo de Madrid, Madrid, 1882.

—, *Obras de don Manuel de la Revilla,* Madrid, 1883.

—, *Curso de Ciencias naturales,* Madrid, 1883.

—, *Curso de Historia universal,* Madrid, 1883.

—, *Discursos leídos en el Ateneo científico, literario y artístico de Madrid, con motivo de la apertura del curso de 1884,* Madrid, 1884.

AZAÑA, MANUEL, "Tres generaciones del Ateneo", *La invención del Quijote y otros ensayos,* Madrid, 1934.

Azcárate, Gumersindo de, "El positivismo en el Ateneo de Madrid", *Revista Contemporánea*, 3 (1876), pp. 350-67.

—, "El positivismo y la civilización", *Revista Contemporánea*, 4 (1876), pp. 230-50, 465-499.

—, *Minuta de un testamento*, Madrid, 1876.

—, *El Self-Government y la Monarquía doctrinaria*, Madrid, 1877.

—, *Estudios filosóficos y políticos*, Madrid, 1877.

—, "El problema social", *Revista de España*, 64 (1878), pp. 433-455; 65 (1878), pp. 5-19, 145-167, 288-319, 433-449; 66 (1879), pp. 5-23.

—, *Necrología del Excmo. Señor Don Laureano Figuerola*, Madrid, 1910.

Baroja, Pío, "Tres generaciones", *Obras completas*, V, Madrid, 1948.

—, *Memorias*, Madrid, 1955.

Benicio Navarro, Felipe, "Crónica bibliográfica — El Ateneo de Madrid. Sus orígenes, desenvolvimiento, representación y porvenir, por don Rafael M. de Labra, Madrid, 1878", *Revista de España*, 66 (1879), pp. 281-282.

—, "Revista artística.—Inauguración de la sección de Bellas Artes del Ateneo", *Revista de España*, 101 (1884), pp. 617-627.

Bentham, Jérémie, *Essais sur la situation politique de l'Espagne*, Paris, 1823.

Berkowitz, H. Chonon, *Pérez Galdós, Spanish Liberal Crusader*, Madison, 1948.

Blanco García, P. Francisco, *La literatura española en el siglo XIX*, I, Madrid, 1891.

Blasco, Eusebio, *Mis contemporáneos (Semblanzas varias)*, Madrid, 1886.

—, *Obras completas*, IV, Madrid, 1904; XVII, Madrid, 1905.

"Boletín de las Asociaciones científicas y artísticas — Ateneo científico y literario", *Revista Europea*, 3 (1874-75), pp. 158-159; 4 (1875), pp. 115-119, 194-199, 273-4, 318-320, 400, 475-479; 7 (1876), pp. 237-239; 8 (1876), pp. 671-672, 702-704, 733-736, 767-768, 798-800, 829-831, 862-864; 9 (1877), pp. 92-94, 159-60, 189-190.

Borrel, Enrique, *El salario. Memoria leída en el Ateneo de Madrid*, Madrid, 1884.

Buckle, Henry Thomas, "Outlines of the History of the Spanish intellect from the Fifth to the middle of the nineteenth century", en *History of civilization in England*, II, Londres, 1861.

Caballero, Fermín, "Vida del Excmo. Señor Don Joaquín María López", en *Colección de discursos parlamentarios, defensas forenses y producciones literarias de don Joaquín María López*, VII, Madrid, 1857.

CADALSO, JOSÉ (véase Tamayo y Rubio, Juan).

CALDERÓN, LAUREANO, "Concepto de la materia" (Conferencia), *Revista Contemporánea,* 40 (1882), pp. 129-56.

CAMINERO, FRANCISCO, "Examen crítico del Krausismo", *Revista de España,* 10 (1869), pp. 254-272, 416-448; 12 (1870), pp. 116-134, 557-570; 13 (1870), pp. 270-290, 421-428; 14 (1870), pp. 69-88.

CAMPOAMOR, RAMÓN DE, *Obras completas,* II, Madrid, 1901. "La velada de Campoamor en el Ateneo", *Revista Contemporánea,* 50 (1884), pp. 72-89.

CAMPOS, JORGE, ed., *Obras completas de don José de Espronceda,* Madrid, 1954.

CANALEJAS Y CASAS, FRANCISCO DE PAULA, *Principios filosóficos en que se funda el sistema de la libertad de comercio* (véase Asociación para la Reforma de los Aranceles de Aduanas).

—, *La poesía épica en la antigüedad y en la edad media* (discursos en el Ateneo), Madrid, 1869.

—, *Estudios críticos de Filosofía, Política y Literatura,* Madrid, 1872.

—, "La poesía dramática en España", *Revista Europea,* 7 (1876), páginas 546-557.

—, "Del estado actual de la poesía lírica en España", *Revista Europea,* 8 (1876), pp. 801-810.

CANALEJAS Y MÉNDEZ, JOSÉ, *El partido liberal; conversaciones,* Madrid, 1912.

CÁNOVAS DEL CASTILLO, ANTONIO, *El Solitario y su tiempo. — Biografía de don Serafín Estébanez Calderón y crítica de sus obras,* I, Madrid, 1883.

—, "La política y la oratoria en general, y con aplicación a España; a propósito de dos libros de don Arcadio Roda, intitulado el uno "Los oradores griegos", y el otro "Los oradores romanos", *Revista Contemporánea,* 44 (1883), pp. 129-150.

—, *La cuestión de Roma bajo su aspecto universal, y la supremacía germánica en Europa desde la guerra franco-prusiana,* Madrid, 1870.

—, *El pesimismo y el optimismo en relación con los problemas de la época actual,* Madrid, 1871.

—, *Relaciones del problema religioso con el político, con el económico, con el socialista y con el moral,* Madrid, 1872.

—, *La libertad y el progreso en el mundo moderno,* Madrid, 1872.

—, *Estudio sobre el concepto de Nación,* Madrid, 1882.

—, *De los cursos y maestros que más han enriquecido desde la cátedra del Ateneo la cultura española,* Madrid, 1884.

CÁRDENAS, F. DE, "Cursos públicos. — Lecciones de elocuencia forense y parlamentaria pronunciadas en el Ateneo por don Fernando Corradi", *Revista de Madrid*, 2.ª época, II (1844), pp. 389-403.

CARR, RAYMOND, *Spain 1808-1939*, Oxford, 1966.

CARRERAS Y ARTÁU, TOMÁS, *Estudios sobre médicos-filósofos españoles del siglo XIX*, Barcelona, 1952.

CASA VALENCIA, CONDE DE, *Recuerdos de la juventud (de 1831 a 1854)*, Madrid, 1901.

CASALDUERO, JOAQUÍN, *Vida y obra de Galdós (1843-1920)*, Buenos Aires, 1943.

CASCALES MUÑOZ, JOSÉ, "Apuntes y materiales para la biografía de don José de Espronceda", *Revue Hispanique*, 23 (1910), pp. 5-108.

CASTEL, CARLOS, "La atmósfera" (Conferencia), *Revista Contemporánea*, 46 (1883), pp. 153-178.

CASTELAR, EMILIO, *La fórmula del progreso*, Madrid, 1858.

—, *El Socialismo, ¿es un signo de decaimiento de la sociedad o es un sistema de progreso?*, Madrid, 1859.

CASTRO, AMÉRICO, "Algunos aspectos del siglo XVIII", *Lengua, enseñanza y literatura*, Madrid, 1924.

CASTRO, FERNANDO DE, *Memoria testamentaria*, Madrid, 1874.

CASTRO Y SERRANO, JOSÉ DE, *Cuadros contemporáneos*, Madrid, 1871.

CH., D., "Boletín bibliográfico. — Problemas contemporáneos por don Antonio Cánovas del Castillo, tomo II...", *Revista Contemporánea*, 53 (1884), pp. 378-382.

CHAO ESPINA, ENRIQUE, *Pastor Díaz dentro del Romanticismo*, Madrid, 1949.

CHICHÓN, RAFAEL, "Revista crítica. Sección de Ciencias exactas, físicas y naturales. Ateneo", *Revista de España*, 94 (1883), pp. 418-423, 559-564.

—, "Notas críticas. Academias y Ateneos. Resumen de los trabajos llevados a cabo en cada una de las tres secciones del Ateneo de Madrid", *Revista de España*, 99 (1884), pp. 455-478.

CHINCHILLA, ANASTASIO, *Anales históricos de la medicina en general y biográfico-bibliográficos de la española en particular*, 4 vols., Valencia, 1841-46.

CIGES APARICIO, MANUEL, *Joaquín Costa, el gran fracasado*, Madrid, 1930.

CONDE GARGOLLO, ENRIQUE, "Martínez de la Rosa, escritor y político", *Insula*, 183 (1962), p. 12.

COS-GAYON, FERNANDO, "Discurso pronunciado por el Excmo. Señor Don Antonio Cánovas del Castillo el día 25 de noviembre de 1871 en el

Ateneo científico y literario de Madrid, con motivo de la apertura de sus cátedras", *Revista de España,* 25 (1872), pp. 631-632.

—, "Discurso pronunciado por el Excmo. Señor Don Antonio Cánovas del Castillo el día 26 de noviembre de 1872 en el Ateneo científico y literario de Madrid, con motivo de la apertura de sus cátedras", *Revista de España,* 29 (1872), pp. 565-572.

—, *Necrología del Excmo. Señor Don Antonio Cánovas del Castillo,* Madrid, 1898.

Cossío, MANUEL BARTOLOMÉ, "Guillermo Cifre", *Boletín de la Institución Libre de Enseñanza,* 32 (1908), pp. 289-291.

—, "Nota preliminar", *Obras completas de Francisco Giner,* III, Madrid, 1919.

—, *De su jornada,* Madrid, 1929.

JOAQUÍN COSTA, "España en el Sahara", *Revista de Geografía Comercial,* I (1885).

—, *Colectivismo agrario en España,* Madrid, 1898. "Joaquín Costa", *Boletín de la Institución Libre de Enseñanza,* 35 (1911), páginas 65-70.

DECOSTER, CYRUS C., *Obras desconocidas de Juan Valera,* Madrid, 1965.

DEFOURNEAUX, M., *Pablo de Olavide ou l'afrancesado,* Paris, 1959.

DEMERSON, GEORGES, *Don Juan Meléndez Valdés et son temps (1754-1817),* Paris, 1961.

DIDIER, CHARLES, "L'Espagne depuis 1830", *Revue des deux mondes,* 5 (1836), pp. 294-326.

DÍEZ DE TEJADA, JOSÉ, "El fundador del Ateneo de Madrid", *Revista Contemporánea,* 130 (1905), pp. 129-42.

DOMÍNGUEZ ORTIZ, ANTONIO, *La sociedad española en el siglo XVIII,* Madrid, 1955.

DONOSO CORTÉS, JUAN, "Revista literaria. — Curso de Historia de la civilización de España por don Fermín Gonzalo Morón", *Revista de Madrid,* 2.ª época, I (1843), pp. 190-208.

DURRIEU, XAVIER, "Mouvement intellectuel de l'Espagne", *Revue des deux mondes,* 6 (1844), pp. 925-981.

ECHEGARAY, JOSÉ, *Recuerdos,* 3 vols., Madrid, 1917.

EIRAS ROEL, ANTONIO, "La democracia socialista del ochocientos español", *Revista de Estudios políticos,* 109 (1960), pp. 131-158.

—, *El partido demócrata español (1849-1868),* Madrid, 1961.

ESPINA, ANTONIO, *Cánovas del Castillo,* Madrid, 1946.

ESPRONCEDA, JOSÉ DE, (véase Jorge Campos y José Moreno Villa).

FAGAN, LOUIS, *The Life of Sir Anthony Panizzi, K. C. B.,* Londres, 1880.

FERNÁNDEZ ALMAGRO, MELCHOR, *Historia política de la España contemporánea,* I, Madrid, 1956.

FERNÁNDEZ BREMÓN, JOSÉ, "Crónica general", *La Ilustración Española y Americana,* 22 (1878), p. 326.

FERNÁNDEZ DE CÓRDOVA, FERNANDO, *Mis memorias íntimas,* 3 vols., Madrid, 1886.

FERNÁNDEZ SHAW, CARLOS, "Relaciones entre la ciencia y la poesía" (Memoria ateneísta), *Revista Contemporánea,* 55 (1885), pp. 5-38.

FERNÁNDEZ VILLAVERDE, RAIMUNDO, "La justicia en el impuesto" (Conferencias), *Revista Contemporánea,* 44 (1883), pp. 257-73; 45 (1883), pp. 28-39.

FIGUEROLA, LAUREANO, "Los bárbaros" (Conferencia), *Revista Contemporánea,* 45 (1883), pp. 198-211.

—, *Necrología del Excmo. Señor Don Lope Gisbert y García Tornel,* Madrid, 1888.

G., J. A., "El Ateneo de Madrid", *Revista de España,* 13 (1870), páginas 316-320.

GANIVET, ANGEL, *Cartas finlandesas,* Madrid, 1905.

GARCÍA BLANCO, MANUEL, "Clarín y Unamuno", *Archivum,* II (1952), pp. 113-134.

GARCÍA FIGUERAS, TOMÁS, *La acción africana de España en torno al 98 (1860-1912),* 2 vols., Madrid, 1966.

GARCÍA MARTÍ, VICTORIANO, *El Ateneo de Madrid (1835-1935),* Madrid, 1948.

GARCÍA MERCADAL, J., *Historia del Romanticismo en España,* Barcelona, 1943.

GARCÍA PAVÓN, F., "Crítica literaria en la obra narrativa de Clarín", *Archivum,* II (1952), pp. 63-68.

GINER DE LOS RÍOS, FRANCISCO, "Salmerón", *Boletín de la Institución Libre de Enseñanza,* 35 (1911), pp. 89-93.

—, "En el centenario de Sanz del Río" por un discípulo (Giner), *Boletín...,* 38 (1914), pp. 225-231. "Datos biográficos", *Boletín,* 39 (1915), pp. 33-34. "El maestro de maestros", *Boletín,* 39 (1915), páginas 88-91

GINER DE LOS RÍOS, F., "El Ateneo y el señor Moreno Nieto", *Obras completas,* XV, Madrid, 1926.

GIRONELLA, GERVASIO, "Movimiento intelectual de España", *Revista de Madrid,* 2.ª serie, II (1839), pp. 355-361.

GÓMEZ, DIONISIO, *Carta sobre algunas opiniones expresadas en el Ateneo acerca de la doctrina de Krause,* Madrid, 1860.

Gómez de Arteche, José, *De la cooperación de los ingleses en la Guerra de la Independencia* (Conferencia), Barcelona, 1887.

Gómez Molleda, María Dolores, *Los reformadores de la España contemporánea*, Madrid, 1966.

González Serrano, U., "Crónica literaria. — Análisis del pensamiento racional por don Julián Sanz del Río", *Revista de España*, 60 (1878), pp. 555-563.

—, *Cuestiones contemporáneas*, Madrid, 1883.

—, "Bocetos filosóficos, VIII. — Moreno Nieto", *Revista Contemporánea*, 124 (1902), pp. 247-66.

Guillén Buzarán, J., "El Ateneo del ejército y de la armada", *Revista de España*, 22 (1871), p. 531.

H., "Boletín bibliográfico", *Revista Contemporánea*, 30 (1880), p. 229.

H., "Antonio Cánovas del Castillo. — Discurso pronunciado el día 6 de noviembre de 1882 en el Ateneo científico y literario de Madrid con motivo de la apertura de sus cátedras", *Revista Contemporánea*, 42 (1882), pp. 105-108.

H., artículo sobre el Ateneo Español de Madrid en *Revue Encyclopedique*, II (1822), pp. 429-431.

Hartzenbusch, Juan Eugenio, *Apuntes para un catálogo de periódicos madrileños desde el año 1661 al 1870*, Madrid, 1894.

—, *Bibliografía de Hartzenbusch*, Madrid, 1900.

—, *Ensayos poéticos y artículos en prosa, literarios y de costumbres*, Madrid, 1843.

—, "Apuntes sobre el carácter de la literatura contemporánea leídos en el Ateneo científico y literario de Madrid", *El Siglo Pintoresco*, III (1845-47), pp. 149 y sigts.

Hennessy, C. A. M., *La República federal en España, Pi y Margall y el movimiento republicano federal (1868-74)*, Madrid, 1967.

Herr, Richard, *The Eighteenth Century Revolution in Spain*. Princeton, N. J., 1958.

Hume, Martin, A. S., *Modern Spain (1788-1898)*, New York, 1909.

Instituto de Estudios Madrileños, *Madrid en sus diarios*, 3 vols., Madrid, 1961, 1965 y 1969.

Iñiguez e Iñiguez, Francisco, "Sistema del universo" (Conferencia), *Revista Contemporánea*, 41 (1882), pp. 257-289.

Iriarte, Joaquín, *Menéndez Pelayo y la filosofía española*, Madrid, 1947.

Jiménez, Alberto, *Ocaso y restauración*, México, 1948.

Jobit, Pierre, *Les éducateurs de l'Espagne contemporaine*, 2 vols., París, 1936.

JOVELLANOS, G. M. DE (véase Miguel Artola).

JURETSCHKE, HANS, ed., *Obras completas de Donoso Cortés,* I, Madrid, 1946.

—, *Vida, obra y pensamiento de Alberto Lista,* Madrid, 1951.

JUTGLAR BERNAUS, ANTONIO, *Federalismo y revolución, las ideas sociales de Pí y Margall,* Barcelona, 1966.

KENNY, C., "Spanish influence of Jeremy Bentham", *Law Quaterly,* XI, p. 48.

LABOA, JOSÉ SEBASTIÁN, *Doctrina canónica del doctor Villanueva, su actuación en el conflicto entre la Santa Sede y el Gobierno de España, 1820-1823,* Vitoria, 1957.

LABRA Y CADRANA, RAFAEL MARÍA DE, *La colonización en la historia,* 2 vols., Madrid, 1877.

—, *El Ateneo de Madrid: sus orígenes — desenvolvimiento, representación y porvenir.* Madrid, 1878. Obra previamente publicada en la *Revista Contemporánea,* VIII, XIII, XIV y XV (1877-1878).

—, *El problema colonial contemporáneo,* Madrid, s. a.

—, *El Ateneo: 1835-1905. — Notas históricas,* Madrid, 1906.

LAGUNA, MÁXIMO, "¿Qué son las plantas?" (Conferencia), *Revista Contemporánea,* 41 (1882), pp. 385-402.

LAMBERET, RENÉE, *Mouvements ouvriers et socialistes. L'Espagne,* Paris, 1953.

LARA Y PEDRAJA, ANTONIO ("Orlando"), "Revista literaria. — La oratoria del Sr. Moret y su discurso en la apertura del Ateneo", *Revista de España,* 101 (1884), pp. 304-315.

—, "Una recepción y una velada de Zorrilla en la Academia Española y en el Ateneo en honor de Víctor Hugo", *Revista de España,* 104 (1885), pp. 431-441.

—, "El último curso del Ateneo (1884-1885)", *Revista de España,* 105 (1885), pp. 135-143.

LARRA, MARIANO JOSÉ DE (véase Carlos Seco Serrano).

LASTRES, FRANCISCO, *Estudios sobre sistemas penitenciarios* (lecciones ateneístas), Madrid, 1875.

LE GENTIL, G., *Les revues littéraires de l'Espagne pendant la première moitié du XIXe siècle,* Paris, 1909.

LINARES RIVAS, AURELIANO, *La primera Cámara de la Restauración. — Retratos y semblanzas,* Madrid, 1878.

—, *Necrología del Excmo. Señor Don Fernando Cos-Gayon,* Madrid, 1899.

LISTA, ALBERTO, *Lecciones de Literatura española, esplicadas en el Ateneo Científico, Literario y Artístico de Madrid,* I, Madrid, 1853.

LLORENS CASTILLO, VICENTE, *Liberales y románticos; una emigración española en Inglaterra; 1823-1834,* México, 1954.

LLORENTE, J. A., *Noticia biográfica de don Juan Antonio Llorente, o memorias para la historia de su vida,* Paris, 1818.

LÓPEZ MORILLAS, J., *El Krausismo español,* México, 1956.

LÓPEZ PIÑERO, JOSÉ MARÍA, *Medicina y sociedad en la España del siglo XIX,* Madrid, 1964.

MADRID, ANTONIO DE, "Los retratos del Ateneo. — Unos días de vacaciones", *La Esfera* (11 de octubre de 1930), pp. 37-40.

MAESTRE DE SAN JUAN, AURELIANO, "Idea general de los organismos" (Conferencia), *Revista Contemporánea,* 45 (1883), pp. 417-443.

MAESTRE Y ALONSO, ANTONIO, "Ateneo de Madrid. — Conferencias públicas del Curso de 1884 a 1885", *Revista de España,* 107 (1885), pp. 625-641.

—, "Los presidentes del Ateneo", *Revista de España,* 135 (1891), páginas 95-117.

—, "El Ateneo de Madrid", *Revista de España,* 144 (1894), pp. 159-174.

MARCHAND, LESLIE A., *The Athenaeum; a mirror of Victorian culture,* Chapel Hill, N. C., 1941.

MARICHAL, JUAN, Reseña al libro de J. López-Morillas en la *Hispanic Review,* 26 (1958), pp. 334-340.

MARTÍN MORALES, ALFREDO, *Artículos políticos y literarios,* Habana, 1886.

MARTÍNEZ DE LA ROSA, FRANCISCO, "¿Cuál es el método o sistema preferible para escribir la Historia ", *Revista de Madrid,* 2.ª serie, II (1839), pp. 531-9.

—, "Del influjo de la religión cristiana en la literatura", *Revista de Madrid,* 1.ª serie, III (1839), pp. 139-146.

—, (véase también Carlos Seco Serrano).

MARVAUD, ANGEL, *La question sociale en Espagne,* Paris, 1910.

MAZADE, CHARLES DE, *L'Espagne moderne,* Paris, 1855.

MAURA GAMAZO, GABRIEL, *Recuerdos de mi vida,* Madrid, s. a.

MÉLIDA, JOSÉ RAMÓN, *La religión egipcia* (Conferencia), Madrid, 1884. Publicada también en la *Revista de España,* 99 (1884), pp. 230-251.

MÉNDEZ BEJARANO, MARIO, *Historia de la filosofía en España hasta el siglo XX,* Madrid, s. a.

MENÉNDEZ PELAYO, MARCELINO, *Historia de los heterodoxos españoles,* VI, Santander, 1948.

—, *La ciencia española*, I, Santander, 1953.

MÉRIMÉE, "L'Ecole romantique et L'Espagne au dix-neuvième siècle", *Bulletin de la Société Academique Franco-Hispano-Portugaise de Toulouse*, X (1890).

MESONERO ROMANOS, RAMÓN DE, *Manual de Madrid*, Madrid, 1831.

—, "Ateneo científico y literario", *Semanario Pintoresco Español* (1838), p. 758.

—, "Ateneo de Madrid", *Semanario Pintoresco Español* (1838), páginas 825-827.

—, "Sociedades literarias y artísticas. El Ateneo, El Liceo", *Semanario Pintoresco Español* (1838), pp. 425-427.

—, *Nuevo manual histórico-topográfico-estadístico y descripción de Madrid*, Madrid, 1854.

—, *Memorias de un setentón natural y vecino de Madrid*, II, Madrid, 1881.

MOLINS, MARQUÉS DE, *Discurso pronunciado... el día 18 de noviembre de 1874 en el Ateneo científico y literario de Madrid, con motivo de la apertura de sus cátedras*, Madrid, 1874.

—, *Obras*, II, Madrid, 1881.

MONTORO, RAFAEL, "Crónica del Ateneo", *Revista Contemporánea*, 2 (1876), pp. 121-130.

MORA, JOSÉ JOAQUÍN DE, trad., *Conseios que dirige à las cortes, y al pueblo español, Jeremías Bentham*, Madrid, 1820.

MORENO NIETO, JOSÉ, *Discurso pronunciado... el día 31 de octubre de 1878 en el Ateneo científico y literario de Madrid con motivo de la apertura de sus cátedras*, Madrid, 1878.

—, "Curso de Historia. — Primera conferencia", *Revista Contemporánea*, 38 (1882), pp. 385-404.

MORENO VILLA, JOSÉ, ed., *Espronceda, El diablo mundo*, Madrid, 1955.

MOROTE, L., "La historia corre para todos", *Boletín de la Institución Libre de Enseñanza*, 42 (1918), pp. 87-94.

MOROTE Y GREUS, LUIS, *El Ateneo de Madrid... Labra en palacio*, Madrid, s. a.

MORQUECHO Y RALMA (et al), *Impugnación de las doctrinas librecambistas profesadas en el Ateneo de Madrid durante el curso de 1861 a 1862, Colección de artículos*, Madrid, 1862.

N., "Crónica bibliográfica. — La Constitución inglesa y la política del continente, por Gumersindo de Azcárate, Madrid, 1878", *Revista de España*, 64 (1878). pp. 267-268.

Núñez de Arenas, Manuel, *L'Espagne des Lumières au Romantisme,* Paris, 1963.

Olivar-Bertrand, R., *Oratoria política y oradores del ochocientos,* Bahía Blanca, 1960.

Olmet, Luis Antón del, y Arturo García Carraffa, *Moret,* Madrid, 1913.

Olmet, Luis Antón del, y José de Torres Bernal, *Los grandes españoles. — Romanones,* Madrid, 1922.

"Orlando" (véase Antonio Lara y Pedraja).

Ortega y Gasset, José, *El Espectador,* VI, Madrid, 1961.

Ortí y Lara, Juan Manuel, *La Sofistería democrática o Examen de las lecciones de don Emilio Castelar acerca de la civilización en los cinco primeros siglos de la Iglesia,* Granada, 1861.

—, *Krause y sus discípulos convictos de panteísmo,* Madrid, 1864.

[Pacheco], "Estudios de Derecho penal. — Lecciones pronunciadas een el Ateneo de Madrid, por don Joaquín Francisco Pacheco", *Revista de Madrid,* 2.ª serie, II (1839), pp. 172-3.

Palacio Valdés, Armando, "Apuntes críticos", *Revista Europea,* 8 (1876,) pp. 633-635.

—, "Apuntes críticos", *Revista Europea,* 9 (1877), pp. 115-117.

—, "Los oradores del Ateneo", *Revista Europea,* 9 (1877), pp. 248-50, 281-3, 408-10, 470-2, 601-2, 631-2, 702-4, 765-7, 792-4; 10 (1877), pp. 725-7, 766-8, 769-8; 11 (1878), pp. 20-2, 120-5, 154-8. Reproducidos incompletamente en *Semblanzas literarias,* Madrid, 1908.

—, *La literatura en 1881,* Madrid, 1882 (véase Alas, L.).

Pastor Díaz, Nicomedes, "Los problemas del socialismo", en *Obras de Pastor Díaz,* IV, Madrid, 1867.

Pedregal y Cañedo, Manuel, "La colonización en la historia, de Rafael María de Labra", *Revista Europea,* 9 (1877), pp. 458-463.

—, "El feudalismo", (Conferencia), *Revista Contemporánea,* 45 (1883), pp. 305-332.

Peers, A., *A History of the Romantic Movement in Spain,* New York, 1964.

Pérez Galdós, Benito, *Prim,* Madrid, 1906.

—, *Cánovas (Obras completas,* III, Madrid, 1941).

—, *Doña Perfecta,* Madrid, 1964.

Pérez Mateos, Francisco ("León Roch"), *La villa y corte de Madrid en 1850,* Madrid, 1927.

Pérez Vidal, José, "Pérez Galdós y la Noche de San Daniel", *Revista Hispánica Moderna,* 17 (1951), pp. 94-110.

Pi y Margall, Francisco, *La reacción y la revolución*, Madrid, 1854.

Pidal, Pedro José, "Observaciones sobre la poesía dramática y en especial sobre el precepto de las unidades", *Revista de Madrid*, 1.ª serie, III (1839), pp. 340-353.

—, "Introducción a las lecciones pronunciadas en el Ateneo de Madrid sobre la Historia del Gobierno y de la Legislación de España", *Revista de Madrid*, 3.ª serie, I (1841), pp. 229-253.

—, *Lecciones sobre la Historia del Gobierno y de la Legislación de España (desde los tiempos primitivos hasta la Reconquista)*, Madrid, 1880.

Pijoan, J., *Mi don Francisco Giner (1906-1910)*, San José de Costa Rica, 1927.

Príncipe, M. A., *Poesías*, II, Madrid, 1840.

Pontón, vizconde del, *De la libertad política en Inglaterra desde 1845 hasta 1869* (lecciones ateneístas), Madrid, 1871.

Posada, Adolfo, *Leopoldo Alas 'Clarín'*, Oviedo, 1946.

Puigblanch, Antonio, *Opúsculos gramático-satíricos... contra el Doctor Joaquín Villanueva escritos en defensa propia en los que también se tratan materias de interés común*, 2 vols., Londres, 1832.

Quinet, Edgard, *Mes vacances en Espagne*, Paris, 1846.

R., L. de, "Don Julián Sanz del Río", *Revista de España*, 10 (1869), páginas 618-620.

Reina, Juan, "Condiciones necesarias en todo gobierno" (Memoria), *Revista Contemporánea*, 50 (1884), pp. 193-210.

Reus y Bahamonde, Emilio, "La oratoria como arte bello" (Memoria), *Revista Europea*, 10 (1877), pp. 741-53, 774-84, 801-809, 842-846.

Revilla, José de la, "Lecciones de Literatura española. — Ateneo de Madrid. — Cursos públicos. — Poesía", *Revista de Madrid*, 2.ª época, III (1844), pp. 265-299.

—, "Ateneo de Madrid. — Sección de Literatura. — Crónica", *Semanario Pintoresco Español* (1839), pp. 47-8, 79-80 y 87-88.

Revilla, Manuel de la, "El Neo-Kantismo en España. — Ensayos sobre el movimiento intelectual en Alemania, por don José del Perojo", *Revista de España*, 47 (1875), pp. 145-57.

—, "La cátedra de Prehistoria en el Ateneo", *Revista Europea*, 8 (1876), pp. 255-256.

—, "Revista crítica", *Revista Contemporánea*, I (1875-76), pp. 121-28, 246-7, 386-8, 523-6; II (1876), pp. 252-3, 383-6, 505-7; III (1876), pp. 125-7, 247-8, 383-4; IV (1876), pp. 122-4, 374-77; VI (1876), pp. 111, 366-9, 623-6, 754-9; VII (1877), pp. 157-8, 275-9, 411-5; VIII (1877), pp. 125-7, 374-6; IX (1877), pp. 115-7, 255-6, 383-4,

503-9; XII (1877), pp. 114-7, 244-6, 379-81, 507; XIII (1878), páginas 256, 375; XIV (1878), pp. 249-52, 375-6, 509; XV (1878), pp. 127-8, 383-4, 507-10; XVI (1878), pp. 127-8; XVII (1878), página 376; XVIII (1878), pp. 122-6; XIX (1879), pp. 382-4.

—, Zorrilla en el Ateneo de Madrid", *Críticas,* 2.ª serie, Burgos, 1885.

REVILLA, MANUEL G., *Cánovas y las letras,* Méjico, 1898.

RICART, R., "De Campomanes a Jovellanos. Les courants d'idées dans l'Espagne du XVIIIe siècle", *Les Lettres Romanes,* XI (1957), páginas 31-52.

ROBERT, ROBERTO, "El Ateneo por dentro", *La Ilustración de Madrid* (1871).

RODA, ARCADIO, *Los oradores griegos,* Madrid, 1874.

—, *Los oradores romanos,* Madrid, 1883.

RODRÍGUEZ CARRACIDO, JOSÉ, "Curso de Ciencias naturales. Primera conferencia", *Revista Contemporánea,* 39 (1882), pp. 5-24.

RODRÍGUEZ DE CAMPOMANES, PEDRO, *Discurso sobre el fomento de la industria,* Madrid, 1774.

—, *Discurso sobre la educación popular de los artesanos y su fomento,* Madrid, 1775.

RODRÍGUEZ MOURELO, JOSÉ, "Concepto de la energía" (Conferencia), *Revista Contemporánea,* 40 (1882), pp. 275-311.

—, "Del método experimental en la Psicología" (Conferencias), *Revista Contemporánea,* 51 (1884), pp. 385-400; 52 (1884), pp. 31-46.

—, "Horas de trabajo" (Memoria), *Revista Contemporánea,* 57 (1885), pp. 196-213, 325-335, 423-31.

RODRÍGUEZ VILLA, ANTONIO, ed., *Cartas político-económicas escritas por el conde de Campomanes al conde de Lerena,* Madrid, 1878.

ROMÁN LEAL, JOSÉ, *Filosofía social (Discursos pronunciados en el Ateneo científico y literario de Madrid,* Madrid, 1860.

ROMANONES, CONDE DE, *Notas de una vida,* I, Madrid, 1928.

RUBIO, CARLOS, *La teoría del progreso,* Madrid, 1859 (3.ª ed.).

RUIZ, L., "Dos palabras sobre el Krausismo", *Revista Europea,* 5 (1875), pp. 9-11.

RUIZ DE QUEVEDO, MANUEL, *Cuestión universitaria,* Madrid, 1876. "Don Manuel Ruiz de Quevedo", *Boletín de la Institución Libre de Enseñanza,* 22 (1898), pp. 193-4.

RUIZ SALVADOR, ANTONIO, "La función del trasfondo histórico en *La desheredada*", *Anales Galdosianos,* I (1966), pp. 53-62.

SAAVEDRA, EDUARDO, "Oriente" (Conferencia), *Revista Contemporánea,* 42 (1882), pp. 157-185.

SAGRA, RAMÓN DE LA, *Lecciones de Economía Social, dadas en el Ateneo Científico y Literario de Madrid,* Madrid, 1840.

SALCEDO RUIZ, ANGEL, *Francisco Silvela,* Madrid, 1888.

SAMA Y VINAGRE, JOAQUÍN, "La instrucción primaria en 1808, su desarrollo posterior y don Pablo Montesino" (Conferencia en el Ateneo), *Boletín de la Institución Libre de Enseñanza,* 12 (1888), pp. 133-138.

SÁNCHEZ DE LOS SANTOS, MODESTO, *Las Cortes españolas. — Las de 1907,* Madrid, 1908.

—, *Las Cortes españolas. — Las de 1910,* Madrid, 1910.

SÁNCHEZ MOGUEL, ANTONIO, "La poesía religiosa en España" (Memoria), *Revista Contemporánea,* 9 (1877), pp. 166-86, 316-34.

—, "El Ateneo de Madrid en el Año Académico de 1879-80", *Revista Contemporánea,* 28 (1880), pp. 80-88.

SÁNCHEZ-RIVERA DE LA LASTRA, JUAN, *El utilitarismo. Estudio de las doctrinas de Jeremías Bentham. Su expositor en España,* Madrid, 1922.

SANZ Y ESCARTÍN, EDUARDO, *Necrología del Excmo. Sr. Don Francisco Silvela y de Le-Vielleuse,* Madrid, 1906.

—, *Necrología del Ilmo. Sr. Don José Piernas y Hurtado,* Madrid, 1912.

SARRAILH, JEAN, *Un homme d'état Espagnol: Martínez de la Rosa, 1787-1862,* Poitiers, 1930.

—, *Enquêtes Romantiques. France-Espagne,* Paris, 1933.

—, *L'Espagne éclairée de la seconde moitié du XVIII siècle,* Paris, 1964.

SECO SERRANO, CARLOS, ed., *Obras de Mariano José de Larra (Fígaro),* 4 vols., Madrid, 1960.

—, *Obras completas de Martínez de la Rosa,* Madrid, 1962.

SENDRAS Y BURÍN, ANTONIO, *Don Rafael M. de Labra,* Madrid, 1887.

SILVELA, LUIS, *Bentham: sus trabajos sobre asuntos españoles y expositor de su sistema en España,* Madrid, 1908.

SOLSONA, CONRADO, "El Ateneo de Madrid", *Revista de España,* 75 (1880), pp. 56-67.

—, "Moreno Nieto", *Revista de España,* 85 (1882), pp. 110-21.

T., A., Reseña de la apertura del curso de J. J. de Mora en el Ateneo Español de Madrid, *Revue Encyclopédique,* II (1821), p. 424.

TAMAYO Y RUBIO, JUAN, ed., *Cadalso. — Cartas Marruecas,* Madrid, 1956.

TREND, JOHN BRANDE, *The Origins of Modern Spain,* New York, 1965.

TRUJILLO, GUMERSINDO, "Pi y Margall y los orígenes del federalismo español", *Boletín informativo del Seminario de Derecho político* (Princeton, N. J.), 26, 2.ª época (1962), pp. 69-94.

TUBINO, FRANCISCO MARÍA, "La crisis del pensamiento nacional y el positivismo en el Ateneo", *Revista de España,* 47 (1875), pp. 433-449.

—, *Historia del Renacimiento literario contemporáneo en Cataluña, Baleares y Valencia,* Madrid, 1880.

TURIN, IVONNE, *L'éducation et l'école en Espagne de 1874 a 1902. Libélisme et tradition,* Paris, 1959.

UNAMUNO, MIGUEL DE, *Mi vida y otros recuerdos personales (1889-1916),* Buenos Aires, 1959.

VAL, MARIANO MIGUEL DE, "El Ateneo, notas históricas, por Rafael María de Labra", *Ateneo,* I (1906), pp. 415-417.

VALERA, JUAN, "La decadencia del teatro español y la protección oficial" (Memoria), *Revista Europea,* 7 (1876), pp. 274-277.

—, *Discurso leído ante la Real Academia de Ciencias Morales y Políticas en su recepción pública,* Madrid, 1904.

VARELA, JOSÉ LUIS, "Generación romántica española", *Cuadernos de Literatura,* II (1947), pp. 423-440.

—, "Larra ante el poder", *Insula,* 206 (1964), pp. 1 y 7.

VELARDE, JOSÉ, "A la muerte de don José Moreno Nieto", *La Ilustración Española y Americana,* 26 (1882), pp. 167 y 170.

VICUÑA, GUMERSINDO: "Los matemáticos del siglo XVII (Conferencia)", *Revista Contemporánea,* 46 (1883), pp. 5-21.

VIDART, LUIS, *La filosofía española,* Madrid, 1866.

—, "Estudios sobre la Historia militar de España" (Curso), *Revista Europea,* 8 (1876), pp. 671; 9 (1877), pp. 126-7, 316-9, 542-3; 10 (1877), pp. 447-8; 11 (1878), pp. 30-2, 189-91, 607-8.

—, "Noticias literarias. La colonización en la historia, por don Rafael María de Labra, Madrid, 1877", *Revista de España,* 56 (1877), páginas 140-144.

VILANOVA, JUAN, "Cátedra de Ciencia prehistórica", *Revista Europea,* 3 (1874-75), pp. 159, 189-91, 263-4, 293-4, 421-3, 484-6, 550-2, 585-6; 4 (1875), pp. 36-7, 78-9, 113-5, 236-40, 275-8, 316-8, 297-400, 637-40; 6 (1875), pp. 75-7, 108-10, 157-60, 196-9, 277-80; 7 (1876), pp. 356-8, 436-8.

—, "La cátedra de Prehistoria en El Ateneo y su censor Revilla", *Revista Europea,* 8 (1876), pp. 219-23.

—, "Cátedra de Geología agrícola", *Revista Europea,* 8 (1876), pp. 669-71, 732-33, 827-29, 860-2; 9 (1877), pp. 31-2, 63-4, 94-6, 125-6, 187-9, 221-2, 314-6, 350-2, 414-6, 446-8, 511-2, 540-2, 604-7.

—, "Tiempos prehistóricos" (Conferencia), *Revista contemporánea,* 39 (1882), pp. 129-181.

VILLANUEVA, JOAQUÍN LORENZO, *Apuntes sobre el arresto de los vocales de Cortes egecutado en Mayo de 1814,* Madrid, 1820.

—, *Vida literaria de don Joaquín Lorenzo Villanueva o Memoria de sus escritos y de sus opiniones eclesiásticas y políticas y de algunos sucesos notables de su tiempo,* 2 vols., Londres, 1825.

VILLAR BUCETA, MARÍA, *Contribución a la bibliografía de Rafael María de Labra,* La Habana, 1944.

VIVÓ, BUENAVENTURA *Memorias de...,* Madrid, 1856.

X., "Los oradores romanos, Madrid, 1883", *Revista Contemporánea,* 44 (1883), pp. 129-50; 45 (1883), pp. 122-3.

XIRAU, JOAQUÍN, "Julián Sanz del Río y el Krausismo español", *Cuadernos Americanos,* 4 (1944), pp. 55-71.

—, *Manuel B. Cossío y la educación en España,* México, 1945.

INDICE

INDICE

186   ANTONIO RUIZ SALVADOR

COLECCION TAMESIS

SERIE A - MONOGRAFIAS

SERIE B - TEXTOS

ANTONIO RUIZ SALVADOR: *El Ateneo científico, literario y artístico de Madrid (1835-1885)*, pp. 188.

LOPE DE VEGA: *Triunfo de la fee en los reynos del Japón*. Edited by J. S. Cummins, pp. xlix + 116, with seven illustrations and one map.

FERNÁN PÉREZ DE GUZMÁN: *Generaciones y semblanzas*. Edición crítica con prólogo, apéndices y notas de R. B. Tate, pp. xxvii + 112.

El sufrimiento premiado. Comedia famosa, atribuida en esta edición. por primera vez, a Lope de Vega Carpio. Introducción y notas de V. F. Dixon, pp. xxvii + 177.

JOSÉ DE CADALSO: *Cartas marruecas*. Prólogo, edición y notas de Lucien Dupuis y Nigel Glendinning, pp. lxiii + 211. (Segunda impresión.)

VIRGILIO MALVEZZI: *Historia de los primeros años del reinado de Felipe IV*. Edición y estudio preliminar por D. L. Shaw, pp. liv + 206, with 3 illustrations and 3 maps.

La comedia Thebaida. Edited by G. D. Trotter and Keith Whinnom, pp. lxi + 270.

JUAN VÉLEZ DE GUEVARA: *Los celos hacen estrellas*. Editada por J. E. Varey y N. D. Shergold, con una edición de la música por Jack Sage, pp. cxvii + 277, with 24 illustrations (5 coloured and 19 black-and-white).

FRANCISCO BANCES CANDAMO: *Theatro de los theatros de los passados y presentes siglos*. Prólogo, edición y notas de Duncan W. Moir, pp. cii + 191.

PEDRO CALDERÓN DE LA BARCA: *La hija del aire*. Edición crítica, con introducción y notas de Gwynne Edwards, pp. lxxxviii + 298.

PEDRO CALDERÓN DE LA BARCA: *En la vida tod oes verdad y todo mentira*. Edited by Don William Cruickshank, pp. cxxxix + 260.

LUIS CERNUDA: *Perfil del aire. Con otras obras olvidadas e inéditas, documentos y epistolario*. Edición y estudio de Derek Harris, pp. 206.

JUAN DE FLORES: *Grimalte y Gradissa*. Edited by Pamela Waley, pp. xlix + 78.

SERIE C - FUENTES PARA LA HISTORIA DEL TEATRO EN ESPAÑA

III.   *Teatro y comedias en Madrid: 1600-1650. Estudio y documentos*. Por J. E. Varey y N. D. Shergold, pp. 196.

SERIE D - REPRODUCCIONES EN FACSIMIL

CAYETANO ALBERTO DE LA BARRERA Y LEIRADO: *Catálogo bibliográfico y biográfico del teatro antiguo español, desde sus orígenes hasta mediados del siglo XVIII (Madrid, 1860)*, pp. xi + 727.